Jörg Weber

Grundlagen der okkulten Bewußtseinslehre

Die offenbarungsgeschichtliche Vernunft des Mythos

disserta Verlag

Weber, Jörg: Grundlagen der okkulten Bewußtseinslehre. Die offenbarungsgeschichtliche Vernunft des Mythos, Hamburg, disserta Verlag, 2022

Buch-ISBN: 978-3-95935-602-2
PDF-eBook-ISBN: 978-3-95935-603-9
Druck/Herstellung: disserta Verlag, Hamburg, 2022
Covermotiv: © pixabay.com

Bibliografische Information der Deutschen Nationalbibliothek:
Die Deutsche Nationalbibliothek verzeichnet diese Publikation in der Deutschen Nationalbibliografie; detaillierte bibliografische Daten sind im Internet über http://dnb.d-nb.de abrufbar.

© disserta Verlag, Imprint der Bedey & Thoms Media GmbH
Hermannstal 119k, 22119 Hamburg
http://www.disserta-verlag.de, Hamburg 2022
Printed in Germany

Inhaltsverzeichnis

Vorwort: Tradition und Offenbarung

Die sich selbst verborgene Theologie ist nicht die, welche um die verborgene Existenz einer anderen Theologie weiß. Eine solche Theologie stellt sich auf nichts als auf das Unbewußtsein, welches das »Verbum exinanitum ipsum« birgt und welches zugleich von der okkulten Vernunft des limbalen Triebherzens getragen wird. Das von dieser höheren Vernunft getragene Unbewußtsein ist das »N-Ichts«, in dem die Wissenschaft des Okkulten ihren Ursprung hat.

Es spaltet sich von dem Unbewußtsein dieser höheren Vernunft die Theologie ab, die so zum geschichtlichen Bewußtsein von der Menschwerdung des göttlichen Logos wird. Aber damit wird klar, dass die Vernunft nicht die des limbalen Unterganges des »Verbum exinanitum *ipsum*« sein kann. Denn eben dieses entzieht sich aufgrund des Unbewußten der Theologie, die sich doch darauf beruft, Trägerbewußtsein von der „Einwohnung" des Logos im Gläubigen zu sein. So ist Theologie entweder Bewußtseins-Trägerschaft a) im Sinne bloßer exoterischer Lehrtradition oder b) im Sinne persönlicher *mystischer* Glaubenserfahrung. Die Theologie beansprucht für sich das Recht, als Bewußtseins-Trägerin der mystischen Daseinsweise des Logos im inneren Menschen zu gelten.

So zieht sich eine Spaltung durch die Bewußtseins-Grundlage, auf welcher die Theologie selbst zu beruhen scheint, sei diese nun als kirchlich dogmatische Lehre oder als mystische Erfahrung des Einzelnen. Der kirchlichen Lehre fehlt die Kraft des pneumatischen Erweises, aber was fehlt dem kirchlichen Mystiker? Die »theologia mystica« unterliegt, dies ist hier das zentrale Theorem, einer inneren Spaltung, die sie aufzuheben bzw. unwirksam zu machen sucht aus eigener Kraft, um ihre Identität zu wahren. Aber eben diese Identität ist lediglich eine von ihr selbst supponierte, eine Identität des Scheins, eine Wunsch-Projektion, ein heimliches Desiderat, wenn man so will.

Dies aber zeigt etwas an, nämlich dass die »theologia mystica« ihr eigenes okkultes Wesen zu verkennen scheint. Sie ist mit sich selbst nicht im Reinen. Sie mißdeutet ihr eigenes Grundproblem, das des eigenen inneren Wesens-Zwiespaltes. Sie drängt diesen beiseite. Sie will ihn ausgeräumt wissen. Sie reagiert in falscher Weise auf ihre innere Gespaltenheit. Sie lebt im trügerischen Lichte ihres Fiktums vom eigenen Selbst. Die »theologia mystica« flieht vor ihrem eigenen Gespaltensein wie vor einem Stigma. Die Scham, welche dieses Stigma einflößt, hält die Theologie gefangen. Was also tun? Retten kann da nur die Frage nach dem Spalt, der quer durch das Unbewußtsein selbst geht, weil dort die Quellen und Ursachen der Bewußtseins-Trägerschaft der Theologie allein ausfindig gemacht werden können. Was benötigt wird, ist eine okkulte Vorgeschichte der Gespaltenheit des Unbewußten. Diese Erkenntnis verkörpert das Paradoxale schlechthin. Sie setzt in der Theologie voraus, dass der innere Spalt des Unbewußten, der die Theologie von sich selbst trennt, selbst die Brücke und himmlische Pforte darstellt, welche notwendig zur okkulten Theologie vom limbalen Untergang des »Verbum exinanitum ipsum« führt, *das heißt* zur vollkommenen Erkenntnis der äonischen Kenose des Logos der Gottheit, von welcher der fleischgewordene Logos, den die Theologie thematisiert, nur ein membrum disiectum ist.

Die Verdrängung der inneren Spaltung des Unbewußtseins durch die »theologia mystica« ist der Grund dafür, dass die kirchliche Lehre des »Verbum caro factum« von der Idee des äonischen Lebens des Logos (Äonenwanderung) völlig losgelöst betrachtet wird. Es verwundert deshalb nicht, wenn wir analog dazu die Behandlung der Trinitätslehre als Quelle und Ausgangspunkt der kenotischen Ökonomie des Logos abgehandelt sehen. Sowohl die Theologie der Trinität Gottes als auch die Inkarnationslehre sind demzufolge Produkte jenes okkulten Geschehens, das ich als die innere Spaltung des theologischen Unbewußtseins bezeichnen möchte. Aus dieser unbewußtseins-theoretischen Evidenz erklärt sich die Aufstellung des Theorems, dass mit der Einsicht in die primordiale Gespaltenheit des Unbewußten in der Theologie diese sich selbst absterben muss, um mit dem Leben einer höheren, äonischen Wirklichkeit der Kenosis des Logos erfüllt zu werden. Dies geht jedoch nur, wenn die Theologie als sich selbst verborgene, als sich selbst verkennende von uns erkannt wird. Denn dies ist das Kriterium dafür, dass sie die den limbalen Untergang des »Verbum exinanitum ipsum« in sich tragende höhere Vernunft des Triebherzens ist. Der äonische Logos umfasst *auch* die Inkarnation, aber nicht umgekehrt. Es gibt eine Vorgeschichte des Logos zu seiner Menschwerdung, die zu diesem selbst gehört. Die »theologia mystica« folgt durchaus der Tendenz der kirchlichen Theologie, das, was eigentlich eins ist, zu trennen, zu spalten, um daraus eine esoterische Sublimation dieser Spaltung zu machen. Sublimation der Spaltung aber heißt, diese aufheben zu wollen, was so viel bedeutet wie glauben, die Spaltung aufheben zu können. Zum Willen also gehört der Glaube an die Möglichkeit der eigenen Macht, etwas zu tun, etwas vollbringen zu können.

Und dies genau ist die bezeichnende Eigenschaft der »theologia mystica«, dass sie die bewußtseins-ontologische Aufhebung des inneren Spaltes ihres Unbewußten zu begründen und darzustellen sucht. Dies ist ihr Selbst-Bewußtseins-Antrieb.

Und dieses tiefe Bemühen bestätigt die Spaltung des Unbewußten durch Abspaltung in eine fiktive Einheit, die das Preisgegebene damit ruhig vergessen zu können glaubt. Mit dieser Preisgabe jedoch ist die Möglichkeit verspielt, es selbst zu einer »theologia occulta« zu bringen. Es ist der Logos selbst, der jenen Spalt darstellt, der quer durch den Limbus des Unbewußten verläuft. So kommen wir zu der paradoxalen, wenn auch göttlichen Einsicht:

> *Theologia occulta*
> *est*
> *theologia mystica*
> *sibi recognita*

Die Frage nach der » t h e o l o g i a   o c c u l t a « d e r   O f f e n b a r u n g   s e l b s t als der okkulten Wissenschaft vom äonischen Logos und seiner Kenose in den von ihm selbst geschaffenen Räumen des göttlichen Unbewußtseins erfordert die Selbsterkenntnis der mystischen Theologie, durch die diese sich erst zur okkulten Theologie f o r t - e n t w i c k e l n kann. Diese ist das vom Logos eingesetzte G e s e t z   d e r   A p o p h a - t i e , die in der Gottheit des Logos selbst grundgelegt ist. Dieses Gesetz gründet in der kenotischen Selbst-Reflektion des äonischen Logos, welche mit dem limbalen Untergang des Logos identisch ist.

Die Spaltung des Unbewußtseins als Spalt der durch das Unbewußte selbst geht. Der Spalt des Unbewußten ist von größter Bedeutung für die okkulte Wissenschaft. Er ist duale Formation des Unbewußtseins durch den limbalen Untergang des Logos. *Das heißt*: Er selbst ist nicht Trennung, sondern Form der Einheit des Unbewußtseins mit sich selbst in und durch den Logos.

Dies stellt eine Kerngleichung der okkulten Theologie dar:

> Der äonische Logos
> ↓
> Der kenotische Logos
> ↓
> Der Logos *in seiner Kenose*

Zum Begriff der » I n t u i t i o n « : Diese hat man zu verstehen als Z u r ü c k n a h m e der gesamten Äonenwanderung des » Verbum exinanitum ipsum « in die ekstatische Schau eines z e n t r a l e n   U r b e w u ß t s e i n s . Es handelt sich um eine Spezifikation der Ekstase, bei welcher das Subjekt der Schau nicht vom Geschauten in die Projektion getrieben wird, so dass sich das ekstatische Subjekt an diesem von ihm projiziert Geglaubten selbst erfährt auf neue Weise. In der » Intuition « hingegen ist das Subjekt völlig abgelöst und aufgelöst in ein Nichts vom Projizierten. An diesem ist alles (Ursprung, Weg und Zielpunkt) als von dem {N − |Ichts}-Subjekt der Intuition abgelöst und losgelöst zu betrachten. Denn nur so kann das Projektum als ganzes in das {N − |Ichts}-Subjekt der Intuition untergehen und in dieses sich auflösen. In Bezug auf das Subjekt der Intuition nimmt der umfängliche Schöpfungsakt der Äonenwanderung des »Verbum exinanitum ipsum« dessen Wesen an.

Deshalb kann man eigentlich *nicht* sagen, die äonische Schöpfung gehe in das Subjekt der Intuition ein, oder darin unter, sondern es muss heißen: Sie hört auf zu sein, indem sie sich dem Subjekt der Intuition als dem Endpunkt ihrer Kontraktion unterwirft und i m S u b j e k t d e r I n t u i t i o n selbst »stirbt«. Die Äonen-Passage zur Schöpfung ist Ausdruck der Selbstnegation des Logos. Sie ist nicht Ausdruck des Logos selbst. Diese durch die kenotische Selbst-Reflektion des Logos bestimmte Äonen-Passage zur Schöpfung ist somit zu verstehen als S p a l t u n g i n » P r o j e k t i o n « u n d » P r o j e k t u m «.

Als P r o j e k t i o n ist sie Morphogenese der reflektierten Selbstentäußerung des Logos. Aber diese Projektion endet selbst im P r o j e k t u m, *das sie selbst nicht mehr ist*. Es ist auch nicht ihr Anderssein. Denn die Andersheit bezieht sich auf die Morphogenese der »Ä o n e n - P a s s a g e z u r S c h ö p f u n g«, die auf dem limbalen Reflex der Selbstentäußerung des Logos beruht. Nein, das Projektum durchbricht hier seinen geläufigen Sinn. Die Morphologie des projizierten Andersseins hört vielmehr an einem entscheidenden Punkt auf. Und dieser Punkt ist das S u b j e k t d e r I n t u i t i o n. Dieser Punkt des Anschauungs-Ursprungs sieht die schöpfungsgeschichtliche Äonen-Passage des »Verbum exinanitum ipsum« in sich untergehen durch Zurücknahme, welche er selbst vollbringt durch völliges Abgelöstsein von dem, was er i n s i c h z u r ü c k n i m m t. Denn sonst könnte er es nicht *neu* bestimmen. Die Projektion verlässt selbst die Ebene der Morphogenese der äonischen Struktur der Schöpfungsgeschichte und bricht mit dieser.

Der U r s p r u n g d e r I n t u i t i o n setzt das limbale Untergehen des Logos voraus. Die Kontraktion der Schöpfungsgeschichte in die Polarität von Unbewußtseins-*Stofflichkeit* und Unbewußtseins-*Subjektivation* setzt die Schöpfung selbst auf Null. Das Unbewußtsein kann nicht in Bewußtsein weiterleben, es muss zuerst sterben in seiner ganzen morphogenetischen Gestalt, um die Intuition und deren Subjekt zu ermöglichen. Die Morphogenese des Unbewußtseins m u s s u n t e r g e h e n i m S u b j e k t d e r I n t u i t i o n. Das Seelenbild wird geboren in der Intuition als deren geheime Subjektivation. Die logosförmige Teilhabe. Auferstehung des Logos aus dem Untergang seiner kenotischen Selbstreflexion in der S u b j e k t i v a t i o n d e r I n t u i t i o n.

Diese Anschauung der Kenose setzt voraus, dass der Logos wiederauferstehen wird im Ursprungspunkt seiner Selbst-Zurücknahme in die logosförmige Null-Bewußtseins-Subjektivation der äonischen Seelenstruktur des gottebenbildlichen Menschen. Die Natur des Menschen erschließt sich eschatologisch, also *vom Ende her*, nicht aus dem Bestand der Schöpfung. S c h ö p f u n g s g e s c h i c h t e i s t n i c h t G e s c h i c h t e v o m B e s t a n d d e s G e s c h a f f e n e n. Schöpfungsgeschichte, wie sie aus der Kenose des Logos selbst hervorgeht, schließt das Ende der Schöpfung im

Hervorgang einer logosförmigen Unbewußtseins-Subjektivation ein, welche die Elementarstruktur des menschlichen Seelenbildes umfasst. Die Zurücknahme der Schöpfungsgeschichte durch das Unbewußte im Null-Ursprungspunkt eines logosförmigen Ur[geschichtlichkeits]bewußtseins.

Die Schöpfung vermag nicht, ein Bewußtseins-Subjekt aus sich hervorzubringen, daher geht sie unter, um einer logosförmigen Bewußtseins-Subjektivation aus dem limbalen Unbewußtseinsstrom selbst Raum zu geben. S i e e n t z i e h t s i c h , u m s i c h s e l b s t a l s P r o j e k t u m z u s e t z e n . Die Raumerfüllung des Unbewußtseins in und durch die Selbstreflektion des kenotischen Logos endet im Selbst des transzendentalen Bewußtseins des sich durch den Logos in seiner Gottebenbildlichkeit erkennenden und anschauenden Seelenbildes des Menschen, d a s d i e s e r s e l b s t i s t . Und durch dieses erfährt der untergegangene Logos seine Auferstehung in und durch das Unbewußtsein, welches ein $\left\{\begin{array}{c} N- \\ Ichts \\ Bewußtseins \end{array}\right\}$ Selbst ist. Das prophetische Wort vom neuen Himmel und der neuen Erde ist in Bezug zu setzen zu der Genese des hier skizzierten $\left\{\begin{array}{c} Un \\ Bewußtseins \\ Transzendentalismus \end{array}\right\}$.

Frage: Kann man Kabbala lernen? Eine kabbalistische Gelehrsamkeit? Wie passt dies mit einer o k k u l t e n L e h r e v o m U n b e w u ß t e n zusammen? Der {offenbarungs|bewußtseins|geschichtliche} Erfahrungs-Strom der okkulten Wissenschaft bezeichnet das Ende jeder Gelehrsamkeit. Gegenstands-Gläubigkeit als der schier unausrottbare Kern jeder Wissenskultur. Das Umschlagen von Spiritualität in den »Kanon von der Offenbarung«, in den falschen Traditionalismus der Theologie. Das Verschlungensein des nicht erkannten Sinnes in eine Theologie des baren Offenbarungs-Wortes. Der offenbarungsbewußtseinsgeschichtliche Erfahrungs-Strom ist selbst Offenbarungsgrund des okkulten Wortes. Dieser okkulte Erfahrungs-Strom liegt jenseits der historischen Erscheinungsformen der Religion und ist zugleich verborgene Quelle aller Religion.

Die {offenbarungs|bewußtseins|geschichtliche} Strömung des limbalen Unbewußtseins schafft einen Leib transzendentaler Erfahrung des Göttlichen, der vom Logos selbst angenommen wird: L e i b e s - A n n a h m e . Die organische Kontextur der Erfahrung als Teil des transzendentalen Ich. Es findet hier keine Spaltung, kein Bruch statt. Absolutes K o n t i n u u m d e s o k k u l t e n B e w u ß t s e i n s - S t r o m e s , in dem das Ich sich selbst als aufgehoben erfährt im Bewußtseins-Leib des »Verbum exinanitum ipsum«. D e r B e w u ß t s e i n s - L e i b d e s L o g o s a l s d a s T r i e b - h e r z d e s v o n G o t t e r f ü l l t e n U n b e w u ß t e n s e l b s t . Eine innere Unbewußtseins-Jenseitigkeit. Die Räumlichkeit dieser inneren Jenseitigkeit des Unbewußtseins. Die Räumlichkeit ist nicht trennbar von der inneren Konfiguration des

Bewußtseins-Leibes. So sind die Endpunkte dieser Konfiguration die Dimensionierung des Bewußtseins-Leibes über sich selbst hinaus.

Nicht-Abbildbarkeit des Bewußtseins-Leibes durch Selbstformation eines extravasalen Bewußtseins-Fiktums. Das *„rein positive Bewußtsein"* des Willens erschafft sich ein Fiktum von jenem Bewußtseins-Leib, den er sodann in eine u n b e w u ß t -
s e i n s - e n t l e e r t e   B e g r i f f l i c h k e i t   d e s   W i l l e n s überträgt. Diese Übertragung durch Begriffsbildung entzieht dem Bewußtseins-Leib das für die Raumbildung der inneren Konfiguration nötige Leben.

Das *„rein positive Bewußtsein"* unterbricht die offenbarungsbewußtseinsgeschichtliche Strömung des limbalen Unbewußtseins und schafft sich aus den Endpunkten eine Konfiguration der äußerlichen Begriffs-Aggregation, die auf die Konfiguration eines erkennen wollenden Willens abzielt. Das *„rein positive Bewußtsein"* vollzieht die Beendigung der offenbarungsbewußtseinsgeschichtlichen Lebens-Strömung, aber dies selbst *unbewußt.* Die Tötung des limbalen Bewußtseins-Leibes erfolgt in einer extravasalen „Unbewußtseins"-Gefäßlichkeit. Denn das Heraustreten aus dem Unbewußten selbst schafft selbst eine Form der Unbewußtseins-Selbst-Negation. *Dies besagt,* dass selbst die Genese des *„rein positiven Bewußtseins"* d e s   U n b e -
w u ß t e n   b e d a r f, um durch dessen Verdrängung entstehen zu können. Ein indirekter Beweis für seine Nicht-Ursprünglichkeit und Erkenntnisunfähigkeit in Bezug auf das Triebherz der offenbarungs-bewußtseins-geschichtlichen Strömung, die dem göttlichen Unbewußtsein zugrunde liegt.

Anwendung dieser Einsichten: Die dekonstruktive Arbeit an der Mystik und ihres Unbewußtseins-Stromes. Das Lehrsystem der Kabbala, der christlichen Mystik, der indischen Spiritualität, et cetera. Asynchroner Bruch und tektonische Verschiebung als Ursache einer solchen Unterbrechung des Unbewußtseins-Stromes der Offenbarung. D i e   G e b u r t   d e r   I d e e   v o n   d e r   „ M e n s c h h e i t " . Die Nicht-Unterscheidung von Historiographie der Ideen und den Ideen selbst, die den Erfahrungs-Leib des im limbalen Unbewußtsein untergegangenen Logos bilden. Irreführung durch das Wort von der »Einwohnung« des Logos im inneren Menschen. Der existentiale Akt als das äonische Äußere der Gottheit, in welchem sich das limbale Unbewußtsein bildet. Dieses bezieht sich ursprünglich auf die Kenose der Gottheit im Logos, nicht auf den Menschen. Denn dieser existiert noch gar nicht! Aber die Weisheit spricht: „Der HERR hat mich gehabt im Anfang seiner Wege; ehe er etwas schuf, war ich da."[1]

Inwiefern man in den Mystizismen der Religion*en* eine Analogie zur Anamnese des eigenen Unbewußtseins als der eigentlichen Quelle der Spiritualität zu suchen hat und nicht eine fiktive Meta-Ebene des eigenen konfessionellen Bewußtseins. *Zur Kritik der Rezeption der Kabbala*: Rezeption des Inhaltes der kabbalistischen Texte. *Stattdessen*: Man muss den toten Buchstaben der schriftlichen Tradition durch die

---

[1] Prov. 8, 22.

intuitive Kraft des Triebherzens zu magischem Leben erwecken. Der verbissene Konfessionalismus und die kabbalistische Gelehrsamkeit als ein Zweckbündnis im Sinne eines dunklen Willens zur Macht. Die Gelehrsamkeit eines nicht untergegangenen Logos. Die in sich unbegriffen bleibende Offenbarung.

Der Logos wohnt nicht dem Unbewußtsein inne, sondern der Leib der äonischen Manifestation des Logos dem Triebherzen des limbalen Unbewußtseins-Stromes durch das sensualische Wort der Offenbarung. Urrelation zwischen dem Logos, dem limbalen Triebherzen und dem Atem des ausgesprochenen Wortes der Offenbarung. Offenbarungs-Äther-Strom.

Wie kann eine »prisca theologia« in Anspruch genommen werden, wenn man sich auf die Exegese der historischen Erscheinungsformen kabbalistischer Theologie beruft mit dem Zweck, die Tradition der Offenbarung sichern zu wollen? Indem man sich an die historische Phänomenologie dessen bindet, was man für die Tradition selbst hält, hat man den Anspruch auf die Tradition bereits verwirkt. Die Tradition selbst entzieht sich im Moment des Zugriffs und geht hinab in die Verborgenheit der Verdrängung. Die Tradition ist als verdrängte dennoch gegenwärtig im Bewußtseins-Schatten ihrer selbst, nämlich als Erkenntnisgrund des Fiktums von Offenbarung. Worin besteht dieses Schattenbild-Dasein der abwesenden, der unerkannt bleibenden, *das heißt* der [noch] nicht erlösenden Offenbarung? Das jüdische Bundes-Volk als Träger solcher [noch] nicht erlösenden Offenbarungstradition, die sich selbst in der Auseinandersetzung mit den Dokumenten der Kabbala fortsetzt.

Das kanonische Bewußtsein von der Offenbarung schafft sich — ohne sich dessen selbst bewußt zu sein — seinen eigenen fiktiven Zugang zu dem von ihm selbst verdrängten Offenbarungs-Inhalt. Denn der Inhalt der Offenbarung ist die erlösende Schau des göttlichen Logos, in der sich das Wort durch seine Leibwerdung in der ektoplasmatischen Unbewußtseins-Struktur der Seele verwirklicht. Der Unbewußtseins-Organismus, der mit der Seele selbst verwachsen ist. Die *unangemessene* Rede von der »Einwohnung« des inkarnierten Logos im gläubigen Menschen. Es gibt so etwas wie eine Beweispflicht des Offenbarungswortes gegenüber dem Seelenleben des Menschen. Das Wort der Offenbarung steht unter dem Gesetz des Erweises seiner verwandelnden Kraft. Diese kann das Offenbarungs-Wort aber nicht entfalten, freisetzen, wenn die vom kanonischen Offenbarungsbewußtsein gefangene und festgehaltene Seele diese Kraft nicht zu empfinden vermag, sie nicht wahrnimmt. Demnach muss die Kraft des Wortes selbst aus der Verborgenheit des Wortes selbst kommen. Es ist die Kraft aus dem Exil des Wortes in der Verborgenheit oder Unerkanntheit seines Verdrängtseins.

Wir begreifen: Dieses Verdrängtsein des Offenbarungswortes ist die unerkannte Kraft Gottes und die bestimmte Konfiguration des Bewußtseins im Nichterkennen der Kraft. Diese Kraft des Wortes zur Offenbarung ist trotz seines Nichterkanntseins gegenwärtig im sie nicht Erkennenden als Gesetz des Offenbarungsbewußtseins. Der die Offenbarung durch das Wort selbst nicht Erkennende und vor allem nicht Verwirklichende ist dennoch ein Erkennender, aber einer, der das Verdrängtsein der Offenbarung selbst *unbewußt* voraussetzt, der die Verdrängung der Offenbarung selbst *wollen muss*, um „Erkennender" zu werden.

Wie ist dieses »*wollen Müssen*« zu verstehen? Ganz sicher nicht im Sinne eines bewußten Wollens. Dies nämlich hieße doch, dass das die Verdrängung des Offenbarungswortes »*wollen Müssen*« im Unbewußten geschähe, in einer Selbstabspaltungs-Formation des Willens, die einen extravasalen Unbewußtseins-Raum in der Seele für die Seele schafft. In der Heimlichkeit dieses extravasalen Ub-Raumes erscheint das verdrängte Offenbarungswort als in der Form seiner scheinbaren Selbstgegenwärtigkeit. Es ist ein Schematismus einer fiktiven Ub-Präsenz des Wortes in der Vernunft des „Erkennenden". Aber wo ist die Vernunft, die durch ihre Kraft die Wahrheit des göttlichen Wortes beweist und bestätigt? S i e   i s t   t o t ! Das aber heißt nichts anderes, als dass die Tötung der limbalen Vernunft von der göttlichen Offenbarung die unentrinnbare Voraussetzung ist für die Entstehung eines „Unbewußtseins" unter dem Gesetz des kanonischen Offenbarungsbewußtseins, das wir als die historische Erscheinungsform der Religion kennen.

Wie steht es nun mit der historischen Erscheinungsform eines esoterischen Anspruchs auf das Wort der Offenbarung? Die mystischen Lehren scheinen dem »Schicksal des Gesetzes« entkommen zu sein, sie verstehen sich als wirkliche Befreiung vom kanonischen Joch des bloßen Offenbarungswortes.

Aber auch hier begegnen wir dem Grundproblem *aller* Theologie, dem der Genese eines extravasalen Unbewußtseins, das den B r u c h   e i n e s   U r w i l l e n s   m i t   d e m   L o g o s   s e l b s t als Ursprung eines W i l l e n s   z u r   O f f e n b a r u n g voraussetzt. Denn auch das Licht des Offenbarungswortes, das als Erfahrung der äonischen Geschichte der Offenbarung im Wort gegenwärtig ist, zieht sich in die Verborgenheit seines Unerkanntseins zurück, insofern es vom Ub seines extravasalen Schatten- und Schein-Daseins verdunkelt wird durch einen Willen, der d a s   o f f e n b a r   m a c h e n   W o l l e n   v o n   O f f e n b a r u n g   i s t. W i l l e   a l s   d i e   O f f e n b a r u n g   s e l b s t aber wäre die Quintessenz der Selbst-Reflektion des kenotischen Logos der Gottheit. Und wir ahnen schon, was ein Bruch mit diesem Prinzip für Folgen haben muss. Diese Spaltung eröffnet eine extravasale Unbewußtseins-Perspektive, der ein eigenes Bewußtseins-Licht zugeordnet ist. Und anhand dieses Lichtes findet eine Erkenntnis statt, die a b g e k e h r t   v o m   l i m b a l e n   U n b e w u ß t s e i n sich formiert aus der Kraft nicht des Logos, sondern aus der eines sich selbst wollenden W i l l e n s   z u r   O f f e n b a r u n g.

Das Erkenntnislicht des extravasalen Unbewußtseins besteht in nichts anderem als dem Willen zur Tötung des Lichtes der Offenbarung selbst, das doch selbst die Gegenwart des Logos zur Bedingung hat. Der Lichtbeweis bedarf der Anwesenheit des Logos im Triebherzen des limbalen Unbewußtseins.

Wichtig: Das durch den Logos in die Negation gegebene Offenbarungs-Wort als primäre Tatsache des limbalen Unbewußtseins. Die Umwandlung und Umbesetzung (Umwertung) dieses Unbewußten setzt den Willen zur Tötung des Logos voraus. Diese wiederum ist zu verstehen als Abspaltung des Logos vom Offenbarungs-Wort und vom Licht der Erkenntnis. Das heißt:

Licht ohne Logos   *Der Tod des Logos als*
$+$ *Bewußtseinslicht des Willens*
$\rightarrow$ $+$
Wort ohne Logos der Offenbarung   *Der Tod des Ub als*
das Offb − Wort des Willens

Genese des Willens im extravasalen Unbewußtsein. Dieses ist Teil der Genese des W i l l e n s z u r M a c h t. Der Wille bringt sich selbst als Macht des Offenbarungsbewußtseins hervor, das die Offenbarung selbst in die Verdrängung treibt (das mythische Ödipus-Paradigma). Es vertreibt das Wort des Logos in das Exil des Todes. Und es glaubt sich selbst sicher vor einer Rückkehr des Logos in das mentale Wort von der Offenbarung (Verbum mentis).

> *Bewußtsein als Glaube, dass das am Wort der Offenbarung Wahrgenommene die Offenbarung selbst sein müsse.*

Die historische Erscheinungsform des kabbalistischen Bewußtseins setzt selbst einen Bruch zu dem, was sie selbst zur Erscheinung bringen will. Sie *will* Tradition sein und *kann es nicht* wegen des »Erkennenden« auf der anderen Seite des Unbewußtseins-Flusses. Allein dadurch, dass esoterische Lehre in historische Phänomenologie eintritt, ist sie dem Nichtverstehen rettungslos preisgegeben. Sie verfällt diesem. Sie löscht sich durch dieses In-Erscheinung-Treten ihres Bildes im Erkenntnisprozeß aus. Es ist ein Rückzug der besonderen Art. Aber in welches Gefilde zieht sich die Erkenntnis der Offenbarung zurück? In die N e g a t i o n d e s g ö t t l i c h e n U n b e w u ß t s e i n s als Eingebung des Willens zur Formation eines religiösen Bewußtseins von der Offenbarung, das mit der »Offenbarung selbst« eins sein soll. Dieses Bewußtsein hält ganz offensichtlich an einer Gespaltenheits-Wahrnehmung-Blockierung fest. *Siehe*: Scholem, „Zehn unhistorische Sätze über Kabbala"[2]. Offenbarung kann sich in Geschichte nicht manifestieren, weil sie diese *verwirft*. Geschichte ist ein Element des Abgespaltenseins von Offenbarung. Aus dieser gegenseitigen Negation erst geht

---

[2] In: Gershom Scholem, Judaica 3. Studien zur jüdischen Mystik, Frankfurt/am Main 1987, S. 264 ff.

die Einsicht in den magischen Zugang zu den okkulten Tatsachen der religiösen Tradition(en) hervor. Die Empfindung dieses negativen Bewußtseins-Stromes der Offenbarung eröffnet den Zugang zu dieser: Unbewußtseins-Entrücktheit.

Verwechslung der menschheitsgeschichtlichen mit der äonischen Zeitenfolge. Wird die Exegese der Kabbala in Beziehung gesetzt zur Überlieferung der Religionsgeschichte, so erfährt die Spiritualität eine Kanonisation durch den anachronistischen Bezug zur exoterischen Praxis des Judentums. Entstellung und Verfälschung der Kabbala durch den Versuch, sie konfessionell rückzubinden. Das »konfessionelle Interesse« als Trieb zur Verfälschung von Tradition. Diese ist nicht das, als was die Kabbala, Mystik, etc. erscheinen in historischer Perspektive. Sie ist vielmehr das, was ihre Vereinbarkeit mit einem konfessionellen Machtinstinkt völlig unmöglich macht. Und dies ist der Fall, wenn Kabbala eingeht in ihr äonisches Zeitengefüge und die auf menschheitsgeschichtlicher Ordnung beruhende Scheintradition destruiert. Es kann nur eine Quelle der einen Tradition von Offenbarung selbst geben, aus welcher die einzelnen spirituellen Traditions-Elemente der Religionen begriffen werden können. Es geht also um nichts anderes als die einzelnen Glieder der Tradition in das äonische Zeitengefüge der einen Urtradition zurückzuholen.

Was bedeutet demnach der Versuch, ein Element der göttlichen Urtradition in den Offenbarungskanon eines »konfessionellen Interesses« zurückzubinden? Die Verhinderung der Manifestation des äonischen Seelenbildes, das wir als $\left\{ {Offenbarungs \atop Selbst\text{Ebenbildlichkeit}} \right\}$ der Urtradition zu verstehen haben.

Der jüdischen Kabbala kommt die besondere Bedeutung zu, den Grundriß zu liefern für die Anamnese des äonischen Seelenbildes, worin die Traditions-Elemente erscheinen als das Ebenbild der Urtradition, als die Quintessenz eines $\left\{ {offenbarungsgeschichtlichen \atop Bewußtseins} \right\}$ – Ich, dessen Ziel die Erschließung des Wesensbestimmungs-Grundes der äonischen Seelenstruktur der menschlichen Natur im limbalen Triebherzen ist. So steht die Kabbala in ihrem modernen Gewand vor einer grundlegenden Entscheidung, nämlich a) sublimiertes Judentum zu werden oder b) als Weg in den noachitischen Universalismus der Urtradition begriffen zu werden.

Die Kabbala ist dazu bestimmt, einzugehen in den Strom der $\left\{ bewußtseins \left| {ontologischen \atop ontogenetischen} \right. \right\}$ Evolution des limbalen Triebherzens, um sich als anhypostatisches Seelenbild der äonischen Seelenstruktur der menschlichen Natur in der schöpfungsgeschichtlichen Menschwerdung des selbstentäußerten Logos zu verwirklichen und zu vollenden. Die Kabbala ist auf dem Wege zu ihrer Vollendung im Menschen. Sie ist in ihrem Exil zugleich auf dem Wege zum Menschen. Und diesen Weg beschreibt die okkulte Theologie.

Schauen in die Raumstrukturen seines Unbewußten, die nie zuvor jemand gesehen hat (Jesaja). Die Anamnese des limbalen Unbewußtseins-Stromes als Akt der Offenbarung selbst, als ätherische Raum-Erfüllung des Unbewußten durch die limbale Vernunft des Triebherzens, was den selbstreflexiven Untergang des Logos im Limbus voraussetzt. Die ätherische Raumstruktur des Unbewußten. Nicht Subjekt, sondern Subjektivation des Unbewußtseins, durch die das Subjekt als Fiktum selbst erst erkannt und aufgehoben werden kann. D a s   s i c h   d e n k e n d e   N i c h t s .

| Konfigurationen der Negativität I |

1. Negation der reflexiven Selbstnegation des kenotischen Logos.
2. Der Logos hat sich in die SelbstReflektion begeben. In und durch diese negiert er sich selbst in seiner Gottheit.
3. Die »negatio negationis« des Willens am kenotischen Logos betrifft das Negatum dieser SelbstReflektion, nicht den Logos selbst. Negation des kenotischen Logos durch den Willen.
4. Der Logos als solcher bleibt außen vor.
5. Die Negation seitens des Willens betrifft das Negatum als Objektivation des Logos in der SelbstReflektion.
6. Dieses Negatum als Unbewußtseins-Schlüssel, weil das verborgene Wesen des Bewußtseins aufschließend. Der Schlüssel zur Entstehung des Bewußtseins. Entstehungsgeschichte des Bewußtseins.
7. Auf dieses Es eines Unbewußtseins-Selbst greift der Trieb des Willens zu, um es im Grund zu negieren.
8. Negation dieser Urquelle des Unbewußtseins heißt nicht, dass diese ausgelöscht, ausgetrocknet würde. Sie wird vielmehr abgespalten vom Willen und damit zu einem Selbst des Willens umbesetzt durch die Negation.
9. Durch diese Negation wird der Wille Selbst eines sich von seiner kenotischen SelbstReflektion abspaltenden Logos. Damit aber wird der Logos als ein sich von sich selbst abspaltender gedacht. Von wem? Von etwas, das selbst nicht der Logos ist und das sich zu einem *Schein*-Logos bildet, der sich des R a u b e s a n   d e r   G o t t h e i t schuldig macht.
10. Die Negation muss als Umbesetzung und Übertragung auf den Willen durch den Willen verstanden werden. Geburt des Selbst des Willens in der SelbstReflektion.
11. Der Wille begibt sich allein durch die Negation des Negatums des Logos in die Form der SelbstReflektion. Entstehung eines »Selbst des Willens« in der SelbstReflektion. »Selbst des Willens« als Willens-Essenz, als Willens-Es.

12. Die Entstehung des $\left\{\begin{Bmatrix} \dagger \\ Unbewußtseins \end{Bmatrix} Ens\ des\ Willens\right\}$ als der ontologischen Urgestalt des Willens zur Macht.

Konfigurationen der Negativität II

1. Negation des Negatums des Logos durch den Willen.
2. Selbstnegation des Logos in Bezug auf seine Gottheit.
3. Selbstnegation des Logos in Bezug auf seine in der kenotischen SelbstReflektion gemachte Negation als Negatum, das seinerseits negiert wird vom sich in die Form der SelbstReflektion begebenden Willen.
4. Daraus ergibt sich eine Problematik auf neuer Ebene der SelbstReflektion: Wie verhält sich die auf das Negatum zugreifende Negation (durch den Willen) zur Selbstnegation des Logos in und durch dessen kenotische SelbstReflektion?
5. Die SelbstReflektion als Entstehungsquelle des Bewußtseins zu betrachten unter dem Aspekt des Tappens in eine Falle. Bewußtseins-Falle des Logos für den aufstrebenden Willen.
6. Der Wille überspringt die Genealogie der Bewußtseins-Individuationen des kenotischen Logos, um den inneren Gliederbau der heiligen Gemeinschaft der Tradition von innen aufzubrechen und zu {de]fragmentieren. Der spaltende Zugriff auf die $\left\{\begin{Bmatrix} Logos \\ UnBewußtseins \\ Individuation \end{Bmatrix} der\ Gottebenbildlichkeit\right\}$ des äonischen Menschen. Inwiefern diese Gliederbau-Kette als der gottebenbildliche Mensch zu verstehen ist. Die Selbst-Gespaltenheit des Menschen in seiner Gottebenbildlichkeit als Fall aus der äonischen Seelenstruktur in ein Welt-Bewußtsein, das mit der edomitischen Weltenbau-Entstehung eins ist. Was bedeutet wiederum diese Selbstgespaltenheit des menschlichen Seelenbildes durch das fremde Agens des Willenstriebes? Dass die Seele sich in ihr äonisches Erbe zurückzieht als in die SelbstReflektion des Unbewußtseins, um das ihr fremd gewordene Wesen ihrer selbst von sich abzuspalten: „Und so dich dein Auge ärgert, reiß es aus und wirf's von dir. Es ist dir besser, daß du einäugig zum Leben eingehest, denn daß du zwei Augen habest und wirst in das höllische Feuer geworfen."[3]

---

[3] Matth. 18, 9.

Zur Kritik des Begriffs
von der »Einwohnung« des Logos
im inneren Menschen:

- Nicht der Logos selbst, sondern das anhypostatische Wesens-Bild seiner Menschwerdung. Der Logos bleibt sich selbst Wesen seiner reflexiven Selbstnegation.

- Selbstnegation in Bezug auf ein Anderes durch den Untergang in diesem Anderen.

- Das durch Selbstnegation abgespaltene Selbst, das durch diese Spaltung negiert *dennoch* Ursprung dieser Spaltung bleibt.

- Das sich durch seine hyletische Daseins-Annahme im Unbewußtsein von diesem selbst abspaltet in die Unbewußtseins-Anhypostase im Unbewußten selbst als der Ursprungspunkt seiner *ver*-göttlich(t)en Natur. Die göttliche Sophia ist nicht die Gottheit selbst, sondern vielmehr die $\left\{bewußtseins \begin{matrix} ontologische \\ ontogenetische \end{matrix}\right\}$ Grundlegung der anhypostatischen Teilhabe des Menschen an der göttlichen Natur.

- Die nötige Einführung des Begriffs der »Desinhabitation« des »Verbum exinanitum ipsum« im anhypostatischen Seelen-Bild der menschlichen Natur.

Frage: Die Bedingungen okkulter Bruderschaft[4]. Was sind ihre Entstehungskriterien? Abbild-Charakter des magnetischen Rapports. Er spiegelt sich im Handeln des limbal

[4] Rudolf Steiner, Spirituelle Seelenlehre und Weltbetrachtung.Achtzehn öffentliche Vorträge, Berlin 1903/1904, GA 52, S. 228-229: „Es gibt hochentwickelte Naturen in der Menschheit, und diejenigen, welche sie gefunden haben, wissen davon Zeugnis abzulegen. Diese großen Naturen sind die Führer in der geistigen Entwickelung. Sie sind nicht nur, wie Schopenhauer gesagt hat, eine ideale Bruderschaft, die sich durch Zeiten hindurch die Hände reichen, sondern eine wirkliche Gesellschaft, die miteinander und ineinander wirken. Der Theosoph weiß von ihrer Existenz und nennt sie die große

untergehenden Logos wider, ohne dass die Ebenen von Unbewußtsein und göttlicher Kenose sich vermischen. Sie bleiben jede für sich. Aber zugleich kommt ein *drittes* Element hinzu, das der P e r i c h o r e s e . Aufgrund dieser durchdringen sich beide Ebenen, so dass eine in die andere e i n g e h t . Element der totalen SelbstReflektion. Aus dem Gesagten geht in Evidenz hervor, warum der Lebensmagnetismus eine solche Bedeutung für die Spiritualität und die Gotteslehre hat.

$$\textit{Dagegen: Die} \left\{ \begin{matrix} \text{Unbewußtseins} \\ \text{Anhypostasie} \end{matrix} \right\} \text{des Logos als hyletische} \left\{ \begin{matrix} \text{Wesens} \\ + \\ \text{Daseins} \end{matrix} \right\} \text{Annahme im selbst-}$$

negierten Bewußtsein. Die Anhypostasie gründet damit nicht unmittelbar im Unbewußten, sondern nimmt einen unbewußtseins-transzendentalen Raum ein, der den Limbus durchquert, um sich in jenem Ursprungspunkt zu finden, aus dem die Selbstnegation der kenotischen SelbstReflektion ihren Ausgang nimmt. Die Selbstnegation aus dieser Unbewußtsein schaffenden SelbstReflektion des kenotischen Logos setzt den Willen der Selbstnegation des Logos stets voraus.

So verfügt die Selbstnegation des Logos in der kenotischen SelbstReflektion über zwei Selbstbezüge des Logos zu sich selbst, die beide wirksam werden, wenn auch nicht immer erkannt. Das abgespaltene Selbst in der Selbstnegation der Ennoia. Darin eingebettet ist das Prinzip der E l e m e n t e d e r G e s c h l e c h t l i c h k e i t , die einen Bezug des Logos zu sich selbst in der Spaltung der Selbstnegation voraussetzen.

Frage: Wem gehört die den Religionen verborgen zugrunde liegende Tradition der Offenbarung selbst? Es sind zwei historische Traditionslinien des W i l l e n s z u r O f f e n b a r u n g voneinander zu unterscheiden:

a) Die durch die menschheitsgeschichtliche Evolution fortgesetzte Tradition einer weltfeindlichen Askese des Willens zur Macht. Die Immanenz des gegenoffenbarungsgeschichtlichen Willens-Impulses verkörpert sich in der M o r p h o l o g i e r e l i g i ö s e r I n s t i t u t i o n a l i s i e r u n g .

b) Die von der gegenoffenbarungsgeschichtlichen Evolution bekämpfte Form exoterischer Praxis der Religion. Gegen die E n t w e l t l i c h u n g s t e n d e n z und H i e r a r c h i e der institutionalisierten Religion. Die Entweltlichung durch das kanonische Offenbarungsbewußtsein, so der Vorwurf des Willens zur Macht, enthalte der Menschheit die *eigentliche* Offenbarung vor, die nur vom Willen kommen und nur durch diesen evident gemacht werden könne. Das V o r e n t h a l t u n g s -Argument der modernen Religionskritik: Verhinderung der Machtentfaltung des Willens durch eine „falsche", das heißt *religiöse* Vorstellung von Wahrheit. *Siehe*: Die Folgen dieses Arguments für den weiteren Gang der Menschheitsgeschichte. Was macht die Entweltlichung mit der Offenbarung in den Augen der Kritik? Sie verhindert, dass etwas in Gang

Bruderschaft der sogenannten Adepten. Wer ehrlich an eine Entwicklung glaubt, der muß an diese Möglichkeit glauben; wer aber Erfahrung davon hat, der kann Zeugnis ablegen, daß es solche Wesen gibt."

kommt. Nicht, dass die O f f e n b a r u n g s e l b s t vorenthalten würde, sondern dass Offenbarung s i c h v o r d e m W i l l e n z u r M a c h t z u
r e c h t f e r t i g e n h a t. Also: Kritik der Offenbarung unter dem Aspekt einer
verhinderten Übertragbarkeit des Begriffs von Offenbarung auf die s e l b s t -
f o r m a t i v e E n e r g i e e i n e r m e n s c h h e i t s g e s c h i c h t l i c h e n M e -
t a p h y s i k d e s W i l l e n s z u r M a c h t. *Ziel*: Die Geltendmachung des Begriffs der Offenbarung ist nun nur noch denkbar als Grundlegung des Willens
zur Macht, der ein Wille menschheitsgeschichtlicher Vernunft ist. Nicht d i e
O f f e n b a r u n g s e l b s t ist Thema, sondern die Selbstermächtigung des Willens a l s D e n k e n d e r O f f e n b a r u n g. Die Errichtung des kanonischen
Offenbarungsbewußtseins der Religion trennt diese ab von der O f f e n b a -
r u n g s e l b s t und verbannt diese in das Dunkel einer jenseits von Menschheit liegenden unvordenklichen Urgeschichte, die doch nichts anderes meint
als das limbale U n b e w u ß t s e i n s e l b s t. Von nun an weiß man von dem
Wesen der Offenbarung und des Unbewußtseins nichts mehr. *Totale Amnesie.*
Der Bewußtseins-Abgrund, der die O f f e n b a r u n g s e l b s t verschlingt,
wird damit jedoch zum Problem für die Religion. Die ins Unbewußtsein verdrängte Offenbarung bestimmt umgekehrt jenes als die Zwiespältigkeit einer
Selbstabspaltung des Unbewußten in sich selbst. Es findet eine interne Abspaltung des Unbewußtseins statt, die zum einen die Verbannung des authentischen Unbewußtseins ins Dunkel der Amnesie und zum anderen die Bereitstellung eines extravasalen Unbewußtseins-Depositums betreibt.

So haben wir: a) Das Unbewußtsein der unvordenklichen Urgeschichte und b)
das in sich tote Unbewußtsein als Gefäßlichkeit für die Selbst-Seins-Projektion des
Willens zur Macht als des Vollstreckers des Fiktums der Offenbarung als einer i n -
n e r w e l t l i c h e n V e r n u n f t s w i r k l i c h k e i t d e s D e n k e n s. Das »tote Unbewußtsein« ist der verborgene Triebgrund, der gegen den Offenbarungskanon der
exoterischen Religion gerichtet ist und ihn bekämpft. Was bewegt ihn zu dieser
Feindseligkeit? D e r T r i e b , d a s v o m K a n o n F e s t g e h a l t e n e u n d
d a d u r c h V e r h i n d e r t e d e r O f f e n b a r u n g i n d i e f r e i e E n t f a l t u n g
z u e n t l a s s e n. Dazu ist die Formation eines Willens zur Macht erforderlich, die
das durch den Kanon V o r e n t h a l t e n e auf die Willensformation überträgt, um
d u r c h d e n W i l l e n v e r w i r k l i c h t w e r d e n z u k ö n n e n. Genetische Willensformation der fiktiven Offenbarungs-Residuen. Aber was überträgt der Wille auf
die Dekonstruktion der Offenbarung? Sicher nicht d i e O f f e n b a r u n g s e l b s t.
Denn diese ist längst in der Unvordenklichkeit eines Unbewußtseins-Nichts versunken. Die zu dekonstruierende Offenbarung ist vielmehr das vom Kanon festgehaltene
Fiktum der Glaubens-Sätze, die zu »Offenbarung« erklärt worden waren.

So liegt eine Zukunft weisende Aufgabe vor dem Willen zur Macht, sich durch
einen unbewußten Verdrängungs-Progress das Fiktum des kanonischen Bewußtseins

der Religion anzueignen. Das kanonische Bewußtsein wird jetzt als Ursprung und Triebgrund des Willens vom Willen selbst erkannt. Der Willenstrieb besteht in der Verwirklichung nicht der Offenbarung selbst, was unmöglich ist, sondern des Fiktums der Offenbarung als der grundlegenden Bewußtseins-Tatsache des W i l l e n s z u r M a c h t. So wirkt die interne Abspaltung des Unbewußtseins, welche einst durch die Bildung des kanonischen Offenbarungsbewußtseins der Religion geschah, wie eine energetische Projektion durch den Spiegel des sich in sich selbst abspaltenden Unbewußtseins. Wobei zu bemerken ist, dass der Wille als Empfänger dieser Projektion die empfangene interne Abspaltung des Unbewußten anders wahrnimmt, als sie *ihrem Wesen gemäß* ist. Denn die ins Nichts der Amnesie verdammte Unbewußtseins-Urgeschichte der Offenbarung wird in der Wahrnehmung durch den Willen zum Gegenstand seiner ontologischen Selbstkonstruktion erhoben. Damit aber entzieht der Wille das Abgespaltene dem Vergessen, allerdings ohne zu wissen, was dieses Abgespaltene *seinem Wesen nach* selbst war. Dieses Wesen interessiert den Willen auch nicht. Was aber entzieht der Wille dann dem Dunkel der Amnesie? Die »Legitimität« der Fiktums-Setzung von Offenbarung durch sich selbst. Der Wille vertritt die »legitime« Stelle der verschwundenen Offenbarung selbst. Das aber setzt voraus, d a s s e r n i c h t w i s s e n k a n n , w a s d i e s e s e l b s t i s t . Und es setzt auch voraus, dass er n i c h t w i s s e n w o l l e n k a n n , worin Offenbarung selbst besteht. Es geht um die Besetzung eines leeren Raumes, den d i e v e r s c h w u n d e n e O f - f e n b a r u n g s e l b s t hinterläßt. Wo? Im extravasalen Unbewußtseins-Schein, der in der religiösen Kanonbildung durch interne Selbstabspaltung des Unbewußtseins entstanden ist.

1. Das Verdrängte des mit dem Unbewußtsein in der Amnesie der internen Selbstabspaltung Untergegangenen der Offenbarung selbst.
2. Das vom kanonischen Offenbarungs-Bewußtsein Festgehaltene als Leere zur Fiktumsbildung der Offenbarung.
3. Das Verdrängte des kanonischen Offenbarungs-Bewußtseins. Seine Freisetzung durch Übertragung auf die Selbstformation des Willens zur Macht.

Damit aber ist das Wesen des Unbewußtseins und der Offenbarung in doppelter Weise verdrängt, während der Kanon eine Umwertung durch den Willen zur Macht erfährt. N e g a t i v e r Ursprung des Willens zur Macht. Und damit wird dieser zum selbsterfüllten Fiktum von Offenbarung, *das heißt* zum P r i n z i p d e r G e g e n o f - f e n b a r u n g . Die Kritik am System des kanonischen Bewußtseins der Religion führt zur Befreiung des Nichtgeoffenbarten aus der kanonischen Umklammerung, so als sei diese die verdrängte Offenbarung selbst. Hier haben wir also eine weitere Spaltung im Bewußtsein des Willens. Der Irrglaube des Willens macht diesen zum gegenoffenbarungsgeschichtlichen Agens der »Menschheitsgeschichte«. Hier erblicken wir auch den wahren Grund für die unterschwellige Anarchie und die psychischen wie sozialen Störungen des »modernen Menschen«.

Der Glaube, dass das vom Kanon des religiösen Bewußtseins Festgehaltene die Offenbarung selbst sei. Und deshalb nimmt sich der Wille des [der Menschheit] Vorenthaltenen an. Der Wille ist tief davon überzeugt, das Bewußtsein schaffende Freiheitsprinzip des vom religiösen Kanon verdrängten Offenbarungs-*Inhaltes* selbst zu sein. *Differenz*: Das Verdrängte des mit dem Unbewußtsein in der Amnesie der internen Selbstabspaltung Untergegangenen der Offenbarung selbst und das Verdrängte des kanonischen Offenbarungsbewußtseins. Von diesem wesentlichen Unterschied weiß der Wille n i c h t s. *Frage*: Was befindet sich hinter dem Zerfall der Offenbarung durch die H i e r a r c h i e d e r E n t w e l t l i c h u n g und ihr kanonisches Offenbarungsbewußtsein? Jenseits des Zerfalls befindet sich die »Offenbarung selbst« im limbalen $\left\{ \begin{matrix} \text{Äther} \\ \text{Kontinuum} \end{matrix} \right\}$ ihrer $\left\{ bewußtseins \middle| \begin{matrix} ontologischen \\ ontogenetischen \end{matrix} \right\}$ Evolutionsgeschichte.

Beides, die »Offenbarung selbst« und ihre Evolutionsgeschichte sind untrennbar miteinander verbunden. Wir können die O f f e n b a r u n g s e l b s t nicht kennen, solange wir das Kontinuum ihrer Entwicklung [im eigenen Unbewußten] nicht aufgespürt haben. Denn die Offenbarung ist nur in Gestalt der Geschichte ihrer $\left\{ bewußtseins \middle| \begin{matrix} ontologischen \\ ontogenetischen \end{matrix} \right\}$ Evolution im Äther- Kontinuum des göttlichen Unbewußtseins möglich. Folgende Elemente werden erfordert für den Begriff der » O f f e n b a r u n g s e l b s t «.

a) Die Intuition des Wesens der Offenbarung.
b) Offenbarung als Bewußtseins-Ontogenese im limbalen Äther-Raum.
c) Evolutionsgeschichte des Bewußtseins als »Offenbarung selbst«.
d) Offenbarung als Geschichte der Äonenwanderung des Logos.
e) Offenbarung durch schöpfungsgeschichtliche Menschwerdung des »Verbum exinanitum ipsum« im anhypostatischen Triebherzensgrund.
f) Offenbarung als anhypostatisches Seelenbild der menschlichen Natur.
g) Offenbarung als okkulte Wissenschaft und Bewußtseinslehre

Die Erlösung des jüdischen Bundesvolkes kann nicht eher geschehen, als dass d a s V e r b o r g e n e d e r O f f e n b a r u n g s e l b s t aus der Tora selbst *hervorbricht*. Das Kriterium von Erlösung kann also *nicht* sein, dass das Judentum von sich aus Ursache dieser Erlösung sei. Das Hervorbrechen des Lichtes der Tora kann somit nur geschehen als eine *von a u ß e n k o m m e n d e* Befreiung durch das entfesselte Licht der Offenbarung selbst. Nur die Entfesselung des Lichtes der Erlösung kann den Bann brechen, welcher dieses und mit ihm alle durch das kanonische Offenbarungsbewußtsein gebundenen Völker bindet in den Willen zur Gegenoffenbarung, *das heißt* in den dunklen W i l l e n z u r M a c h t. Denn die Wächter der Tora h a r r e n — m i t u n s — d e r E r l ö s u n g.

Die jüdische Kabbala, wie wir sie in ihrer geschichtlichen Gestaltung kennen, ist nur eine der *möglichen* Erscheinungsformen ihrer selbst. Und dies gilt in dreierlei Hinsicht a) in Bezug auf ein innerjüdisches Bewußtsein von der Tradition und b) in Bezug auf die außerjüdischen Filiationen der Tradition und c) in Bezug auf die okkulte Verbindung zwischen a) und b). Was folgt aus dieser Erkenntnis? Die kanonische Nichtzuweisbarkeit der jüdischen Kabbala in Hinsicht auf ein konfessionelles Bewußtsein, das die Tradition für sich in Anspruch nehmen könnte. Pseudomorphose des Traditionsbegriffs. Die Kabbala lässt sich selbst in ihrer geschichtlich nachweisbaren Morphologie nicht auf den Traditionsbegriff eines genuin jüdischen Bewußtseins reduzieren. Der Versuch, die Kabbala zu konfessionalisieren, Versuch der »Traditions-Sicherung« mit Hilfe eines kanonischen »Kabbala-Bewußtseins«, das gegen den Unbewußtseins-Strom d e r o k k u l t e n T r a d i t i o n d e r » O f f e n b a - r u n g s e l b s t« gerichtet ist. Kabbala als Organ einer spezifisch jüdischen Frömmigkeit? Die geschichtliche Faßbarmachung des Phänomens der Kabbala als Weg in die Sublimation des kanonischen Offenbarungsbewußtseins.

Wenn man Kabbala jedoch im Sinne d e r Tradition begreift, so umfasst sie doch mehr als die religiöse Urgeschichte des Volkes Israel. Und sie übersteigt damit auch ihre eigene kanonische Selbstverkennung. Problematik des Scholem'schen Paradigmas als des Versuchs, auf historiographisch-philologischem Wege mit der Kabbala fertig zu werden.

Historiographie bleibt immer der Geschichte als der Erscheinungsform der Kabbala verhaftet. Es fehlt der Erweis, dass Kabbala wirklich d i e T r a d i t i o n s e l b s t ist. Und dies gilt umso mehr, da ihr Name genau diesen Anspruch erhebt. Wäre sie dies aber, jedenfalls in ihrem Grundzug, so würde Kabbala jeden Bezug zu einem kanonischen Bewußtsein von der Offenbarung sprengen. Und damit einher ginge die W i d e r l e g u n g d e s W i l l e n s z u r M a c h t, auf dem doch der »esprit frondeur« der Moderne beruht.

Wo also ist die Kraft der Kabbala zur Lösung dieser ihr gestellten Aufgabe? *Denn eines ist klar*: Was auch immer d i e T r a d i t i o n s e l b s t ist, sie muss in der Lage sein, d e n W i l l e n z u r M a c h t d u r c h M a n i f e s t a t i o n s e i n e r o k - k u l t e n W u r z e l n z u s c h a n d e n z u m a c h e n. Vermag sie dies nicht, so kann sie für sich nicht den Anspruch erheben, die T r a d i t i o n d e r O f f e n b a r u n g s e l b s t zu verkörpern.

Auch kommt die Frage auf, ob sie überhaupt etwas mit Erlösung zu tun habe. Ich denke schon, jedoch in einem ganz anderen Sinn, dem des d e r E r l ö s u n g selbst bedürftig Seins der Überlieferung. Denn dieses erweist sich als eine Wesensbestimmung von Tradition. Die Erlösung, welche die Tradition vorgibt selbst zu sein, ist selbst deren geheimes Desiderat. Die Überlieferung liegt verborgen in der Gefäßlichkeit des untergegangenen, in die Verdrängung verbannten Unbewußtseins. Deshalb ist sie bestimmt zum Desiderat der Wiederkehr des vom Willen »getöteten« Unbewußtseins. Dieses Desiderat ist gleichsam der Funke seiner Wiedergeburt. Die Überlieferung existiert somit nur als Desiderat eines unstillbaren Triebes des Unbewußten zur Wiederkehr zurück ins spirituelle Leben. Was folgt aus dieser Erkenntnis? Dass die Berufung des kanonischen Offenbarungsbewußtseins der Religion auf eine ihr immanente esoterische Tradition ein reines Fiktum ist. Denn Tradition ist wesentlich unzugänglich, und dies nicht nur der Welt, sondern auch dem kanonischen Bewußtsein der religiösen Weltverneiner. Die Tradition selbst ist nicht die Steigerung oder Überhöhung des konfessionellen Offenbarungsbewußtseins der Religion. Die Tradition selbst, so sie denn aus ihrer Unerkanntheit herausträte, würde für die Religion das Ende ihres kanonischen Bewußtsein von der Offenbarung bedeuten. Wir können deshalb sicher sein, dass die Religion alle Vorkehrung getroffen hat und weiter treffen wird, dass das Wesen der Tradition selbst daran gehindert werde, aus dem Dunkel der Verdrängung herauszutreten ins Licht der Erkenntnis, welche allein erlöst. Und deshalb liegt es allein an uns, dies wiederum zu verhindern.

Die Erkenntnis, die erlöst, sie allein ist das Kriterium von Überlieferung im Heiligen. Ich meine nicht Erlösung verschiedener Völker, Glaubens- und Lebensgemeinschaften oder gar der ganzen Menschheit, sondern die erlösende Erkenntnis, durch die die verborgene Überlieferung in die Gefäßlichkeit ihres wiedergeborenen göttlichen Unbewußtseins tritt. Die Überlieferung ist ohne das Gefäß des Triebherzens, in dem das limbale Unbewußtsein strömt, ein Nichts. So bedeutet die »Tötung« dieses Triebherzens durch den Willen auch das Ende der Tradition. Und dieser doppelte Tod macht das Leben des Willens aus, der im kanonischen Bewußtsein von der Offenbarung sich seine Grundlage schafft, um sich durch die Revolte der menschheitsgeschichtlichen Vernunft zur vollen Macht zu entfalten.

Wir können zum Wesen der Tradition nicht vordringen, ohne zur Vorstellung eines in uns verdrängten göttlichen Unbewußtseins zu gelangen. Die ontogenetische Kritik des Bewußtseins ist der einzige und einzig glaubwürdige Zugang zur Erkenntnis der Tradition, durch die die Wesensbestimmung der Religion selbst erst erfahren werden kann. Denn davon hängt die Evolution der Tradition in der Zukunft selbst ab.

Zu beachten: Die Paradoxie des in der Tradition stehen Wollens. Der Wille zur Macht, welcher hinter diesem Ansinnen steckt. Man bezieht sich doch immer wieder auf eine geschichtliche Paradigmatik der Tradition, um sich selbst zu definieren. Die Misere des kanonischen Offenbarungs-Bewußtseins. Sich messen an der geschichtlichen Erscheinungsform der Kabbala, so als sei diese die Tradition, wodurch die Tradition selbst erschlossen werden könne.

„Hierauf kommen zu Jesus Pharisäer und Schriftgelehrte von Jerusalem und sagen: warum übertreten deine Jünger die Ueberlieferung der Alten? Waschen sie doch die Hände nicht, wenn sie Brot essen. Er aber antwortete ihnen: warum übertretet denn ihr euererseits das Gebot Gottes eurer Ueberlieferung zu lieb? Denn Gott hat verordnet: ehre Vater und Mutter, und: wer Vater oder Mutter lästert, soll des Todes sterben. Ihr aber saget: wer zu Vater oder Mutter spricht: Opfergabe soll sein, was du von mir haben könntest, der braucht seinen Vater und Mutter nicht zu ehren. So habt ihr das Gesetz Gottes ausgethan eurer Ueberlieferung zu lieb. Ihr Heuchler, Jesaias hat richtig von euch geweissagt:Dieses Volk ehrt mich mit den Lippen, ihr Herz aber hält sich ferne von mir.Vergebens ehren sie mich mit ihrem Lehren von Menschengeboten."[5]

Die historische Erscheinungsform zur Kabbala, zur Überlieferung selbst zu erklären. Was bedeutet uns das? Sich selbst und die Kabbala zugleich zu verkennen, weil dadurch die Quelle der Tradition im äonischen Seelenbild der menschlichen Natur verschlossen wird. Sublimation der geschichtlichen Erscheinungsform der Kabbala zum jüdischen Frömmigkeits-Typus angesichts der Moderne. Als Korrektiv zur Gefallenheit der modernen Welt. Als innerweltlicher Auftrag der Erlösung der Welt von sich selbst. Auch auf diese Weise wird Kabbala zur Tradition erklärt und diese wiederum mit dem Menschheits-Schicksal verknüpft, mit dem Begriff der »Menschheit«, als Werk der Erlösung. *Kurzum*: Man geht davon aus, dass die Tradition durch die historische Erscheinungsform der Kabbala nicht dem Menschen, sondern der »Menschheit« zu Nutzen sei.

Die Frage nach der kabbalistischen Erfahrung des Lebensstromes des göttlichen Unbewußtseins als der okkulten Grundlage der Tradition der Offenbarung selbst darf uns allein antreiben, sonst gar nichts. Dazu gehört auch das Verwerfen jeder vorgegebenen oder vorgefertigten Exegese kabbalistischer Texte zu Lehrzwecken im humanitären Auftrag für die moderne Welt. Die Kabbala ist nicht lehrbar, so wie die Tora dies nicht ist. Weil sie nur durch Eintauchen in die Seins-Schichten des [göttlichen] Unbewußten als Tradition selbst geschaut werden kann. Man kann sich mit Kabbala beschäftigen, ohne diese für die Tradition selbst in Anspruch nehmen zu können. Von *diesem* Problem reden wir hier! Die Sorglosigkeit und Unbefangenheit in diesen Dingen hat etwas Beunruhigendes.

[5] Matth. 15, 1-9.

Exegese von Texten aus der historischen Gestalt der Kabbala dient *unbewußt* auf irgendeine Weise dem W i l l e n   z u r   M a c h t :

- als philologisch-historiographische Kabbala-„Forschung",
- als Dienst an einer *modernen* jüdischen Frömmigkeitskultur
- als humanitärer Dienst an der Erlösung der »Menschheit«
- als Abgleiten in die religiöse Folklore, mit der man den »Esprit frondeur« der Moderne besänftigen zu können glaubt.

Allen Diensten gemeinsam ist, dass sie den Traditionsbeweis der Kabbala mit dieser schon für gegeben halten. Man kann aber immer nur die historische Erscheinung der Kabbala kennen, aber nicht, inwiefern die geschichtliche Kabbala M a n i f e s t a - t i o n   d e r » T r a d i t i o n   s e l b s t « sein soll. D e n n   d i e   e n t s c h e i d e n d e   B e - d i n g u n g   f ü r   d i e   M a n i f e s t a t i o n   d e r » T r a d i t i o n   s e l b s t «   s t e l l t   d i e   W e l t   d e s   l i m b a l e n   U n b e w u ß t s e i n s   d a r . Dieses aber ist vom Willen »getötet« und zugrunde gegangen und mit ihm das »Verbum exinanitum ipsum«. Das Unbewußte aber kehrt erst ins Leben zurück, wenn der Logos den Tod überwunden hat. Was will dies nun heißen?

Dass eine Auslegung der Kabbala ins Leere läuft, insofern sie nicht selbst auf der Grundlage einer okkulten Bewußtseinslehre steht. Gerade dies sollten die modernen Diener der Kabbala wissen. Die okkulte Wissenschaft bildet die unerläßliche Grundlage für den Erweis, dass Kabbala erst jenseits ihrer geschichtlichen Morphologie als M a n i f e s t a t i o n   d e r   T r a d i t i o n   s e l b s t erkannt werden kann, und zwar im Lichte des äonischen Unterganges des Logos im limbalen Unbewußtsein. Deshalb ist es ratsam, das durch den Willen zur Macht verdrängte Unbewußtsein der Seelenstruktur des Menschen zu vindizieren. Denn ohne diese okkulte Umformung des Menschen muß die Arbeit an den symbolischen Geheimnissen der Kabbala für eine Spiritualität, d i e   a u f   d e r » T r a d i t i o n   s e l b s t «   s t e h t , fruchtlos bleiben. Denn eine solche Spiritualität wäre wahre Ökumene, *das heißt* Ökumene jenseits a) des kanonischen Offenbarungsbewußtseins der exoterischen Religion und b) der modernen Vernunftsreligion des W i l l e n s   z u r   G e g e n o f f e n b a r u n g . Sie ist eine Absage an die M e n s c h h e i t s - I d e e n , die von uns als P r o j e k t i o n e n   d e s   W i l l e n s   z u r   M a c h t entlarvt worden sind.

Motivation der Urheber der historischen Erscheinungsform der Kabbala. Standen sie unter dem Einfluss des Willens, als sie ihre kryptischen Schriften verfassten? Dies ist wohl nicht anzunehmen. Wenn dem aber so ist, dann müssen wir von einer Fremdheit des von den Kabbalisten Ausgesprochenen gegenüber dem modernen intellektuellen Bewußtsein ausgehen. Wir können nicht umhin, einen Bruch festzustellen zwischen der Welt des rationalen Bewußtseins und der der kabbalistischen Erfahrung. Ist da nicht ein Innehalten nötig, um in unserer Vorstellung eine Grenzlinie zu ziehen zwischen der eigenen vorgegebenen Bewußtseins-Lage und den magischen Räumen kabbalistischer Erfahrung.

Diese rote Linie bezeichnet die Abgespaltenheit des Erkenntniswillens von den kühnen Imaginationen der Kabbalisten, von denen dennoch manche glauben, sie mit den Mitteln wissenschaftlicher Vernunft »verstehen« zu können, die selbst ein Fiktum des Willens zur Macht ist. Der Wille ist ein Meister der Illusion. Eine weitere Illusion in Bezug auf die Deutung der Kabbala stellt die Ansicht dar, es handle sich um ein Lehrsystem, in dem sich die »Tradition selbst« widerspiegele. Die Übertragung der Kabbala auf die Fiktion eines kanonischen Lehrsystems, das die Tradition selbst zu lehren vorgibt.

„Wie die Natur, kabbalistisch gesehen, nichts ist als der Schatten des göttlichen Namens, so kann man auch von einem Schatten des Gesetzes, den es immer länger und länger auf die Lebenshaltung des Juden wirft, sprechen. Aber die steinerne Mauer des Gesetzes wird in der Kabbala allmählich transparent, ein Schimmer der von ihm umschlossenen und indizierten Wirklichkeit bricht hindurch.“[6]

Anrufung der Gottheit, dass sie sich offenbaren möge und erlösen möge aus dem Wahn schon geoffenbarter Religion, aus dem Abgrund eines kanonischen Bewußtseins von der Offenbarung. Denn was ist der wahre Grund für den Verlust des Glaubens unter den Menschen der Moderne, wenn nicht das Verhängnis, an einen Kanon göttlicher Offenbarung zu glauben. Dieser Kanon bildet selbst das Prinzip, nach welchem der Glaube an die geoffenbarte Wahrheit der Religion sich als menschheitsgeschichtliche Evolution der Vernunft fortpflanzt. Das uneigentliche Bildungsprinzip der Religion beruht auf dem Irrtum, dass das Bewußtsein von der geoffenbarten Wahrheit der Religion bereits die Offenbarung selbst [gewesen] sei. Es nimmt in gewissem Sinne die Offenbarung selbst vorweg, um sie zu verhindern. Sie begeht eine Urverdrängung an der Offenbarung selbst.

Der Kanon und seine Negativität: Die dem Kanon innewohnende Negation ist gerichtet auf die Selbstnegation, die in der SelbstReflektion des Logos (*siehe*: Brief an die Philipper)stattfindet. Diese negiert zwar den Logos, aber sie bezieht sich auf die Reflektion des Logos im Spiegel seiner Gottheit, welche die unveräußerliche Voraussetzung der Kenose bildet.

Der Kanon leugnet die »Kenose vor der Kenose«. Kenosis ist damit immer die Menschwerdung des Logos, weiter nichts. Der Kanon lässt den Gedanken einer *prä*-kenotischen Kenose des Logos gar nicht aufkommen. Aber dieses Nicht-Aufkommen des Gedankens ist selbst bereits Ergebnis einer Abspaltung, die im Unbewußtsein stattfindet. Man kann also durchaus denken, ohne es zu wissen. Mit der unbewußten Abspaltung der *prä*kenotischen Selbstentäußerung des Logos verbunden ist die innere Aufspaltung des Gewächses von *väterlichem*

---

[6] Gershom Scholem, Zehn unhistorische Sätze über Kabbala, in: G. Scholem, Judaica 3, Frankfurt/M. 1987, S. 269.

Selbstentäußerungs-Willen des Logos und der spekulativen Anschauung dieser kenotischen Willens-Konfiguration des Logos *durch den Logos selbst.*

Der Kanon dringt mit seinem eigenen W i l l e n   z u r   O f f e n b a r u n g ein in die organische Geschlossenheit des Gewächses der spekulativen Anschauung der Kenose durch den Logos selbst und sprengt es auseinander. Die Auseinander-Sprengung der spekulativen Anschauung der Kenose durch den Logos selbst ist Ziel des Kanons, der, wie bereits erwähnt, ein nicht in der Gottheit selbst gründender Wille ist. Aber als dieser W i l l e   z u r   O f f e n b a r u n g ist er das Nichts jenes Bewußtseins-Ursprungs-Gebildes, auf welchem die spekulative Anschauung der Selbstnegation des Logos durch den Logos selbst in dessen gottheitlicher SelbstReflektion beruht.

Der Spiegel des Unbewußtseins, in dem sich die Selbstentäußerung als Selbst-Negation des göttlichen Logos selbst schaut, ist R e f l e k t i o n, die in den Logos allein z u r ü c k k e h r t und in diesen eingeht. Dieses Reflexions-Verhältnis des sich selbst entäußern wollenden Logos zu sich selbst kann durch nichts unterbrochen oder verhindert werden. Deshalb nimmt die Imagination des kanonischen Willens zur Offenbarung das Gebilde der SelbstReflektion des sich seiner selbst entäußern wollenden Logos in sich selbst zurück. Sie weist ihm eine neue Konfiguration innerhalb der extravasalen Wirklichkeit ihrer imaginativen Willensmacht zu.

Der Kanon schließt nicht Häresie aus, sondern er setzt den Begriff der Häresie als ein von ihm Abweichendes voraus. Er setzt voraus, dass etwas als Häresie angesprochen, bezeichnet, angeklagt und schließlich verurteilt werden muss. Die Häresiefähigkeit von etwas ist Seinsbedingung des Kanons, *das heißt* Ursprung von »kanonischem Bewußtsein«. Damit ist aber zugleich etwas anderes mitgesetzt: Das unterschwellige Bewußtsein, das dem kanonischen Prinzip richterliche Gewalt über das, w a s   a l s   W a h r h e i t   a n z u s e h e n   i s t, zuerkennt. Die richterliche Gewalt des kanonischen Bewußtseins[7] begründet Herrschaft, jenseits der Hinterfragbarkeit durch Funktionen des rationalen Bewußtseins.

Der Kanon macht also *„unbewußt"* Häresie zum Traditionsprinzip der der *nicht selbst offenbar werden könnenden »Offenbarung«*. Das kanonische Unterschwellen-Bewußtsein stellt somit die Entstehung von Häresie als Erscheinung und Morphologie geoffenbarter Religion dar. Deshalb kann sich der Kanon dem Verdacht entziehen, selbst Ursprung der Evolutionsgeschichte von Gegenoffenbarung zu sein. Das Aufkommen der Bewußtseinsfrage hinsichtlich der »Offenbarung selbst« ist die Frage nach dem O f f e n b a r w e r d e n - K ö n n e n   d e r   O f f e nb a r u n g   s e l b s t angesichts der kanonischen Vernunft der Entwicklung der Menschheit. Hier sind wir nun bei der Frage nach dem Ursprung des »kanonischen Bewußtseins« im W i l l e n   z u r   O f f e n b a r u n g, den wir als den Keim der historischen Entwicklung eines Willens zur Gegenoffenbarung erkennen. Aber eben diese Tatsache entzieht sich dem Bewußtsein und begründet zugleich das Unterschwellen-

---

[7] Hier handelt es sich um das „Unbewußte" im Sinne der modernen Tiefenpsychologie.

Bewußtsein, das von der Irrlehre des modernen Psychologismus fatalerweise als „das Unbewußte" bezeichnet wird. Offenbarwerdung der »Offenbarung selbst« verlangt eine okkulte Erkenntnis des wahren, *das heißt* des göttlichen Unbewußtseins. Das Unbewußtsein ist als das Depositum der göttlichen Offenbarung durch den Logos selbst zu verstehen.

Die Zersprengung des Leibes der SelbstReflektion des sich seiner selbst entäußernden Logos zielt ab auf die Abspaltung des Logos als des Subjekts, von dem Paulus in Kol. 2, 3 sagt, dass in ihm alle Schätze der Weisheit und der Erkenntnis verborgen liegen. Die Verneinung des Subjekts der göttlichen Weisheit durch die Bildung eines kanonischen Willens zur Offenbarung, wie ihn die geoffenbarte Religion selbst darstellt. Vergesellschaftung der Quantifizierung von Nichterkenntnis, die zu Bewußtseinsbildung führt. Der Kanon der {*Nichts|Erkenntnis|Bildung*} setzt die Abspaltung des Ursprungs der Subjektivation der göttlichen Erkenntnis voraus. Die Nichtvermittelbarkeit göttlicher Erkenntnis, welche vom Logos selbst stammt, genauer, aus dessen Untergang im limbalen Unbewußtsein. Der Kanon der {*Nichts|Erkenntnis|Bildung*} entsteht aus einem Inter-Esse des Willens, der sich zwischen die SelbstReflektion des kenotischen Logos und dessen Selbstentäußerung drängt. Damit aber wird er zum verdrängenden Agens.

Das Erscheinen dieses Agens der Verdrängung inmitten der spekulativen SelbstReflektion des sich seiner selbst entäußernden Logos zersprengt diesen Organismus der Offenbarung, um ihn aus dem Inter-Esse und auf dieses hin neu zu konfigurieren. Diese Umbesetzung des in seiner Selbstwirklichkeit aufgehobenen Organismus findet statt in der Extravasalität der Imagination des sich inter-ess[enti]ierenden Willens. Inter-Essentiation als extravasale Ontogenese des Willens.

Die {*Willens|Inter|Essenz*}. Sie bildet das eigentliche Zentrum des Kanons der {*Nichts|Erkenntnis|Bildung*}, der eine Vergesellschaftung (Agglomeration) von Gewußtem intendiert: Negierte Erkenntnisstruktur des Göttlichen = Bewußtseinsbildung, die die Abspaltung des göttlichen Ursprungs von Erkenntnis zur Aufgabe hat. Diese Bildung von Bewußtsein schließt die Vergesellschaftung *als notwendige* in sich ein. Diese bewußtseinsbildende Vergesellschaftung haben wir als unbewußte Ausklammerung der Erkenntnis-Subjektivation des selbstentäußerten Logos zum transzendentalen Ich des Menschen zu begreifen.

Die Kanonbildung der geoffenbarten Religion wird damit ersichtlich als geboren aus der Inter-Essenz des Willens zur Macht, der geschichtlich betrachtet in der totalen Leugnung des selbstentäußerten Logos und der gleichzeitigen Geltendmachung eines rein positiven Vernunftbewußtseins — man nennt's „Wissenschaft" — enden muss. So betrachtet können wir durchaus von einem Ende der Geschichte im eschatologischen Sinne sprechen.

Jacob Böhme drückt in der »Zweiten Schutzschrift gegen Tilke« (II, 76) das Unbewußtsein als das Prinzip der Göttlichen Weisheit aus, insofern dieses durch die Menschwerdung des Logos im Menschen wirksam wird:

„Nun aber bin ich todt, und verstehe nichts, Er aber ist mein Verstand; Also sage ich, ich lebe in GOtt, und GOtt in mir, und also lehre und schreibe ich von Ihme, lieben Brueder; sonst weiß ich nichts."[8] Und in II, 108 schreibt Jacob Böhme: „sondern an deme liegts, daß wir uns in den Schooß, als in die Menschwerdung Christi, als in unserer neuen Mutter Leib, wieder einwerffen, als in eine neue Menschwerdung, daß wir mit unserm Willen, im Gehorsam, Christi Wille werden; daß wir in einem Nichts, als blos nur zu einem Samen des Willens werden; daß Christus unser Wille werde, und seine Menschwerdung unsere Menschwerdung, seine neue Geburt, aus Gott und Mensch, unsere neue Geburt aus GOtt und Mensch, seine Ertoedtung des Zorns GOttes im Centro der Seelen unsere Ertoedtung; seine Auferstehung unsere Auferstehung; sein ewig Goettlich Leben unser ewig Goettlich Leben. Alsdenn heisset: Wer zu mir kommt, das ist, in meine Menschwerdung, daß ist, in mich, den werde ich nicht hinaus stossen: (Joh. 6:37.)."[9]

Erhabene Bruderschaft des Geistes im Geiste. Denn Geist ist der göttliche Logos geworden durch seine Selbstentäußerung in das äonische Sein seiner selbst im Nichts-Bewußtsein des limbalen Herzens. Kanon als scheinbarer Ursprung von Tradition *versus* die Tradition der Offenbarung selbst. Dies ist die Grundkonstellation, von wir hier zu sprechen haben. In dem Maße wird jene okkulte Tradition der Offenbarung selbst sichtbar, wie wir den Ursprung des Kanons hinterfragen, *das heißt* ihn erkennen als den Ursprung des transzendentalen Scheins von Offenbarung. Die Aufspaltung des Begriffs des Kanons besteht darin offenzulegen, was er vorgibt zu sein und inwiefern er dies zu erfüllen sich als unfähig erweist, weil er das, was er zu erfüllen vorgibt, selbst *nicht kennt*. Er kann Offenbarung aber nur insofern erfüllen, als sie nicht sie selbst ist. Nur auf dieser Voraussetzung kann der Kanon das zum Schein Erfüllen von Offenbarung selbst sein. So ist allein dieser Schein die Hervorbringung seiner selbst. Und eben dadurch erfüllt sich die Erfüllung von Offenbarung zum Schein *im Kanon*. Das ist der Fluch, welcher dem Kanon selbst innewohnt. Und wer ihm verfällt, verfällt zugleich dem Zorn Gottes.

Der Irrtum, der vom historischen Christentum ausgeht: Die Gleichung $\boxed{Kanon = Tradition}$. Der verhängnisvollste aller menschheitsgeschichtlichen Irrtümer. Damit wird die Offenbarungsgeschichte selbst *annulliert*. Kanon als Diskrepanz zwischen Offenbarungsanspruch und pneumatologischem Offenbarungsgrund, der den Menschen erst gottebenbildlich individuiert. Offenbarung als Genese

---

[8] Jacob Böhme, LIBRI APOLOGETICI oder Schutz-Schriften wieder Balthasar Tilken, s.l. 1730, S. 120.
[9] Ibid., S. 125.

des Bewußtseins-Selbst durch den sich im Null-Bewußtsein seiner selbst entäußern-
den Logos. Das {N − |Ichts|Bewußtsein} als d a s N i c h t s v o n B e w u ß t s e i n ist
ganz Ursprungspunkt der pneumatologischen Menschwerdung des Logos durch die
Offenbarung im Menschen selbst. Eben dies schließt eine Kanonbildung von O f f e n -
b a r u n g s e l b s t aus. Daraus resultiert die Erkenntnis des Begriffs der » T r a d i -
t i o n s e l b s t «.

Da das Christentum in der Differenz seines Seins mit sich selbst lebt und in
keiner Weise mit der Menschheitsgeschichte in Einklang stehen *kann,* sich in keiner
Weise durch sie auszudrücken oder zu vollenden vermag, eben deshalb liegt das Wesen seiner selbst *vor ihm* und zugleich *außerhalb seiner selbst.* Kurzum: Es ist sich seiner
selbst nicht bewußt. Und es kann sich nur selbst begegnen, indem es mit sich selbst
alle anderen religiösen Traditionen dem Fluch der Menschheitsgeschichte entzieht
und zurückführt auf das anhypostatische Seelenbild der menschlichen Natur, welches die schöpfungsgeschichtliche Menschwerdung des Logos durch Desinhabitation des Logos selbst in sich fasst. Der Logos lässt sich nur durch diese Desinhabitation seiner selbst im anhypostatischen Seelengrund des Bildes menschlicher Natur in
seinem göttlichen Dasein erfahren. Durch wen? Durch diejenigen, welche ihn durch
sich zur Erscheinung bringen, indem sie sich zur Anhypostasie seiner Gottheitlichkeit
machen lassen. Sie müssen durchsichtig werden, damit Er durch diese Anhypostasie
seines Wesens in sie eingeht, in ihnen erscheint und sich ihnen desinhabitiert.

Dieser ä o n i s c h e Akt bezieht die Tradition*en* auf sich, um sie in sich durch
sein innerstes göttliches Erkenntnis- und Bewußtseinsprinzip zu begreifen in ihrer
{*menschheits|außer|geschichtlichen*}, das heißt in ihrer wahrhaft *o f f e n b a r u n g s -*
g e s c h i c h t l i c h e n Bedeutung. Durch dieses äonische Selbstbewußtsein des Christentums enthebt es die religiösen Traditionen der Menschheitskultur ihrer menschheitsgeschichtlichen Last, ihrer gegenoffenbarungsgeschichtlichen Fremd-Determi-
nation. Diese ent-determinierten, befreiten Traditionen werden dem äonischen
Selbstbewußtsein des Christentums zugeführt, und durch es auf es selbst b e z i e h -
b a r . Und dieser Vorgang vollzieht sich im äonischen Selbstbewußtsein des Evangeliums. Erst dadurch erfahren die religiösen Traditionen ihre eigentliche Universalität
und Bedeutung als wesentlich begründet in der äonischen Bewußtseinsstruktur des
menschgewordenen Logos im schöpfungsgeschichtlichen Offenbarungs-Wort des
Evangeliums.

E v a n g e l i u m a e t e r n u m . Aufhebung der Menschheitsgeschichte, *nicht*
deren Erfüllung und „Rechtfertigung" durch das kanonische Offenbarungs-Bewußtsein der Religion. Aufhebung aller positiven wie negativen Gleichungen von Religion
und Menschheitsgeschichte. *Denn*: Offenbarung sprengt sowohl die Denkkategorie
der Menschheitsgeschichte wie die Funktion des kanonischen Bewußtseins von der
Offenbarung. Ist Menschheitsgeschichte aber nicht mehr b e z i e h b a r a u f O f f e n -

b a r u n g, weder als deren Erfüllung noch als deren Kritik/Negation, weder als Hierarchie noch als Anarchie, so wird sie damit selbst hinfällig, weil unbrauchbar. Inwiefern wird Menschheitsgeschichte als Denkkategorie für den denkenden Menschen selbst unbrauchbar? Weil sie den Begriff der Offenbarung selbst historisch verdunkelt und verdrängt. Sie ist Denkkategorie eines „Raubes an der Gottheit".[10]

Die p a t r i a r c h a l e W e l t c h r o n i k zu verwahren war dem jüdischen Volke bestimmt, aber nicht, sie *auf sich* zu beziehen. Dieser Bezug ist ein Glaube, der an das eigene Vorrecht. Sie wird schließlich zum Gesetz der mosaischen Offenbarungsgeschichte. Im Gesetz wird die Weltchronik zum Raum für das Gesetz, das seine Genealogie aus der Weltchronik selbst aufhebt, um diese durch sich selbst zu kanonisiert zu wissen. Die E n t s c h ä r f u n g d e r W e l t c h r o n i k. Dieser wird der eigentliche Lebenssaft entzogen. Sie fungiert als Begründungselement des Gesetzes im Sinne des Gesetzes als des Kanons von der Offenbarung. Die Genese des jüdischen Gesetzes-Bewußtseins, das sich g e g e n d a s O f f e n b a r w e r d e n d e r O f f e n b a r u n g s e l b s t sträubt. Denn die Lehre vom Gesetz ist Offenbarung unmittelbar. Im Moment, da mit dem Offenbarungsbegriff so verfahren wird, spalten sich die Begriffe »Religion« und »Offenbarung« voneinander ab, so als seien sie je eins gewesen.

Dieses Auseinanderklaffen beider aber besagt nichts anderes, als dass d i e O f f e n b a r u n g s e l b s t ihr Verdrängtsein historisch durchbricht, *das heißt* die Historie selbst durchbricht. Die Bloß-Stellung der Religion durch die O f f e n b a r u n g s e l b s t. Eine zweite Spaltung ist hier zugleich am Werke. Nämlich die der Offenbarung von der »Offenbarung selbst«. Denn Offenbarung wird durch ihre Gesetzwerdung *selbst* verworfen. Deshalb findet zugleich eine Abspaltung der Offenbarung von der »Offenbarung selbst« in und durch das Gesetz statt. Offenbarung entzieht sich ihren Wesensbestimmungen durch das Gesetz. Und nur durch diesen Entzug kann Offenbarung für »Offenbarung selbst« gelten.

Die R e a k t i o n: Die Religion muss nun den Anspruch auf die Offenbarung geltend machen *wollen*. Sie muss sie aus sich selbst generieren als F i k t u m d e s K a n o n s. Die Religion als K a n o n v o n d e r O f f e n b a r u n g. Der Kanon von der Offenbarung vollzieht beides, die »Tötung« der Offenbarung selbst durch Abspaltung und das Hervorbringen eines Fiktums von der Offenbarung. Das Fiktum als Produkt der kanonischen Bewußtseinsbildung. Dieser Vorgang des Hervorbringens des Fiktums eines kanonischen Bewußtseins von der Offenbarung führt zur Autonomie einer Geschichte, die sich auf das Gelungensein der Verdrängung der »Offenbarung selbst« durch einen Kanon von der Offenbarung beruft als auf das eigentliche Wesen jüdischer Religion. Der Akt der Verdrängung, welcher die »Offenbarung

---

[10] Phil. 2, 6-7: ὃς ἐν μορφῇ θεοῦ ὑπάρχων οὐχ ἁρπαγμὸν ἡγήσατο τὸ εἶναι ἴσα θεῷ, ἀλλ᾽ ἑαυτὸν ἐκένωσεν μορφὴν δούλου λαβών, ἐν ὁμοιώματι ἀνθρώπων γενόμενος

selbst« zum Gegenstand hat, ist komplex, und er endet im Bewußtsein von der Ver-läßlichkeit der eigenen Überlieferungspraxis. Der Begriff der »Tradi-tion« und sein Verhängnis. Dies ist besonders zu berücksichtigen mit Rücksicht auf das historische Schicksal der patriarchalen Weltchronik, das mit deren Verdrängung gleichzusetzen ist.

Grundlagen der okkulten Bewußtseinslehre:
Die offenbarungsgeschichtliche Vernunft des Mythos

„Das Problem des Bewusstseins (richtiger: des Sich-Bewusst-Werdens) tritt erst dann vor uns hin, wenn wir zu begreifen anfangen, inwiefern wir seiner entrathen könnten".[11]

Der B r u c h   d e r   G e f ä ß e als die Voraussetzung für die Erkenntnis des Problems des Bewußtseins. Es muss erst das zugrunde gehen, was den verdrängenden Bewußt-seinsfluß unterbricht, der für die Synthese des „rein positiven Bewußtseins" der edo-mitischen Vernunft verantwortlich ist. Die Abspaltungsprozesse, welche sich vom selbstentäußerten Logos der Gottheit lossagend die G e b u r t   d e s   W i l l e n s   z u r   M a c h t ermöglichen. Denn dieser ist der — im Gegensatz zum kenotischen Logos — a r c h o n t i s c h e Demiurg, der die Gefäßlichkeit des Null-Unbewußtseins hervor-bringt aus seiner ontogenetischen Imagination. Durch diese Gefäßlichkeit wird das Null-Unbewußtsein zum Ursprung von Bewußtsein überhaupt, das heißt von *rein positivem Bewußtsein.*

Während das limbale Unbewußtsein als selbst negiertes Bewußtsein aus der kenotischen Selbstnegation des Logos und dessen WesensSelbstReflektion hervor-geht wie der Inhalt aus seinem Gefäß, bildet die vom archontischen Demiurgen ge-schaffene Gefäßlichkeit die Not eines sich selbst wollenden Willens zur Macht. Das heißt, er muss werden durch den Willen, was er n i c h t   i s t. Es leuchtet daher ein, dass das Gefäß, für dessen Entstehung der sich wollende Wille als Demiurg verant-wortlich ist, von gänzlich anderer Natur und Beschaffenheit ist, als das Gefäß des limbalen Unbewußtseins. Denn dieses ist zum Ruhme des »Verbum exinanitum ip-sum«. Zwischen dem limbalen Unbewußtsein und dem kenotischen Logos der Gott-heit besteht ein unendlicher Abgrund. Zwischen ihnen klafft der Abgrund des N i c h t s.

Das N i c h t s als ontogenetischer Ursprung des Unbewußtseins als eines selbst Göttlichen aus dem Nichts, welches durch die Selbstentäußerung des Logos-Licht-funkens erschlossen werden muss. Die Seinsermöglichung des Unbewußten setzt den Leben spendenden Akt, den Existential-Akt des »Verbum exinanitum ipsum« voraus. Der gottheitliche E x i s t e n t i a l - A k t   d e s   N i c h t s, der durch die Selbst-entäußerung des Logos erschlossen wird, ist mit gutem Recht als das göttliche Gefäß des Unbewußten zu bezeichnen, durch das dieses selbst a l s   g ö t t l i c h   e r k a n n t   w e r d e n   k a n n. Dieses Gefäß des Existential-Aktes des N-Ichts in und durch das »Verbum exinanitum ipsum«. Als solches ist es dem Willen unerkennbar. Und diese

---

[11] Friedrich Nietzsche, Die Fröhliche Wissenschaft, Aph. 354, in: Nietzsche's Werke, Erste Abt. Band V, Leipzig 1900, S. 290-294.

Unerkennbarkeit ist eine Not und ein Zwang für den Willen, sich selbst zu wollen als Gefäßlichkeit seiner Seinsbedingung, seiner seins-ermöglichenden Geistwerdung.

Wir sehen: Diese Gefäßlichkeit ist nicht getragen vom Existential-Akt des $\{N - |Ichts\}$ der Gottheit in und durch den selbstentäußerten Logos, sondern diese Gefäßlichkeit wird geschaffen von ihrem Träger, um diesem überhaupt erst Sein zu verschaffen. Die Gefäßlichkeit ist somit hier die Bedingung des sich Wollens des Willens zur Macht. Denn die Macht ist der Wille zum Selbst als der unendlichen Negation jenes $\{N - |Ichts\}$, das die Gottheit durch die Selbstentäußerung des Logos selbst angenommen hat. Diese gewaltige Synthese zum Selbst der Macht des Willens verkörpert sich in der Erschaffung einer Gefäßlichkeit, die Göttliches weder beinhaltet noch voraussetzt, wenn wir unter Göttlichem das $\{N - |Ichts\}$ verstehen, das selbst Gestalt ist, in der die Kenose des Logos sich als Bewußtsein und im Bewußtsein verwirklicht, nämlich als Bewußtsein vom $\{N - |Ichts\}$ als dem radikalen In-Gott-Sein. Außerhalb dieses N-Ichts ist nichts Göttliches anzutreffen. Deshalb kann Bewußtsein unter diesen Voraussetzungen nur sein, wenn es Bewußtsein vom $\{N - |Ichts\}$ seiner selbst im »Verbum exinanitum ipsum« ist. Sein Wissen vom göttlichen Logos beschränkt sich auf ein N-Ichts-Bewußtsein vom Logos, da dieser durch es allein gewußt werden kann.

Das $\{N - |Ichts|Bewußtsein\}$ muss Wesenheit sein, die in einem Wesensbezug zum kenotischen Logos steht, ohne dass der apophatische Abgrund zur Gottheit selbst im Logos geleugnet oder überbrückt werden könnte. Und gerade darin besteht die Wirklichkeit der Urrelation zwischen limbaler $\{Unbewußtseins|Selbst|Wesenheit\}$ und dem vom kenotischen Logos selbst angenommenen N-Ichts. Denn genau betrachtet besteht die Urrelation nicht zwischen der limbalen Ub-Selbst-Wesenheit und dem Logos, sondern zwischen jener und dem N-Ichts des »Verbum exinanitum ipsum«. Denn in diesem $\{N - |Ichts\}$ kommt das I p - s u m des »Verbum exinanitum« selbst zum Tragen. Es ist der eigentliche Korrespondenzpunkt der limbalen Unbewußtseins-Selbst-Wesenheit. Das Ipsum reflektiert sich im Limbus und bringt einen $\{Unbewußtseins|Selbst|Wesens|Punkt\}$ hervor, der eine Urrelation zum kenotischen Logos, zur kenotischen Wesensgestalt des Logos selbst b e r e i t s v o r a u s s e t z t. *Wir sehen*: Dies ist das Gesetz der göttlichen Apophatie, das im limbalen Untergang des kenotischen Logos der Gottheit selbst begründet ist.

Dieses Gesetz bricht der Wille dadurch, dass er sich selbst will, dass er sich auf den Weg macht, um sich in seinem Selbst, das ihm verborgen ist, zu finden. Er will es ausfindig machen, weil er es muss, um Wille sein zu können, um Macht des Selbst über sich zu werden. Damit aber wird uns der Wille erkennbar als ein sich interess[enti]ierendes Nichts, als ein sich ins Sein imaginierendes Nichts, als eine Inter-Essenz zwischen limbaler Unbewußtseins-Selbst-Wesenheit und kenotischer $\{N - |Ichts|Gestalt\}$ des Logos. Indem der Wille diese Inter-Essenz seiner selbst für sich anstrebt, ist er von ihr getrieben. Dieser Trieb zur Inter-Essenz des Willenskeimes aber verrät uns zugleich, dass da etwas im Dunkel der von ihm betriebenen Verdrängung ist, von dem er als einem Verdrängten »weiß«. Dieses »Wissen« nun bildet den Schoß der Gefäßlichkeit der Verdrängung des Getöteten.

Dieses Verdrängtseins-Wissen des Willens eben fordert vom Willen die Verdrängung dieses Wissens um ein Getötetes, um das Urfaktum des Willens zur Macht. Durch seine Urtat, seine Abspaltung, *das heißt* seine Tötung des »Verbum exinanitum ipsum« versetzt den Willen in eine völlig neue Seinsrelation zum limbalen Unbewußtsein. Dieses entzieht sich ihm, es wird zum Mangel, zum Seinsentzug für den Willen. Das Unbewußtsein wird ihm zum undenkbaren Nichts, zur Fiktion des Göttlichen. Diese Fiktion rechnet der Wille dem Sein des Göttlichen zu, nicht seinem eigenen gefallenen Sein. Aus dieser f a l s c h e n Z u r e c h n u n g geht der Trieb des Willens hervor, sich eine Gefäßlichkeit zu erschaffen, aus der sich der Wille zur Macht selbst bewußtseins-ontogenetisch herleiten läßt.

Das z u m P r o b l e m W e r d e n d e s B e w u ß t s e i n s, von dem Nietzsche spricht, setzt einen Bruch des Bewußtseins im Erkennen des Erkennenden voraus, durch den das Bewußtsein auf seine genealogische und genetische Verkettung mit dem sich selbst wollenden Willen als dem „Genius der Gattung" (Nietzsche) verweist. Die K r i s i s d e r m e n s c h h e i t s g e s c h i c h t l i c h e n B e w u ß t s e i n s - f o r m a t i o n besitzt Verweischarakter. Sie ist erkenntnisträchtig. Sie gebiert Intuition, die die Schichten des Bewußtseins selbst durchbricht, die sie als Hüllen durchdringt. Die Krisis verfügt über eigene Wirkkraft. Das heißt aber nichts anderes, als dass die Krisis selbst Anamnese des Unbewußtseins a l s d e s T r ä g e r s v o n O f - f e n b a r u n g s g e s c h i c h t e ist. Die Anamnese der unbewußten Seelenschichten des Menschen gilt der Wiederentdeckung der Göttlichkeit des Unbewußten, insofern dieses Träger der göttlichen Offenbarung ist. Während die moderne Tiefenpsychologie d a s U n b e w u ß t e s e l b s t theoretisch »tötet« und aufgrund der daher nötigen Verdrängung dieser Tat das Fiktum vom sogenannten „Unbewußten" imaginiert, stellen sich für Nietzsche d i e G r u n d l a g e n d e r m o d e r n e n B e w u ß t s e i n s - K u l t u r gerade als ein entscheidendes Problem seiner esoterischen Philosophie. Zum Problem kann das Bewußtsein erst werden, wenn Zweifel an einer Kultur geweckt sind, die Anlass dazu geben, die Grundlagen einer reinen Bewußtsein-Kultur wie die der Moderne gänzlich in Frage zu stellen.

Das Prinzip des Bewußtseins als Grundlage von Vergesellschaftung erweist sich selbst als Krankheit. Die krank machende Wirkung der Bewußtseinskultur ist es, die auf das P r o b l e m d e s B e w u ß t s e i n s - P r i n z i p s verweist. Und dieses wiederum deutet auf das okkulte Wesen der menschlichen Seelenstruktur. Das Bewußtsein steht in unleugbarem Widerspruch zur inneren Ordnung des äonischen Seelenbildes. Dies zu erkennen, bezeichnet die Krisis. *Das heißt*: Das Bewußtseinsprinzip wird zum Problem, insofern es a l s i m W i d e r s p r u c h z u r S t r u k t u r d e s äonischen Seelenbildes des Menschen stehend empfunden und erkannt wird. Die Krisis des Bewußtseins ist nicht denkbar ohne die Empfindung, dass das Bild vom Menschen — nicht das von menschlicher Vernunft entworfene, sondern das von der Gottheit selbst geschaffene — Schaden genommen hat durch die historische Entwicklung einer dominanten Bewußtseins-Kultur, der eine „wissenschaftliche" Umdeutung des Seelenbildes zugrunde liegt. Wissenschaft im Sinne der [noch] nicht in Frage gestellten Bewußtseinskultur bedeutet die Entwertung und fiktionale Ersetzung des äonischen Seelenbildes, das dadurch seine kognitive Aufhebung und Verdrängung durch die „Wissenschaft" erfährt. Man glaubt mit der Attitüde einer „aufklärerischen" Kritik des historischen Christentums den Anspruch der okkulten Wissenschaft auf die ewige Wahrheit des Christentums vom Tisch wischen zu können, da man weder den Unterschied beider kennt noch selbst über spirituelle Erfahrung verfügt. Das Prinzip des Bewußtseins als Problem zu erkennen, dies bedeutet bereits, dass die moderne Bewußtseinskultur als Chronologie einer sich verschärfenden Krise begriffen werden muss, als geistiger und sittlicher Verfall des modernen Menschen.

Das in Erscheinung Treten des Bewußtseins als Problem besagt, dass das Bild der äonischen Seelenstruktur des Menschen einer Entwertung zum Opfer gefallen ist. Wodurch? Nicht durch das Bewußtsein selbst, sondern durch etwas, das mittels des Bewußtseinsprinzips jenes äonische Seelenbild außer Kraft setzt und die Hierarchie der Seele umbesetzen, neu definieren will. Und dieses Etwas ist der Wille zur Macht, der nicht anders als der Offenbarung selbst entgegengesetzt gedacht werden kann. Dies ist nicht als offener Konflikt zu verstehen, in den sich der Wille zur Macht begibt, sondern dieser Konflikt verläuft schleichend und unsichtbar.

Das Bewußtsein bricht in sich auf und deutet hin auf etwas, das über seinen Horizont hinausgeht, es deutet — ohne sich selbst dessen bewußt sein zu können — auf das äonische Seelenbild, von dem es durch Abspaltung herkommt. Die Abspaltung ist zu verstehen als Form extravasaler Bewußtseinsgenese aus dem Abgespaltenen. Dieses gibt dem sich Abspaltenden gleichsam einen Leib, in dem sich die auto-epigenetische Bewußtseinsformation des verdrängenden Agens entfalten kann. Man könnte ihn einen Tarn-Leib nennen, durch den das sich durch Abspaltung verselbständigende Agens des Willens sich in einen Scheinleib begibt, der das limbale Unbewußtsein außer Kraft setzt, indem er sich an dessen Stelle setzt. Der Gegensatz der Abspaltung als Form der Entgegensetzung der sich vom Unbewußten abspaltenden Bewußtseinsformation wird am in sich aufbrechenden und zum Problem werdenden Bewußtsein der modernen Bewußtseinskultur sichtbar und weist durch diese Sichtbarwerdung hin auf die Urgeschichte der Abspaltung vom äonischen Seelenbild.

Das heißt aber nichts anderes, als dass erst durch dieses Aufbrechen und zum okkult-wissenschaftlichen Problem Werden des Bewußtseins der Bewußtseinskultur die innere Struktur des äonischen Seelenbildes des Menschen sichtbar und erkennbar wird. Das äonische Seelenbild wird nicht einfach nur wesentlich erkannt, sondern erkannt als durch die sich abspaltende Bewußtseinsformation des Bewußtseins der Bewußtseinskultur V e r d r ä n g t e s. Die okkulte Erkenntnis des menschlichen Seelenbildes ist immer zugleich die Einsicht in die Entwertung der äonischen Seelenstruktur durch die Verdrängungsgeschichte der sich durch Abspaltung selbst erschaffenden Formation eines phylogenetischen Schein-Bewußtseins.

Der Hinweis-Charakter des in sich aufbrechenden und zum Erkenntnisproblem werdenden »Bewußtseins« der Moderne deutet damit auch auf das Geschehen einer Urverdrängung, d i e d i e V o r g e s c h i c h t e d e s B e w u ß t s e i n s d e r m o d e r n e n B e w u ß t s e i n s k u l t u r a u s m a c h t. Durch die okkult-wissenschaftliche Betrachtung wird nicht nur das Bewußtsein der Bewußtseinskultur zum Erkenntnisproblem erhoben, sondern damit zugleich die Frage nach dem Wesen des Unbewußtseins und nach dessen Bedeutung für die spirituelle Entwicklung des Menschen — jenseits eines gesellschaftbildenden und menschheitsgeschichtlichen Willens zur Macht — gestellt.

Das in sich Aufbrechen des Bewußtseins als Gegenstand okkult-wissenschaftlicher Forschung zeigt sich darüber hinaus als B l i t z d e r I n t u i t i o n, der durch die Kette transzendentaler Logik zurückschlägt auf den Grund der Verdrängung, durch den die Verdrängung selbst erst transparent wird. Der Grund wird erst als Wesen seiner selbst sichtbar, sobald das ihn historisch Verdrängende aufgehoben wird. Aber mit der Aufhebung des ihn historisch Verdrängenden wird die dahinter verborgene äonische Urgeschichte des Seelenbildes selbst befreit, frei für ihren Übergang in den Erkennenden, frei, um zur Nahrung für das spirituelle Wachstum des Menschen zu werden.

Anfang von allem aber muss das i n s i c h A u f b r e c h e n sein, das Brüchigwerden des Glaubens an den — wie Nietzsche es nennt — „Genius der Gattung". Ja, ihr habt richtig gehört! Ich spreche vom G l a u b e n a n d a s B e w u ß t s e i n als Grundlage der modernen Bewußtseinskultur. Was erhält diesen Glauben aufrecht? Der Wille, der s i c h s e l b s t w o l l e n d Bewußtsein schafft und Bewußtsein bildend sich weltbildend in diesem selbst verkörpert, so dass Welt und Bewußtsein ein und dasselbe bedeuten. Und diese Einheit, die der Wille zur Macht selbst schafft aufgrund der Not, welche ihm metaphysisch selbst innewohnt, die ihn sozusagen a n t r e i b t, ist das W e l t b e w u ß t s e i n d e r M e n s c h h e i t, das gilt „in Bezug auf ganze Rassen und Geschlechter-Ketten"[12]. *Halten wir also fest*: Der hinter dem Bewußtsein der Bewußtseinskultur steckende Wille *will* M e n s c h h e i t, er schreibt mit Hilfe des »Bewußtseins« M e n s c h h e i t s g e s c h i c h t e.

[12] Friedrich Nietzsche, Die Fröhliche Wissenschaft, Aph. 354.

„Nun scheint mir, wenn man meiner Antwort auf diese Frage und ihrer vielleicht ausschweifenden Vermuthung Gehör geben will, die Feinheit und Stärke des Bewusstseins immer im Verhältniss zur M i t t h e i l u n g s - F ä h i g k e i t eines Menschen (oder Thiers) zu stehn, die Mittheilungs-Fähigkeit wiederum im Verhältniss zur M i t t h e i l u n g s - B e d ü r f t i g k e i t : letzteres nicht so verstanden, als ob gerade der einzelne Mensch selbst, welcher gerade Meister in der Mittheilung und Verständlichmachung seiner Bedürfnisse ist, zugleich auch mit seinen Bedürfnissen am meisten auf die Andern angewiesen sein müsste. Wohl aber scheint es mir so in Bezug auf ganze Rassen und Geschlechter-Ketten zu stehn…"[13]

Die Erkenntnis der Genealogie des Bewußtseins [der Bewußtseinskultur] ist von größter Bedeutung, aber wofür? Für das i n s i c h A u f b r e c h e n und a l s P r o b l e m i n E r s c h e i n u n g T r e t e n der Formation von phylogenetischem Bewußtsein. Denn das Bewußtsein weist einen genealogischen Bruch mit sich selbst auf. Wie äußert sich dieser? Durch die genealogische

$$\left\{ Mitteilungsf\ddot{a}higkeit \right| \rightarrow \left| Mitteilungsbed\ddot{u}rfnis \right| \rightarrow \left| \begin{array}{c} Menschheit \\ \downarrow \\ \xcancel{Mensch} \end{array} \right\} Verkettung, \text{ die}$$

eine Ungleichung enthält, einen okkulten Bruch, welcher der Kette selbst zugrunde liegt. So erleidet mit der Kette auch der Wille zur Macht selbst Abbruch, *das heißt* er verliert die Fähigkeit zu binden, gebunden zu halten durch das selbst-lose Selbst seiner Macht des Wollens. Sobald wir also die genealogische Kette in unserer Vorstellung errichten, lebendig werden lassen, entdecken wir einen verborgenen Bruch, *das heißt* ein aus dieser Kette Herausfallendes, etwas, das von der logischen Not dieser Genealogie nicht erfasst und nicht vereinnahmt wird, etwas, in dem die Kette nicht aufgehen kann, weil es nicht Glied dieser logischen Kette ist. Der „einzelne Mensch" ist das fremde Glied, das aus der genealogischen Kette der Bewußtseinsformation herausfällt. Und warum? Weil er der Bedürfnisstruktur des » B e w u ß t s e i n s v o n B e w u ß t s e i n s k u l t u r « grundsätzlich entzogen ist. Der einzelne Mensch erschließt sich nicht der Bedürfnisstruktur des phylogenetischen Weltbewußtseins. Diese hingegen will Menschheit und bildet durch Bewußtsein Welt und Welt als Menschheitsgeschichte. Der einzelne Mensch ist nicht vorgesehen in der phylogenetischen Bedürfnisstruktur des Willens. Denken wir uns nun diesen „einzelnen Menschen", von dem Nietzsche spricht, und denken ihn uns, wie er fühlt, handelt, denkt gemäß seiner *eigenen* Bedürfnislage, sich in den Bezug zur Welt zu setzen, so wird schnell klar, was in ihm vorgehen muss. Die Bedürfnisstruktur des phylogenetischen Welt-Bewußtseins springt über auf ihn und vermittelt ihm jenen Bruch, den die Bewußtseinskette der Bewußtseinswelt ja bereits in sich hat. Der Umgang der Welterfahrung wird für den „einzelnen Menschen" zum Bruch mit sich selbst, zur Gebrochenheits-Bewußtseinslage. Diese entsteht durch Bewußtseins-Replikation, die vom

---

[13] Friedrich Nietzsche, Die Fröhliche Wissenschaft, Aph. 354.

einzelnen Menschen z u g e l a s s e n s e i n m u s s, »gewollt« sein muss, um wirksam zu werden. *Das heißt*: Der einzelne Mensch muss sich erst in diesem »gewollten Sein« selbst negieren, um selbst frei zu werden für die Erkenntnis-Kritik des eigenen »Bewußtseins«, welche die Grundlage bildet für die Erkenntnis des Okkulten. Der Selbst-Entzug [ἐποχή] allein schafft den Raum für das wirksam werden Können der okkulten Wissenschaft im limbalen Unbewußtseinsgrund der äonischen Seelenstruktur.

Dieses d e m e i g e n e n » B e w u ß t s e i n « W i d e r s t e h e n ist kein politisches Programm zivilen Ungehorsams gegenüber der „Obrigkeit", sondern spiritueller Existential-Akt, der den Keim zur okkulten Wissenschaft im Menschen und zur Befreiung des Menschen durch diese legt. Das W i d e r s t e h e n als Selbst-Entzug [ἐποχή] in den limbalen Unbewußtseinsgrund erst erschließt den R a u m f ü r S p i r i t u a l i t ä t. Diese ἐποχή ist durchaus nichts, das angestrengt werden kann. Sie ist bereits da, sobald man in Weltbezug steht und nicht seine *unbewußte* Zustimmung gegeben hat zur Replikation des phylogenetischen Welt-Bewußtsein. Die ἐποχή ist gegeben, sobald wir uns vom phylogenetischen Weltbewußtsein a l s n i c h t g e m e i n t erkennen. Eine negative Mitteilungs-Korrespondenz zwischen Weltbewußtsein und einzelnem Menschen begründet in diesem den Raum der ἐποχή, das heißt d e n R a u m f ü r S p i r i t u a l i t ä t. Eigentlich müßten wir das Wort wie folgt ausschreiben: Die ἐποχή — oder das Innehalten im SelbstEntzug vom kollektiven Weltbewußtsein — ist Erschließung eines Raumes radikaler Bewußtseins-Konstruktion, in welcher sich die Anachorese d e r I d e e d e s B e w u ß t s e i n s in die Wiedererinnerung des limbalen Unbewußtseinsstromes ereignet. Diese Konstruktion beinhaltet d i e G r u n d l e g u n g d e r o k k u l t e n L e h r e v o m B e w u ß t s e i n, die sich als in der Entgegensetzung zum kollektiven Bewußtsein der menschheitsgeschichtlichen Bewußtseinskultur herausbildet.

Die ἐποχή besagt, dass angesichts der genealogischen Kette des kollektiven Bewußtseins die okkulte Wissenschaft sich als Raum der Freiheit vom Gesetz des Willens manifestiert. Was widersteht da in uns dem Willen zur Macht? Unser eigener Wille? Durchaus nicht, denn unser Wille liegt begraben in den Tiefen des limbalen Unbewußtseins-Stromes, der durchzogen ist von der Äonenwanderung des selbstentäußerten Logos. Die Seelenstruktur des Menschen haben wir zu begreifen als Bild des Unbewußtseins, in dessen Äther der kenotische Untergang des Logosfunkens seine äonengeschichtlichen Spuren eingezeichnet hat. Seelenstruktur und Äonenwanderung sind nicht dasselbe, sondern stehen in einer wesensanalogen Urrelation zueinander. Sie stehen miteinander in einer Ebenbildlichkeits-Relation, so dass zwischen beiden ein Wirklichkeits-Austausch stattfindet, ein analoger Wesensgestaltungs-Übergang, durch den sich der Logos in der Seele vollumfänglich verwirklicht, so dass er die Wirklichkeit der Seele selbst bestimmt. Und diese Wirklichkeitsbestimmung durch den Logos ist das wahre Wesen der Seele, das sich von Natur aus im Selbst-Entzug [zu »Bewußtsein« und »Welt«] befindet.

Das in sich Aufbrechen des kollektiven Bewußtseins der menschheitsgeschichtlichen Bewußtseinskultur, von dem ich eingangs sprach, es rührt davon her, dass sich ein Raum des Selbst-Entzuges im einzelnen Menschen bildet. Das Erscheinen des Urbild-Keimes seiner selbst im Schatten einer negativen Bewußtseins-Reduplikation durch den »epochalen« Menschen bildet die neue Bewußtseins-Grundlage. Es handelt sich somit um einen Akt von Bewußtseins-Ontogenese, die den Raum der ἐποχή einnimmt. Der Raum beschreibt das Einssein von Bewußtseins-Ontogenese und »epochalem« Selbst-Entzug nicht nur im einzelnen Menschen, sondern des Menschen in dessen okkulter Wesensbestimmung. „Der einzelne Mensch" ist, insofern er in die ἐποχή eingeht und dieser selbst Raum gibt, der nach dem Ebenbilde Gottes geschaffene Mensch.

Mit dem „einzelnen Menschen" verbunden sind die Geheimnisse der okkulten Wissenschaft. Der Raum des Selbst-Entzuges, der sich bei der negativen Bewußtseins-Konstruktion im einzelnen Menschen auftut, ist selbst als Urtat des Menschen zu verstehen. Er ist die Grundlegung des Bewußtseinskerns im limbalen Unbewußtsein, wodurch dieses überhaupt erst seine Strömung an sich erfährt. Der negative Bewußtseins-Impuls, wie er im einzelnen Menschen durch die Raumwerdung der ἐποχή wirksam wird, bedeutet die Initiation in das limbale Unbewußtsein selbst, bedeutet dessen Inkraftsetzung. Er ist die Wiedergeburt des »getöteten« Unbewußtseins durch den Impuls der negativen Konstruktion eines limbalen Bewußtseins-Grundes. Die negative Befruchtung des Unbewußtsein durch den Impuls. Zu was führt dieser Impuls? Dass das Unbewußtsein den Ursprungspunkt der Bewußtseins-Ontogenese des äonischen Seelenbildes im „einzelnen Menschen" als im Lichte des limbalen Unterganges des kenotischen Logos geschehend offenbart. Diese Bewußtseinsgenese der äonischen Seelenstruktur des „einzelnen Menschen" vollzieht sich als Teil der umfassenden Wirklichkeit des limbalen Unterganges des göttlichen Logos. Die Impulsierung des Unbewußtseins durch die negative Bewußtseins-Konstruktion im „einzelnen Menschen", die die Konzeption des Urbild-Keimes vom Selbst des „einzelnen Menschen" durch den wiedergeborenen Unbewußtseinsstrom nach sich zieht, bestimmt den Raum der ἐποχή als den Leib, durch den die okkulte Wissenschaft ins Leben des Menschen tritt. Diese neue Geburt des Menschen ist die Offenbarung der äonischen Seelenstruktur des gottebenbildlichen Menschen oder, was dasselbe ist, die okkulte Wissenschaft.

„...so darf ich zu der Vermuthung weitergehn, dass Bewusstsein überhaupt sich nur unter dem Druck des Mittheilungs-Bedürfnisses entwickelt hat, — dass es von vornherein nur zwischen Mensch und Mensch (zwischen Befehlenden und Gehorchenden in Sonderheit) nöthig war, nützlich war, und auch nur im Verhältniss zum Grade dieser Nützlichkeit sich entwickelt hat. Bewusstsein ist eigentlich nur ein Verbindungsnetz zwischen Mensch und Mensch, — nur als solches hat es sich entwickeln müssen: der einsiedlerische und raubthierhafte Mensch hätte seiner nicht bedurft."[14]

Der „Druck des Mittheilungs-Bedürfnisses" ist nicht ein äußerer Zwang, sondern er setzt voraus, dass er vom Menschen — das heißt vom einzelnen Mensch innerhalb der kollektiven Bewußtseinskultur, nicht vom „einzelnen Menschen" schlechthin — selbst freigesetzt wird. Der Druck, unter dem sich nach Nietzsche das Bewußtsein entwickelt, ist die Not einer Bedürfnisstruktur, der Bewußtsein-Wollen bereits zugrunde liegt. Bewußtsein-Wollen ist die zunehmende Entwicklung des Bewußt-Seins im Menschen der Bewußtseinskultur. Bewußtsein ist nicht einfach da oder gegeben, es ist keine vorgegebene metaphysische Größe, sondern es ist da und entwickelt sich stetig allein kraft eines Wollens, das im Menschen Bewußtsein will unter allen Umständen. Das Bewußtsein ist nur zum Schein eine anthropologische Größe. Es basiert vielmehr auf einer anthropologischen Fremdbesetzung durch den Willen zur Macht, der durch diese im Menschen wirksam ist. Was aber bewirkt der Wille zur Macht im Menschen? Den Umbau der Bewußtseinsstruktur des Seelenbildes, wodurch im Menschen eine diesem fremde Bedürfnisstruktur entsteht, die der Mensch jedoch als angeblich die seine mißdeutet. Der Umbau der Bewußtseins-Hierarchie des Seelenbildes im Menschen durch den Willen zur Macht erschafft mit dem Fremd-Bewußtsein zugleich einen Schleier der Amnesie, mit dem er dieses Bewußtsein als dem Menschen fremdes diesem selbst verhüllt. Und nun stehen wir am Ursprungspunkt (Quellpunkt) dessen, was die moderne Tiefenpsychologie fälschlicherweise als das „Unbewußte" bezeichnet. Mit der Entstehung des Bewußtseins [aufgrund eines Umbaus in der Bewußtseins-Schichten-Hierarchie des äonischen Seelenbildes] geht einher die Bildung eines Verhüllungs-Raumes, einer Verhüllungs-Gefäßlichkeit, die zum Depositum aller der Vorgänge des Umbaus und der Ablösung von der UnBewußtseinsstruktur des äonischen Seelenbildes wird, auf denen das kollektive Bewußtsein der Bewußtseinskultur der Menschheit verdrängungslogisch ruht.

Die Gefäßlichkeit umhüllt die Urgeschichte der Verdrängung, welche zur Entstehung des Bewußtseins der Bewußtseinskultur führt und welche diesen Prozess weiterhin anheizt und vorantreibt. Die Phänomenologie dieses gefäßlichen Verhüllungsraumes umfasst verschiedene Seiten, auch die der Umnebelung des Ursprungs des Bewußtseins, wie er sich durch die Manifestation des Bewußtseins selbst verbirgt. Die Manifestation des Bewußtseins der Bewußtseinskultur gründet auf einem Erkenntnistrieb-Entzug durch unbewußten Verzicht. Dieser freiwillige Erkenntnistrieb-

---

[14] Friedrich Nietzsche, ibid.

Verzicht ist Teil der Manifestation des Bewußtseins der Bewußtseinskultur. Der Mensch muss also einem Erkenntnis[trieb]verzicht zugestimmt haben, ohne dass er sich dessen bewußt wäre oder auch nur sein könnte. Die Blindvollmacht auf den Erkenntnistrieb-Verzicht ist Wesensbestandteil der Entwicklung des Bewußtseins der Bewußtseinskultur. Die Genese des menschheitsgeschichtlichen Bewußtseins ist selbst e p i l e t h i s c h, *das heißt*, sie hat die Fähigkeit, v e r g e s s e n z u m a c h e n. Das Bewußtsein der Bewußtseinskultur ist *v e r g e s s e n m a c h e n d*, weil seine Willens-Autogenese selbst U r g e s c h i c h t e d e r V e r d r ä n g u n g d e s l i m b a l e n U n b e w u ß t s e i n s ist, in welchem die Wesensstruktur des äonischen Seelenbildes des Menschen verankert ist. Diese Urgeschichte wird durch die epilethische Hülle jenes Gefäßes verdeckt und verborgen, das die Tiefenpsychologie zum sogenannten „Unbewußten" erklärt hat. Und erst aufgrund dieser Tatsache wird uns einsichtig, warum Nietzsche von dem „Druck" eines „Mittheilungs-Bedürfnisses" sprechen kann, unter welchem sich das Bewußtsein der Bewußtseinskultur entwickelt. Es geht somit um die subliminalen Schichten des Bewußtseins selbst, die diesem nicht nur vorausgehen, sondern die dieses u r g e s c h i c h t l i c h bestimmen. Das Bewußtsein ruht *unbewußt* auf den verborgenen Schichten seiner eigenen Verdrängungsgeschichte. Das heißt nichts anderes, als dass es sich selbst sein „Unbewußtes" erschafft, eben weil es die Existenz des limbalen Unbewußtseins-Stromes, der den Lebens-Äther des äonischen Seelenbildes des Menschen darstellt, radikal in Frage stellen muß. Und dies funktioniert nur durch Umbau des »getöteten« Unbewußtseins zu einer Instanzen-Ordnung des kollektiven Bewußtseins der Bewußtseinskultur. Mit Hilfe der Pseudomorphose des „Unbewußten" erfolgt der epilethische Seelenaufbau des menschheitsgeschichtlichen Bewußtseins, wie ihn uns das mythoide Narrativ der psychoanalytischen Irrlehre als eine Manifestation der Gegenoffenbarung aufzeigt, ohne zu wissen, dass es damit d a s P r o j e k t e i n e r T r i e b - E n t h e m m u n g zugunsten des kollektiven Bewußtseins der v o n i h r e n e i g e n e n s e e l i s c h e n S t ö r u n g e n s i c h b e f r e i e n w o l l e n d e n modernen Bewußtseinskultur bloßstellt. So arbeitet die wissenschaftliche Logik der abendländischen „Aufklärung": Sie dekonstruiert die Komponenten ihrer eigenen epilethischen Urgeschichte der Verdrängung zu einer T h e o r i e d e r T r i e b - E n t h e m m u n g d e s g e s c h l e c h t l i c h e n B e w u ß t s e i n s - L e b e n s i m R a h m e n e i n e r m e n s c h h e i t s g e s c h i c h t l i c h e n B e w u ß t s e i n s k u l t u r d e r M o d e r n e.

Der Umbau der »Hierarchie« der Bewußtseins-Struktur des äonischen Seelenbildes des Menschen durch den Willen zur Macht erzeugt einen extravasalen Bewußtseins-Stoff. Dadurch verändert sich nicht nur die innere Konfiguration der Bewußtseins-Schichten des Seelenbildes, sondern dieses wird selbst entgöttlicht und außerhalb seiner selbst fingiert. Der Umbau der Bewußtseins-Schichten verändert diese in ihrer Qualität und Wertigkeit, in ihrer logischen Besetzung. Gemäß ihrer ursprüng-

lichen Besetzung sind sie Teil des natürlichen Zusammenhangs der äonischen Seelenstruktur, welcher die logikale Stofflichkeits-κένωμα des »Verbum exinanitum ipsum« entspricht. Mit dem Entzug dieser Stofflichkeit hat es der Umbau im „Unbewußten" der extravasalen Entstehung des menschheitsgeschichtlichen Bewußtseins
zu tun.

„Man nehme hinzu, dass nicht nur die Sprache zur Brücke zwischen Mensch
und Mensch dient, sondern auch der Blick, der Druck, die Gebärde; das Bewusstwerden unserer Sinneseindrücke bei uns selbst, die Kraft, sie fixiren zu können und
gleichsam ausser uns zu stellen, hat in dem Maasse zugenommen, als die Nöthigung
wuchs, sie A n d e r n durch Zeichen zu übermitteln."[15]

Das System, mit welchem wir hier zu tun haben, ist das der Dekonstruktion
des äonischen Seelenbildes durch die Kunst des transzendentalen Scheins, durch die
der Wille zur Macht das phylogenetische Bewußtsein der Bewußtseinskultur aus der
Urgeschichte der Verdrängung [des l i m b a l e n U n b e w u ß t s e i n s als des Trägers
jeder okkulten Erfahrung des äonischen Seelenbildes] hervorbringt.

Der Umbau ist ein komplexer Eingriff in die Physiologie des seelischen Organismus, insofern dieser als kenomatischer Leib des »Verbum exinanitum ipsum« bezeichnet werden kann. Er findet statt durch die Imaginationskraft des Willens zur
Macht. Die Stoffwerdung eines Bewußtseins, das M e n s c h h e i t o r g a n i s i e r t. Die
Verstofflichung des Menschen zu Menschheit ist die Zielrichtung des Bewußtseins,
weil dieses das genetische Prinzip von materialistischer »Menschheitsentwicklung«
ist. Deshalb kommt der einzelne Mensch nur vor als arithmetische Grund-Einheit
der Menschheitsentwicklung, nicht aber als „Individual-Existenz" (Nietzsche). Der
Mensch ist die einzelne Null inmitten der *einen* Menschheitsentwicklung zur globalen
Bewußtseinskultur. Alles, was in die Menschheitsentwicklung z u r M a t e r i a l i s a -
t i o n v o n B e w u ß t s e i n eintritt, muss den Nullzustand durchlaufen, um darin
einen Platz zu finden. Und die Null bleibt der subliminale Bewußtseins-Grund des
Menschen in der menschheitlichen Bewußtseinskultur. Denn die 0 ist konstitutiv. Sie
ist sozusagen generatives Prinzip gemäß der U r g e s c h i c h t e d e r V e r d r ä n -
g u n g d e s l i m b a l e n U n b e w u ß t s e i n s, auf welcher die m e n s c h h e i t s g e -
s c h i c h t l i c h e »M a t e r i a l i s a t i o n v o n B e w u ß t s e i n« z u m Z w e c k e
d e s W i l l e n s z u r M a c h t beruht. Sind wir uns darüber im Klaren, für was die 0
im okkulten Geschehen des Umbaus des äonischen Seelenbildes durch den Willen
zur Macht steht? Sie steht für die Negation des limbalen Unbewußtseins, ohne das
das Wesen des äonischen Seelenbildes des Menschen nicht erkannt werden kann.
Und insofern es nicht erkannt werden kann, w i r d e s g e l e u g n e t. Die Leugnung
setzt demnach keine Geste des Protestes, der Rebellion voraus, durch den man in
Opposition zu etwas tritt. Sie erfordert nicht den offenen Kampf. Denn dieser brächte

---

[15] Friedrich Nietzsche, ibid.

eine versteckte Anerkennung des Bekämpften mit sich, die Anerkennung als eine Position, die man zwar angreift, die aber dennoch unleugbar da ist. Die epigenetische Dekonstruktion des Seelenbildes durch den Willen zur Macht jedoch verläuft völlig anders. Und sie durchläuft mehrere Stadien bis hin zum autonomen Bewußtseins-Prinzip der menschheitsgeschichtlichen Bewußtseinskultur. Die 0 verweist uns auf die radikale Verdunkelung durch den Raum der Verhüllung, welchen die Urgeschichte der Verdrängung des limbalen Unbewußtseins einnimmt. Diese Raum-Einnahme macht deutlich, dass es hier nicht um ein bloßes Verborgenwerden der Urgeschichte geht, um ein Verschwindenlassen. Nein, die Geschichte von der menschheitsgeschichtlichen Urverdrängung nimmt ihren Raum in der Verhüllungs-Gefäßlichkeit des „Unbewußten" ein, das damit bereits ein Dekonstrukt des Willens des kollektiven Bewußtseins ist. Somit ist die Verdrängung des Negierten durch die Dekonstruktion bereits Teil des Verdrängens selbst und seiner Fortsetzung. Das Verdrängte nimmt selbst teil am Fortleben und an der Fortentwicklung seines Verdrängtseins durch das „rein positive Bewußtsein" der globalen Bewußtseinskultur. Das Verdrängte wird im Raum der Verhüllung, den es selbst einnimmt, zum Kollaborateur jenes Angriffs des Willens auf das äonische Seelenbild, den dieser im Medium seiner eigenen Imaginationskraft durchführt als M e n s c h h e i t s - P r o j e k t. Die Finsternis, die den Verhüllungsraum der Imagination des Willens umgibt, sie ist die geheimnisvolle 0, welche dem menschheitsgeschichtlichen Bewußtsein als Basis dient.

„das Bewusstwerden unserer Sinneseindrücke bei uns selbst, die Kraft, sie fixiren zu können und gleichsam ausser uns zu stellen, hat in dem Maasse zugenommen, als die Nöthigung wuchs, sie Andern durch Zeichen zu übermitteln."[16]

Was meint Nietzsche mit der Kraft der Bewußtseinskultur, unsere Sinneseindrücke zu fixieren und außer uns zu stellen? Um diese Frage zu beantworten ist es nötig, das okkulte Geschehen der Dekonstruktion des äonischen Seelenbildes im Auge zu behalten. Ich habe oben erklärt, dass die menschheitsgeschichtliche Urverdrängung nicht in den Verhüllungsraum eingeht, um bloß zu verschwinden, sondern um vielmehr als Verdrängtes bzw. zu Verdrängendes einen Beitrag beizusteuern zu ihrem Verdrängtwerden durch die menschheitsgeschichtliche Materialisation des Bewußtseins. Geschichte entsteht somit nach dem Gesetz des Bewußtseins nicht durch die äonische Wanderung des kenotischen Logos im limbalen Unbewußtsein in Wesensanalogie zum äonischen Seelenbild des Menschen, sondern durch ein sich aus sich selbst Herausstellen durch Dekonstruktion des abgespaltenen Seelenbildes in die extravasale Bewußtseins-Schichten-Konfiguration, die damit s i c h   i h r   e i g e n e s   B i l d   v o m   M e n s c h e n   s c h a f f t.

Es gehört zum Wesen des Raumes der Verhüllung, dass er die Urgeschichte menschheitsgeschichtlicher Verdrängung in sich aufnimmt, und das heißt auch, sich ihrer annimmt. Diese Raumbestimmung fordert das Verdrängte auf, sich noch als zu

---

[16] Friedrich Nietzsche, ibid.

Verdrängendes zu sehen. Und sie appelliert an dieses, die Verdrängung an sich selbst zu wollen. Begreift man diese sinistre Konfiguration des zu Verdrängenden im Raum seiner eigenen Verhüllung? Man spricht dem zu Verdrängenden Bewußtseinsbefähigung zu. Man macht es zum Quell von Bewußtsein. Das zu Verdrängende im Raum der Verhüllung des dekonstruierten Seelenbildes ist demzufolge als der eigentliche okkulte Ursprung des kollektiven Bewußtseins der Bewußtseinskultur zu betrachten.

Diese dunkle Magie, Bewußtsein im zu Verdrängenden zu erwecken, hat einen guten Grund. Denn nur, wenn das Verdrängte zum zu Verdrängenden und dieses wiederum zum bewußt wollenden Kollaborateur der Verdrängung selbst gemacht wird, kann das zu Verdrängende in unserer Seele dazu gebracht werden, unsere mit dem Unbewußtsein in Verbindung stehenden Sinneseindrücke „ausser uns zu stellen" (Nietzsche). Dies aber beschreibt genau den von mir dargestellten Vorgang der extravasalen Dekonstruktion des äonischen Seelenbildes durch die Entstehung des phylogenetischen Bewußtseinsprinzips.

„Kurz gesagt, die Entwicklung der Sprache und die Entwicklung des Bewusstseins (nicht der Vernunft, sondern allein des Sich-bewusst-werdens der Vernunft) gehen Hand in Hand."[17]

Das Verdrängte muss zum zu Verdrängenden im Raum der Verhüllung gemacht werden. Und es kann dies nur sein, wenn es Raum greift, wenn es Raum einnimmt. Dieses Einnehmen von Raum aber bedarf der Kraft, das zu Verdrängende „fixieren zu können und gleichsam ausser uns zu stellen"[18]. Damit das zu Verdrängende den Raum seiner Verhüllung einnimmt oder ausfüllt, der ihm zugewiesen ist, muss ihm ein Subjekt zugeordnet werden können, ein benötigter Ich-Ursprungs-Punkt zum „Sich-bewusst-werden der Vernunft".[19]

Die Beschreibung einer transzendentalen Schein-Subjektivität. Subjekt des Scheins einer transzendentalen Zuordenbarkeit von Wahrnehmung. Woher kann jene Kraft, unsere Sinneseindrücke „fixieren zu können und ausser uns zu stellen", kommen? Aus der benötigten Zuordnung auf ein vorgestelltes Subjekt, das den Anschein erweckt, dass es irgendwie existiere. Diese Schein-Subjektivität ist nun das nötige Postulat, damit „das Bewusstwerden unserer Sinneseindrücke bei uns"[20] stattfinden kann. Denn dieses braucht einen Raum, wo es sich ereignen, wo es Raum einnehmen und erfüllen kann. Wir stoßen hier ganz unerwartet auf eine merkwürdige Gleichung, die uns notwendig zum transzendentalen Subjekts-Schein des menschheitsgeschichtlichen Bewußtseins hinüberführt.

---

[17] Friedrich Nietzsche, ibid.
[18] Ibid.
[19] Ibid.
[20] Ibid.

Genauer betrachtet jedoch müssen wir von Gleichung*en* in diesem Zusammenhang sprechen, von einem Gebilde, das aus mehreren Gleichungen besteht. Und dieses Gebilde ist zugleich die „Kraft", welche fähig ist, die ganze zu dekonstruierende Wahrnehmung des äonischen Seelenbildes in und durch ihre Einnahme des Raumes der Verhüllung zu fixieren und ausser uns zu stellen, so dass sie zur V o r s t e l l u n g d i e s e r W e l t wird, in der wir nun leben und leben »müssen«. Die vorgestellte Welt wird zur in sich notwendig zusammenhängenden Welt der Menschheitsgeschichte, zur alternativlosen Wirklichkeit. Die „Kraft", von der Nietzsche sagt, sie könne unsere Sinneseindrücke fixieren und ausser uns stellen, sie ist die Imaginationskraft des transzendentalen Subjekts-Scheins des Willens zur Macht, die unter anderem für die Bildung und Erfüllung des Raumes der Verhüllung verantwortlich ist.

Die Einnahme dieses Raumes wandelt diesen zum G e f ä ß d e r V e r d r ä n g u n g a l s e i n e s A k t e s d e r B e w u ß t s e i n s f o r m a t i o n. Diese Einsicht in den Ursprung der menschheitsgeschichtlichen Bewußtseinsformation aus der transzendentalen Subjekts-Schein-Werdung des Willens zur Macht ist von größter Bedeutung und beschreibt zugleich die schein-aufklärerische Moderne als notwendigen Erkenntnisgegenstand einer okkulten Bewußtseins-Lehre von den Letzten Dingen. Der Frage nach dem [göttlichen] Wesen des Unbewußtseins unter dem eschatologischen Druck der Manifestation d e s » M e n s c h e n d e r G e s e t z l o s i g k e i t « [21] a l s d e r S e e l e n b i l d s - K o n f i g u r a t i o n, durch welche das Wesen der Menschheitsgeschichte a l s d a s d e r G e g e n o f f e n b a r u n g überhaupt e r s t e r k e n n b a r w i r d. Dies heißt nichts anderes, als dass die Gegenoffenbarung in ihrem Wesen erst offenbar wird, wenn der »Mensch der Gesetzlosigkeit« geschichtliche Bewußtseins-Konfiguration der Menschheitsentwicklung geworden ist. Dies bedeutet, dass die Menschheit sich ihres geschichtlichen Gewordenseins nur bewußt werden kann, wenn sie die genannte Genealogie in sich völlig verdrängt. Die Menschheit bedarf deshalb eines menschheitsgeschichtlichen Bewußtseins, das die Kraft besitzt, die vom Willen zur Macht bereitgestellten Inhalte des zu Verdrängenden, die in dem subliminalen Bewußtseinsraum abgespeichert liegen, z u r s t o f f l i c h e n G r u n d l a g e weltbegründender und weltbaulicher Bewußtseinsakte der transzendentalen Subjekts-Schein-Werdung des Menschen zu machen. Inwiefern müssen wir von einem F i k t u m sprechen? Insofern wir uns zu erinnern haben, was es eigentlich ist, wovon es genetisch sich herleitet. Die Abstammungslinie des Fiktums der Bewußtseinskultur ist es, wovon wir sprechen. Dieses Fiktum verkörpert geradezu d i e N o t d e r

---

[21] 2. Thess. 2, 3-4: Μή τις ὑμᾶς ἐξαπατήσῃ κατὰ μηδένα τρόπον. ὅτι ἐὰν μὴ ἔλθῃ ἡ ἀποστασία πρῶτον καὶ ἀποκαλυφθῇ ὁ ἄνθρωπος τῆς ἀνομίας, ὁ υἱὸς τῆς ἀπωλείας, ὁ ἀντικείμενος καὶ ὑπεραιρόμενος ἐπὶ πάντα λεγόμενον θεὸν ἢ σέβασμα, ὥστε αὐτὸν εἰς τὸν ναὸν τοῦ θεοῦ καθίσαι ἀποδεικνύντα ἑαυτὸν ὅτι ἐστὶν θεός.

Welterschaffung und der Evolution von Menschen zu Menschheitsgeschichte. Mit Not meine ich die innere unausweichliche Notwendigkeit einer Entwicklung, die den Anschein der Alternativlosigkeit mit sich bringt. Dieser Not liegt eine unsichtbare Befehls-Struktur zugrunde, eine Willenskraft. Es ist deshalb völlig folgerichtig von Nietzsche, den Ursprung der Bewußtseinsformation in einer Befehlskette zu vermuten.

„Gesetzt, diese Beobachtung ist richtig, so darf ich zu der Vermuthung weitergehn, dass Bewusstsein überhaupt sich nur unter dem Druck des Mittheilungs-Bedürfnisses entwickelt hat, — dass es von vornherein nur zwischen Mensch und Mensch (zwischen Befehlenden und Gehorchenden in Sonderheit) nöthig war, nützlich war, und auch nur im Verhältniss zum Grade dieser Nützlichkeit sich entwickelt hat."[22]

Die Befehlskette, welche der Bewußtseinsbildung zugrunde liegt, hat *ein* Ziel, nämlich die Schaffung und Organisation von Welt und Mensch zu Menschheitsgeschichte, die als Evolution verstanden werden will, welche die Materialisation kollektiven Bewußtseins selbst als Fiktion von der menschlichen Individuation betreibt. Nun fragt sich, ob diese Evolutionsfähigkeit allein auf die zu schaffende Wirklichkeit der Welt zutrifft oder zuallererst auf das Bewußtsein selbst, welches jene Fakten zu schaffen hat. Das Bewußtsein ist nur in der Lage Prinzip evolutionärer Entwicklung zu sein, wenn es unwiderruflich das »Bewußtsein selbst« ist und als solches auch anerkannt und begriffen wird. Von wem? Nicht von uns, aber von der Welt, die als Konstrukt der Verdrängung stets im Werden begriffen ist. Dieses Bewußtsein selbst muss aber, um generatives Prinzip der Welt sein zu können, die Evolution des in ihm zu Verdrängenden an sich selbst strikt negieren. Das »Bewußtsein selbst« ist die Negation des in ihm und durch es selbst im Gefäß des unterschwelligen Bewußtseins wirksam gewordenen zu Vedrängenden, das darin sozusagen seine evolutionär sich entfaltende Verdrängung an sich selbst erfährt. Diese Selbsterfahrung der Verdrängung, die das Subjekts-Schein-Bild an sich selbst macht, stellt den fiktiven Wahrheitsbegriffs des Weltwillens dar. Der Wille der Welt meint mit dieser Welt nicht irgendeine Welt, sondern ausschließlich nur diese von ihm selbst geschaffene. Damit ist nicht die phänomenologische Erscheinungsbildlichkeit der Welt eingeschränkt, sondern die Welt selbst auf den Akt ihrer Einsetzung durch den zum »Bewußtsein selbst« gewordenen Willen zur Macht. Wer Welt sagt, der meint damit *„unbewußt"* ebendiesen Akt, er denkt diesen mit. Was aber heißt es, diesen Akt *„unbewußt"* mitzudenken, wenn von der Welt gesprochen wird? Dieses „Unbewußtseins"-Fiktum namens Welt, in welchem jener Akt mitgedacht wird, hat nichts zu tun mit dem Unbewußtsein selbst, das, wie anderen Orts gründlich

---

[22] Friedrich Nietzsche, ibid.

dargelegt, g ö t t l i c h e n U r s p r u n g s ist. Als Akt des unterschwelligen Bewußtseins ist es vielmehr *„unbewußt"* selbst Mitträger selbstnegierter Verdrängung des
»Unbewußten selbst« als des Sinneskräfte-Wesens der äonischen Seelen-Struktur im
gottebenbildlichen Menschen. Man kann die Sinneskräfte des äonischen Seelenbildes
nicht durch Verdrängung außer Kraft setzen, ohne an deren Stelle ein Fiktum zu setzen, ein Fiktum an „Kraft", jene Kraft der Nötigung, unter der stehend das »Bewußtsein selbst« vom Willen zur Macht geschaffen wird mit dem Zweck der Entwicklung
von Welt und Mensch z u M e n s c h h e i t s g e s c h i c h t e .

Das Hand in Hand Gehen der Entwicklung von sprachlichem Zeichensystem
und Bewußtsein, das Nietzsche so feinsinnig beobachtet, nährt sich aus dem Kraft-
aufwand, den der Wille i n s e i n e r S e i n s - N o t am zu Verdrängenden selbst ent-
fesselt, das gefangen in der Logik des Verhüllungsraumes seiner Verdrängung zum
Hunger nach einer Befreiung *d u r c h A b s p a l t u n g* wird, die zur Subjektivation in
und durch den Willen selbst führt. Das z u V e r d r ä n g e n d e als eingezwängt in die
bizarre Logik seiner Selbstbefreiung von dem Druck, der über ihm waltet, zwingt sich
selbst in die Projektion zu einem ins Sein genötigten Bewußtsein, wodurch der S e i n
e n t b e h r e n d e Wille zur Macht Erlösung sich verspricht. Die Formation eines
menschheitsgeschichtlichen Bewußtseins ist die Frage nach der Ableitung eines Leidensdruckes, d e r d e m W i l l e n v o n N a t u r a u s i n n e w o h n t , vor Grundlegung der Welt. Aber es bedarf der Einsetzung der Welt durch den Willen, um den
Leidensdruck ableiten und in die Subjekts-Schein-Werdung des Bewußtseins h i n -
ü b e r f ü h r e n zu können.

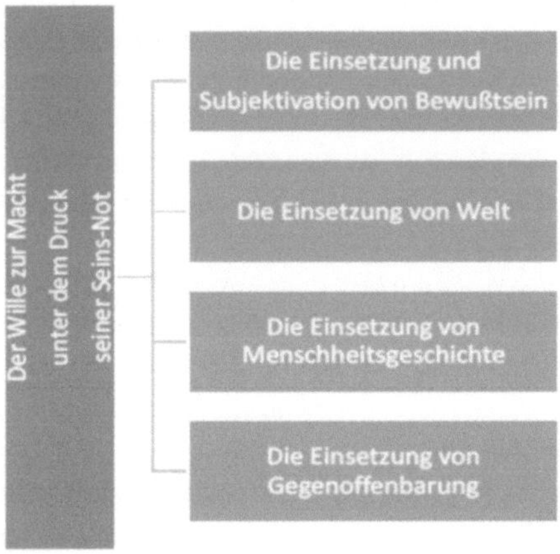

Abb. Die Seins-Not des Willens zur Macht

Die Übertragung ist die Hinüberführung des Leidensdruckes des Willens zur Macht in die Schein-Subjektivation von Bewußtsein, die Welt voraussetzt und zugleich setzt, *ein*-setzt. Diese Subjektivation des Leidensdruckes des Willens in Bewußtsein erhebt den Anspruch, das Wesen des Bewußtseins an sich zu setzen. Denn der Leidensdruck, unter dem der Wille steht, ist das Willens-Ich, das aber eben unter dem Zwang steht, sich zu entäußern zu Bewußtsein, zu Menschheitsgeschichte bildendem Bewußtsein. In dieser Formation dieses Bewußtseins geschieht eine genetische Verwandlung des durch den Leidensdruck sich aussprechenden Ich des Willens. Es macht sich die Bewußtseinsformation auf die Weise zunutze, dass es Bewußtseins-Ich wird, von dem nun der Druck ausgeht. Die konstitutive Urrelation von Druck [oder negativer Kraft] und Willens-Identität, welche im Willen primordial vorherrscht, erfährt, wie wir sehen, eine radikale Umkehrung, eine grundlegende Veränderung. Diese Umkehr sorgt für die Entlastung des Willens vom Druck durch Übertragung des Drucks auf die Formation von menschheitsgeschichtlichem Bewußtsein. So können wir eine Folge von Einsetzungen erkennen: Der Wille setzt durch Umkehrung den Druck seines Leidens-Ich in Bewußtseinsformation ein, und die Bewußtseins-Subjektivation des Willens setzt Welt ein als Menschheitsgeschichte[23]. So sehen wir die Entstehung einer bewußtseins-ontologischen Kette des Willens zur Macht, der sich selbst

[23] Verstofflichung des Bewußtseins = Verstofflichung *zu* Bewußtsein durch Verdrängung des limbalen Unbewußtseins im Menschen als Werk des Willens zur Macht.

aus der Latenz seiner Verdrängungsstruktur „befreit" in den unmittelbaren Akt seines s i c h s e l b s t w o l l e n d e n Da-Seins-Hungers.

Dieses Da-Sein des Willens ist der Ursprungspunkt seines Umschlagens in Bewußtsein, das Welt und Menschheit[sgeschichte] zwingend erfordert. Diese Welt ist nicht da, weil sie Gott gewollt hat. Sie ist da, weil das Da-Sein des Willens dies zwingend erfordert. Und dasselbe gilt für die ganze Quanten-Aufspaltung des sich in Bewußtseins-Subjektivation entäußernden Willens, denn in dieser Entäußerung erfährt der Wille an sich Erleichterung von der Last seines nicht zur Formation gelangen könnenden Ich. Dieses Ich steht unter dem schmerzlichen Rad der Geburt. Es ist das Rad der sich in ihrer Göttlichkeit selbst verhindernden Vernunft. Welcher Schmerz und Druck müssen auf dem Willen lasten, daß dieser sich B e w u ß t s e i n , W e l t u n d M e n s c h h e i t erschafft, um eine Entladung seiner tiefsten Seins-Not durch den Weltprozess zu erreichen.

Daher die „Kraft", von welcher uns Nietzsche erzählt. Sie ist jene Energie, die nötig ist, um B e w u ß t s e i n z u s c h a f f e n , und aus Bewußtseins-Subjektivation des Willens W e l t , M e n s c h h e i t s g e s c h i c h t e u n d G e g e n o f f e n b a r u n g . Die Sprachentwicklung, so Nietzsche, geht mit der Entwicklung des Bewußtseins „Hand in Hand"[24]. Aus meinen Darlegungen wird deutlich, warum dies so ist. Die Sprachentwicklung des Bewußtseins folgt der entfesselten Seins-Not[25] des Willens zur Macht in die R a t i o n a l i t ä t v o n W e l t b e h e r r s c h u n g , die gleichsam nach ihrem eigenen Herrn und „Gott" ruft. D i e M e t a p h y s i k d e s W i l l e n s z u r M a c h t f ü h r t z w i n g e n d z u m B e g r i f f d e r G e g e n o f f e n b a r u n g a l s d e m l e t z t e n , a l l e i n d e r o k k u l t e n W i s s e n s c h a f t e r k e n n b a r e n S e i n s g r u n d d e r M e n s c h h e i t s g e s c h i c h t e .

Die Sprachentwicklung des Bewußtseins ist getreues Spiegelbild der okkulten S e i n s - N o t d e s W i l l e n s , wie sie sich in der Formation des Bewußtseins selbst zu entladen strebt. Diese Entladung gipfelt in der Subjektivation dieser Seins-Not zu »Welt« und »Menschheit«, in denen und in Bezug zu denen diese sich selbst m a t e - r i a l i s i e r t . Der Materialismus dieses Weltbezugs ist mehr als logisch, wenn wir uns klarmachen, durch wen oder was diese »Welt« selbst eingesetzt ist und worin der B e w u ß t s e i n s - K e r n d i e s e r » W e l t « selbst besteht.

Die Sprachentwicklung verkörpert die S e i n s - N o t d e s W i l l e n s , die selbst hervorgeht aus einem nicht-bewußten äonischen Ereignis. Die S e i n s - N o t

---

[24] Nietzsche, ibid.

[25] Nietzsche, NF-1883,13[1] — Nachgelassene Fragmente Sommer 1883:
„Aus Schmerzen und Gedanken gebar sich dieser Wahn, den ihr Wille heißt. Und weil kein Wille ist, so ist auch kein Müssen. Wohl zog ich den Schluß: nun aber zieht er mich! Das härteste Fell hat die Demuth. Auch, was wir unterließen, webt am Gewebe aller Zukunft: auch das Nichts selber ist aller Weber Webemeister."
[http://www.nietzschesource.org/#eKGWB/NF-1883,13[1], abgerufen am 22.03.2022]

verweist auf etwas, das der äonischen Zeitstruktur des Unbewußtseins selbst entstammt, *das heißt* auf die sich in dieser ereignende Abspaltung des nichts-seienden Willenskeimes v o m g ö t t l i c h e n L o g o s , welchen Willenssamen danach gelüstet, sich des Logos zu »bemächtigen«. Dies ist aber nur möglich, indem der Wille s i c h s e l b s t w i l l . Und dieses sich selbst Wollen und Begehren des Willens ist dessen Lustprinzip und die Formation einer sich ihrer selbst bewußt werdenden Vernunft, die den Logos in den Schatten seines Vernunfts-Schein-Ebenbildes stellen möchte. Das Verhältnis des Logos zu seinem Fiktums-Ebenbilde im Willen ist der Schatten der Abspaltung selbst. So ist der Schatten der Ur-Abspaltung zugleich das Unbewußtsein selbst, das den göttlichen Logos durch die Schwelle des Unerkennbaren in sich einbettet. Der Abgrund der Abspaltung, der den Willen vom göttlichen Logos selbst trennt, ist zugleich das Reich des Unbewußtseins selbst und der äonischen Wanderung des selbstentäußerten Logos hinab in die Unbewußtseins-Ektoplasmie des Logos aus dem Nichts in die materielle Seinswerdung der Schöpfung. Diese c r e a t i o e x n i h i l o , was besagt dieses Nichts selbst, aus dem die Schöpfung hervorgeht? Denn es ist dieses Nichts, durch welches die Schöpfung in Erscheinung tritt. Manifestation meint hier durchaus nicht die Erscheinungsbilder des Bewußtseins von der Schöpfung, nicht das Bild der Schöpfung im Sinne des vom Willen hervorgebrachten Weltbewußtseins. Vielmehr ist das Nichts der »creatio ex nihilo« ein $\{N - |Ichts\}$ von etwas. Dieses $\{N - |Ichts\}$ steht in einer Urrelation z u e t w a s , das ihm nicht nur vorausgeht, sondern das es trägt und aus sich entlässt, f r e i s e t z t . Diese Freisetzung des $\{N - |Ichts\}$ ist die Voraussetzung dafür, dass sich Schöpfung m a n i f e s t i e r e n kann. Dies aber heißt *nicht*, dass Schöpfung als materielle d a i s t . Das materielle Dasein ist nicht das durch das $\{N - |Ichts\}$ Bedingte der Schöpfung. Das $\{N - |Ichts\}$ bezeichnet nicht das stoffliche Erscheinungsbild der Schöpfung. Dies wird klar, sobald wir uns der vorhin gemachten Aussage erinnern, die besagt, dass das $\{N - |Ichts\}$ in einem Wesenbezug z u e t w a s steht, das es selbst trägt, indem es sich im $\{N - |Ichts\}$ als der Form seiner selbst *v o r* -verstofflicht, p r i m a t e r i a l i s i e r t . Das $\{N - |Ichts\}$ muss somit als Seinsform der *Vor*-Verstofflichu n g des vom kenotischen Logos ausgehenden Unbewußtseins-Stromes verstanden werden, dem eine bestimmte äonische Raum- und Zeitstruktur zugeordnet ist. Denn das Unbewußtsein ist durch Äonenbildung strukturiert, die selbst in dem limbalen Untergang des »Verbum exinanitum ipsum« ihren Ursprung hat.

Was aber heißt das anderes, als dass das $\{N - |Ichts\}$ teilhat an der logikalen Natur des im äonischen Unbewußtseins-Strom untergehenden Logos. Dieses $\{N - |Ichts\}$ besitzt eine okkulte Vernunftwesens-Struktur, weil a l l e i n d e r g ö t t l i c h e L o g o s »V e r n u n f t « s e i n k a n n . So ist es nur folgerichtig zu behaupten, dass nur in Bezug auf den limbalen Untergang des kenotischen Logos das $\{N - |Ichts\}$ als mit Leben versehen gedacht werden kann. Leben heißt erfüllt sein mit S i n n und W e s e n . Nur angesichts der Tatsache des limbalen Unterganges des

»Verbum exinanitum ipsum« wird das $\{N - |Ichts\}$ erfüllt mit Sinn, Wesen und Leben. Das $\{N - |Ichts\}$ ist Paradoxon schlechthin. Denn durch diesen paradoxalen Charakter des $\{N - |Ichts\}$ bricht ein Spalt auf, durch den ein Lichtstrahl hervorbricht. Dieser Lichtstrahl ist wie ein Bote aus einer anderen Welt als der des vom Willen konstruierten Weltbewußtseins. Er kündet von dem, aus welchem das $\{N - |Ichts\}$ selbst erklärt werden muss, um begriffen zu werden als die B e d i n - g u n g d e r M a n i f e s t a t i o n d e r S c h ö p f u n g .

Das $\{N - |Ichts\}$ ist das ätherische Heraustreten des Unbewußtseins in stoffliches D a - S e i n . Es ist Ektoplasmie des Unbewußtseins zu strömender D a - S e i n s - M a t e r i a l i s a t i o n . Man kann somit von der s t r ö m e n d e n M a t e r i e d e s l i m b a l e n U n b e w u ß t s e i n s sprechen. Und sie ist dies im Spiegel der Negation des $\{N - |Ichts\}$. Die Ektoplasmation setzt demzufolge voraus, dass das $\{N - |Ichts\}$ sich im S p i e g e l d e r N e g a t i o n s e i n e r s e l b s t schaut. In diesem M e d u - s e n - S p i e g e l wird das $\{N - |Ichts\}$ an sich selbst trächtig und wirft Unbewußt-seins-Strömungs-Materie aus, die die Eigenschaft besitzt, sich zu s p e z i f i z i e r e n . Denn Individuation ist Spezifikation von ins Nichts ausgetretenem Unbewußtsein, wodurch dieses Stoff wird. Der M e d u s e n - S p i e g e l und das ektoplasmatische Austreten des Unbewußtseins zu sich bildender ätherischer Materie gehören zusammen, denn der Blick des $\{N - |Ichts\}$ in den S p i e g e l d e r N e g a t i o n s e i n e r s e l b s t ist ein Schreck und Blitz, der »tötet«. Was aber »tötet« der Blitz beim Hineinblicken des $\{N - |Ichts\}$ in den Medusen-Spiegel a m $\{N - |Ichts\}$? Die Potenz des $\{N - |Ichts\}$ zur Leugnung des Wesens des limbalen $\{Un - |Bewußtseins\}$. Denn das $\{N - |Ichts\}$ liegt auf der Schwelle zum Extravasalen. Es verkörpert die chaotische Schwebe zwischen der Immanenz des limbalen Unbewußtseinsstromes und der äußeren Leere. Diese Schwebe muss aufgehoben werden. Und sie kann dies nur, indem der Blitz der Entscheidung hineinfährt in das Innere des $\{N - |Ichts\}$. Dadurch erfährt dieses eine Entscheidung und eine Wesensbestimmung an sich selbst. Dieser »tötende« Blitz, der in das $\{N - |Ichts\}$ hineinfährt, »tötet« nicht schlechthin das $\{N - |Ichts\}$, sondern er »tötet« etwas an ihm, auf dass es lebe, auf dass es neues Leben eröffne für den vorwärts drängenden Strom des limbalen Unbewußtseins, wie er sich aus dem Untergang des Logos selbst ergibt. »Getötet« oder negiert muss werden das $\{N -\}$ im $\{N - |Ichts\}$, um es anzubinden an das sich entäußern wollende Un-Bewußtsein. Die Negation muss dem $\{N - |Ichts\}$ widerfahren durch den ausfahrenden Unbewußtseins-Strom, der durch den Medusen-Spiegel und dessen Blitz das $\{N - |Ichts\}$ negiert durch Aufspaltung in ein negiertes $\{N -\}$ und ein sich der Manifestation des Unbewußtseins anschließendes ektoplasmatisches »Etwas«. Das $\{Ichts\}$ ist die Grundlegung des Unbewußtseins-Stromes durch die D a s e i n s - F o r m d e r N e g a t i o n d e r N e g a t i o n des Unbewußtseins angesichts der Leere. Denn das $\{N - |Ichts\}$ als in der Schwebe birgt in sich die mögliche Negation des aus sich heraustreten wollenden limbalen $\{Un - |Bewußtseins|Stromes\}$. Deshalb ist der aus sich selbst heraustreten wollende {*Un* − |*Bewußtseins*|*Strom*} der tödliche Medusen-Spiegel selbst, *das heißt* der innere Selbstentäußerungs-Trieb des Unbewußtseins-Stromes in die äußere Leere. Der sich in die Leere herausdrängende Strom des Unbewußtseins trifft auf das {*N* − |*Ichts*} in dessen chaotischer Schwebe. Indem aber der Ub-Strom auf dieses {*N* − |*Ichts*} trifft, zerbricht er dessen ursprüngliche Indifferenz-Struktur. Denn diese umfasst die Differenz als Teil des Wesens des {*N* − |*Ichts*}. Die Entdeckung dieser Differenz am {*N* − |*Ichts*} ist der Grund für die Herauslösung und die Verstoßung des {*N* −} durch das in das {*N* − |*Ichts*} Eindringen des Unbewußt-seins-Stromes. Es ist also der Strom des hervorbrechenden Unbewußten, der das {*N* − |*Ichts*} zerbricht. Das {*N* − |*Ichts*} wird durch sein Zerbrochenwerden aus sei-ner Bewußtseins-Neutralität herausgerissen, mit einem Schlage. Diesen Blitz-Schlag erleidet das {*N* − |*Ichts*} durch seinen Blick in den Spiegel der Medusa, der sich ihm eröffnet, da der Unbewußtseinsstrom aus sich hervorbricht und einströmt in den Raum der Leere des {*N* − |*Ichts*}. Diese Selbstentäußerung des Unbewußtseins ist ein $\left\{\left\{{+\atop-}\right\}bewußtseins - \text{ontogenetischer}\right\}$ Vorgang. Was heißt dies? Es bedeutet, dass i m sich auftuenden Spiegel der Medusa die Zerbrechung des {*N* − |*Ichts*} sich ereignet, durch die die Leere des {*N* − |*Ichts*} selbst Bewußtsein erhält, indem sie vom Blick des Unbewußtseinsstromes selbst erfasst wird. Dieser Blick ist zu verste-hen als Zugriff, als ein Ergreifen seines Gegenstandes, als ein sich Einverleiben seines Blick-Objektes. Der Blick der Medusa erfasst und einverleibt und verändert damit die Wesenheit des {*N* − |*Ichts*} und der Leere. Wie könnte sonst das {*N* − |*Ichts*} vom »tötenden« Blitz-Schlag des Blickes der Medusa getroffen werden? Das von diesem Blitz Getroffen-Sein des {*N* − |*Ichts*} verweist uns auf ein okkultes Geschehen, das sich im {*N* − |*Ichts*} vollzieht. *Das heißt*, das {*N* − |*Ichts*} geht zu Bruch, aber nicht ohne von sich einen Samen des Lebens zu hinterlassen. Aber an wen? An den aus sich selbst hervorbrechenden Strom des limbalen Unbewußtseins. Es findet demnach eine Übertragung statt vom getroffenen und zerbrechenden {*N* − |*Ichts*} an das in die Leere einfließende limbale Unbewußtsein. Das sterbende {*N* −} hinterlässt dem ein-strömenden Unbewußtsein die Leere als das {*Ichts*|*vom*|*limbalen* |*Unbewußtsein*}. In diesem {*Unbewußtseins*|*Ichts*} ektoplasmiert das herausströmende limbale Unbe-wußtsein sich zu Materie. Dieses ektoplasmatische Herausströmen des limbalen Un-bewußtseins ist die Subjektivation, durch die dieses sich in seiner Selbstentäußerung selbst erfährt als B e w u ß t s e i n s - M a t e r i a l i s a t i o n d e r S c h ö p f u n g. Die Be-wußtseins-genese der Materie als Ektoplasmation des Geschöpfes. Die Geburt der Materie erfolgt durch den tödlichen Blick des {*N* − |*Ichts*} in den Spiegel der Medusa. Diesen Blick gilt es für das {*N* − |*Ichts*} zu ertragen, zu erleiden, nicht aber zu umge-hen. Das ektoplasmatische Einfließen des Unbewußtseins-Stromes in das zerbro-chene {*N* − |*Ichts*} macht dieses zum Urgrund der Schöpfung. Dies ist das primateri-ale Geschehen der Schöpfung aus der hereinbrechenden Flut des limbalen Unbe-wußtseins in die Leere. Aber die Potenz der Schwebe bleibt für das {*N* − |*Ichts*} durchaus bestehen. Denn die Indifferenz des schwebenden $\{N - |Ichts\}$ überformt die in ihm angelegte Selbst-Differenz. Die Selbst-Indifferenz des $\{N - |Ichts\}$ ist unabhängig vom Einströmen des Unbewußtseins, das doch die Differenz oder die Entscheidung für den Blick in den Spiegel zur Bedingung hat. Das Einströmen des Unbewußtseins in das zerbrechende Nichts ist reine Potenz, die sich der Selbst-Indifferenz des $\{N - |Ichts\}$ selbst unterwirft. Es ist reiner Akt, der sich im $\{N - |Ichts\}$ jedoch zur okkulten Potenz der Selbst-Indifferenz des $\{N - |Ichts\}$ wandelt und in dieser verbirgt. Es ist der Unterschied zwischen Z e r b r o c h e n w e r d e n und einem z e r b r o c h e n w e r d e n W o l l e n des $\{N - |Ichts\}$ durch das hervorströmende Unbewußtsein. Man könnte sagen, die Selbst-Indifferenz okkultiert den tödlichen Blick in den Spiegel der Medusa, sie verzögert ihn, sie hält ihn in der Verborgenheit der Potenz. Wenn ich vom S p i e g e l d e r M e d u s a spreche, so meine ich damit keineswegs die narrative Logik des Mythos von Medusa im Reflex der Überwindung der sterblichen Gorgone durch den Helden Perseus, wo ein Spiegel die entscheidende Rolle spielt, sondern wir haben den Spuren der okkulten Wissenschaft in Sachen dieses Mythos zu folgen. Wir haben zu begreifen, dass das Antlitz der Medusa selbst bereits, wenn auch unausgesprochen, einen Spiegel symbolisiert, nämlich die Widerspiegelung des aus sich selbst hervorbrechenden limbalen Unbewußtseins im Raume des $\{N - |Ichts\}$ der $\left\{\left\{^+_-\right\} \, bewußtseins|ontogenetischen\right\}$ Leere. Dies ist wichtig, weil man sonst die hinter dem Narrativ des Mythos stehende e s o t e r i s c h e W e i s h e i t nicht verstehen kann. Und da ist das Narrativ von der Tötung der Medusa durch Perseus mit Hilfe eines Spiegels, wo von einem anderen Geschehen berichtet wird, nämlich der Tötung der Medusa durch diesen Helden. Mythologie und die okkulte Wissenschaft vom Mythos bilden jene $\left\{\left\{^+_-\right\} \, Polarität\right\}$, von der bereits die Rede war im Zusammenhang mit der inneren verborgenen Polarität, welche der Selbst-Indifferenz des $\{N - |Ichts\}$ zugrunde liegt. In einer solchen befindet sich auch der Mythos, in welchem N a r r a t i v und o k k u l t e B e d e u t u n g in einem polaren Verhältnis zueinander stehen, ohne dass das Ganze des Mythos selbst daran Schaden nehmen würde. Vielmehr ist der Mythos die den Gegensatz ihrer Elemente umfassende und verbergende Selbst-Indifferenz, welche die Gegenstände der Mythologie den neugierigen Augen entzieht und unzugänglich macht.

Das in der Schwebe *m i t s i c h s e l b s t* befindliche $\{N - |Ichts\}$ bildet von sich aus jene Spiegelfunktion, durch die das aus sich hervorbrechende und im leeren Raum ausströmen wollende limbale Unbewußtsein überhaupt erst seinen Ausgang findet. Das Ausgehen oder Hervorgehen des limbalen Unbewußtseins aus sich selbst bedarf — und das ist der springende Punkt — des Spiegels des $\{N - |Ichts\}$ in der Schwebe der diesem zukommenden Leere. Da stehen sich folglich zwei Quanten der Offenbarung gegenüber, die sich dazu bestimmen, in eine Urrelation miteinander zu treten, durch die eine Himmelsbrücke errichtet wird. Die Quantitabilität des sich selbst offenbarenden äonischen Unterganges des Logos im limbalen Unbewußtsein bringt die Quanten-Setzung aus sich hervor und mit dieser die urrelationale Selbstbestimmung der Offenbarung zum Lichte des zu Erleuchtenden. Damit aber ist die Quantita-bilität des limbalen Unterganges des »Verbum exinanitum ipsum« der Grund und die Bedingung der Offenbarung selbst, d i e s e l b s t n i c h t s i s t o h n e i h r e W o h n s t ä t t e im $\{N - |Ichts\}$.

Das will heißen: Die Quantitabilität des limbalen Unterganges des göttlichen Logos verkörpert selbst den Leib der Kenose und damit zugleich die pneumatologische Urgeschichte der göttlichen Offenbarung, ohne die es keine O f f e n b a r u n g s e l b s t geben kann. Denn die Quantitabilität der Offenbarung muss eingehen in den Raum des $\{N - |Ichts\}$, um sich durch dieses in sich selbst a l s » O f f e n b a r u n g s e l b s t « zu fassen und zu schauen. Die Anschauung der p n e u m a t o l o g i s c h e n U r g e s c h i c h t e des limbalen Unterganges des »Verbum exinanitum ipsum« durch Eingehen des limbalen Unbewußtseins in den Spiegel seiner Entäußerung in den Raum des $\{N - |Ichts\}$, um darin auszuströmen. Denn durch das Ausströmen erst wird ein wahrnehmendes Ich gesetzt, das diese Ausströmung als die seine, als die auf sich gerichtete schaut und als die seine annimmt und empfängt. Da ist also eine ICH-Bestimmung in der Ausströmung, die stattfinden will im Raum des $\{N - |Ichts\}$. Die ICH-Bestimmung ist Subjektivation durch das im Raum des schwebenden $\{N - |Ichts\}$ sich ergießende limbale Unbewußtsein. Es ergießt sich nicht diffus in den Raum, sondern es wird aufgefangen durch das von ihm selbst bestimmte Subjektivat. Wie aber kommt dieses zustande? Es entsteht durch die Respondenz des in Schwebe befindlichen $\{N - |Ichts\}$ zu dem eindringen wollenden Hervorströmen des limbalen Unbewußtseins. Der Trieb des strömenden Unbewußtseins impulsiert ein Ausschlagen des schwebenden $\{N - |Ichts\}$ in Richtung auf das in den Leer-Raum einströmen wollende limbale Unbewußtsein. Angesichts des heranflutenden limbalen Unbewußtseins [vom Untergang des Verbum exinanitum ipsum] erleidet das $\{N - |Ichts\}$ einen Erkenntnis-Blitz-Schlag, der das $\{N -\}$ im $\{N - |Ichts\}$ tötet. Dadurch erfährt das schwebende $\{N - |Ichts\}$ eine Wesensveränderung, eine Umwertung seines Wesens. Und erst aufgrund dieser schlägt das $\{N - |Ichts\}$ selbst aus. Die Umwertung gibt den Ausschlag. Das Wesen des $\{N - |Ichts\}$ schlägt aus in Richtung auf das heranflutende Unbewußtsein. Und es öffnet die Schleuse, wodurch die Offenbarungs-Flut des limbalen Unbewußtseins in das $\{ \ |Ichts\}$ einfließt. *Dies heißt*: Es wird $\{Unbewußtseins|Ichts\}$, Ursprung von subjektivierter Unbewußtseins-Materie. Denn das ektoplasmatische Geschehen der Unbewußtseins-Materialisation im Raum des aus-schlagenden $\{N - |Ichts\}$ bedarf eines i h m z u o r d e n b a r e n S u b j e k t i - v a t s , das selbst wiederum zurückgeht auf die trieb-impulsive Imagination des heranflutenden limbalen Unbewußtseins im Raum des $\{ \ |Ichts\}$. Mit dem Aus-Schlag des $\{N - |Ichts\}$ zu $\{ \ |Ichts\}$ vermag das entäußerte limbale Unbewußtsein in den leeren Raum zu fließen, der sich aber im Ausschlag des $\{N - |Ichts\}$ und nicht in der

Leere des schwebenden $\{N - |Ichts\}$ sich befindet. Nur in den Raum des ausgeschlagenen $\{ \ |Ichts\}$ kann der Unbewußtseinsstrom einfließen. Und dadurch nimmt er Raum und bestimmt das $\{ \ |Ichts\}$ zum $\{Ub|Ichts\}$. Dieses $\{Ub|Ichts\}$ ist der ektoplasmatische Ursprung der Subjektivation des »Verbum exinanitum ipsum« im schwebenden $\{N - |Ichts\}$ der Schöpfung. Es ist das himmlische Fleisch des kenotischen Logos im Strom des limbalen Unbewußtseins. Da haben wir das Geheimnis einer Fleischwerdung des »Verbum exinanitum ipsum« im $\{Unbewußtseins|Ichts\}$ der Schöpfung.

Dieses $\{Unbewußtseins|Ichts\}$ ist ätherisches Es der Schöpfung als Träger der Ektoplasmation des Logos in der Subjektivation seiner selbst. Ich meine das zum Subjektivat Gewordensein des »Verbum exinanitum ipsum« im Akt der Ektoplasmie durch das $\{Unbewußtseins|Ichts\}$ der Schöpfung. Nur so kann sich Schöpfung in ihrem *Vor*-Gewordensein selbst begreifen. Das $\{Unbewußtseins|Ichts\}$ ist Ursprungspunkt der ätherischen Materialisation von Schöpfung. Denn in ihm wohnt das »Verbum exinanitum ipsum« im Schoße seiner Selbstanschauung als Subjektivat des limbalen Unbewußtseins-Stromes. Allein durch diesen Trieb des gegen das $\{N - |Ichts\}$ flutenden und es zerbrechenden limbalen Unbewußtseins kann das »Verbum exinanitum ipsum« übergehen in die Subjektivation seiner selbst im $\{Unbewußtseins|Ichts\}$ der Schöpfung als Ursprungspunkt der Schöpfung *vor al-ler Schöpfung*. Dieser Ursprungspunkt ist der Schöpfer in der Schöpfung vor aller Schöpfung. Die Setzung dieses Ursprungspunktes aber ist die himmlische Fleischwerdung des selbstentäußerten Logos in der Ektoplasmie seiner Bewußtseins-Materialität. Durch diese legt sich das limbale Unbewußtsein ein Bewußtsein seiner selbst zugrunde. Es kommt zu Bewußtsein seiner selbst durch den zur Subjektivation seiner selbst gewordenen »Verbum exinanitum ipsum«. Die »Anschauung seiner selbst« des Logos durch die Subjektivation und das zum »Bewußtsein seiner selbst« Kommen des limbalen Unbewußtseins vereinigen sich im Mysterium des $\{Unbewußtseins|Ichts\}$ der Schöpfung, das den Raum des schwebenden $\{N - |Ichts\}$ zu seiner Voraussetzung hat. Die Aufhebung des schwebenden $\{N - |Ichts\}$ ist allein Geschehen des limbalen Unterganges des »Verbum exinanitum ipsum« und allein der Kraft des Logos zuordenbar. Unabhängig davon behält das Nichts seine Bedeutung in der Quantitabilität des Unterganges des Logos selbst bei. Das $\{N - |Ichts\}$ ist und bleibt Quantum des limbalen Unbewußtseins, selbst da, wo das Ichts vom Unbewußtsein und damit auch vom Logos sich abspaltet, entfremdet, *das heißt*, wo es zum $\{N - |\{N - |Ichts\}\}$ wird. Auch in diesem Falle ist und bleibt das $\{N - |Ichts\}$ Quantum der äonischen Urgeschichte vom limbalen Untergang des »Verbum exinanitum ipsum«.

Der sich vom Spiegel der Medusa abwendende Spiegel der Selbstreflektion des Willens, der das abgespiegelte Spiegelbild der Medusa als Bild des getöteten Logos in sich deriviert und hineinfließen lässt als ein Strom von Bewußtsein bildender Energie eines Willens zur Macht. Der Wille zur Macht wird zum Ursprung seiner selbst, insofern er den »getöteten« (verdrängten) Logos selbst als deriviertes Medusenbild in sich selbst zurückholt und mit dem Odem seiner Energie erfüllt. Der Wille wird dadurch zum Ursprung der Belebung des Derivierten, zur Derivation der Vernunft aus der Negation des limbalen Unbewußtseins, das so nicht mehr in das schwebende $\{N - |Ichts\}$ einströmen kann, weil das bestehen bleibende $\{ N -\}$ im $\{N - |Ichts\}$ ihm den nötigen Raum verweigert. Es kann nicht einfließen. So entsteht die Konstellation des $\{N - | \ \ \}$, die den Logos, *das heißt* den »getöteten« Logos durch das Spiegelbild der Derivation überträgt aus dem verdrängten limbalen Unbewußtsein — das daran gehindert wird, sich im $\{N - |Ichts\}$ zu offenbaren durch die Wirkung des ausschlagenden Blitzes — in das $\{Bw|Ichts \ |von|Vernunft\}$.

Es leuchtet ein, dass Vernunft, wie sie auf diesem Wege zustande kommt, nicht mehr der Logos selbst ist, obwohl ohne diesen, *das heißt* ohne dessen »Tötung« und anschließende derivative Übertragung als formatives Medusen-Spiegelbild ein „Sich-bewußt-werden der Vernunft"[26] nicht möglich sein würde. Das sich bewußt Werden der Vernunft ist Formation der Vernunft als eines m e n s c h h e i t s g e s c h i c h t l i c h e n   S u b j e k t s - S c h e i n s. Die Formation der sich ihrer selbst bewußt werdenden Vernunft ist der Abfall vom göttlichen Ursprungsprinzip der Schöpfung vor aller Grundlegung der Welt. Nur deshalb kann der Abfall der menschlichen Intelligenz auch äonische Weltgestalt der Schöpfung werden. Es geht nicht um einen weltimmanenten Mißbrauch menschlicher Intelligenz im Namen der Menschheit, sondern um die äonische Dimension des Abfalls des Menschen vom göttlichen Erkenntnisprinzip des limbalen Unterganges des »Verbum exinanitum ipsum«. Aus der Immanenz der Weltgestalt lässt sich der Abfall der menschlichen Intelligenz von ihrem göttlichen Ursprung nicht nachweisen. Aber eben darauf spekuliert das aus dem Schoße des Willens zur Macht geborene „Sich-bewußt-werden der Vernunft" (Nietzsche). *Denn es gilt*: Dieses „Sich-bewußt-werden" macht Vernunft, die sich vom Ursprung der Vernunft im Logos abspaltet. Es macht aus Vernunft ein *a n d e r e s* Prinzip menschlicher Intelligenz. Die Vernunft verweist auf etwas, was ihr okkult zugrunde liegt, was sich dem Bewußtsein gerade entzieht. Alles beruht somit auf dem Irrtum, dass Bewußtsein und Denken irgendwie dasselbe seien. Aufgrund der Genealogie des Bewußtseins aus der »Tötung« des limbalen Unbewußtseins-Stromes des selbstentäußerten Logos und der Übertragung des derivativen Medusen-Spiegelbildes — wodurch der Blitzschlag, der die Negation des Unbewußtseins treffen würde, abgewendet wird — zur Bildung von menschheitsgeschichtlichem Bewußtsein ist menschliche Intelligenz nichts anderes als s i c h   s e i n e r   s e l b s t   b e w u ß t   w e r - d e n d e r   W i l l e   z u r   M a c h t. Da haben wir die ganze Logik der atheistischen Moderne und ihres luziferischen Wissens-Dünkels vor uns, die Revolte gegen den

---

[26] Nietzsche, Die Fröhliche Wissenschaft, Aph. 354.

göttlichen Ursprung von Erkenntnis. Sobald die menschliche Intelligenz dem Willen zur Macht sich ergibt, probt sie den Aufstand gegen die göttliche Wesensbestimmung des Menschen. Ihr Bestreben, den Menschen zu trennen von seinem wahren Ursprung, indem sie diesen vergessen zu machen sucht durch Formation eines menschheitsgeschichtlichen Weltbewußtseins. Bewußtsein wird zu einem anderen Wort für M a n i p u l a t i o n. Jeder Anspruch auf Emanzipation ist in der Bewußtseinskonstellation der Weltvernunft nichts anderes als Entfesselung und Rechtfertigung eines neuen Lasters. „Befreiung" heißt hier wesentlich: W i l l e n s t r i e b - E n t h e m - m u n g. Verstehen wir uns jetzt? Es ist nun auch nicht mehr schwierig, die Rolle zu erraten, welche die moderne „Tiefenpsychologie" dabei spielt, besonders, wenn wir uns ihre abenteuerlichen Fabeln über die angeblichen Ursprünge der Menschheit ansehen. Das wahre Wesen des »Trieblebens«, von dem die psychoanalytische »Theorie der Moderne« so viel Aufhebens macht, liegt im ä o n i s c h e n U r s p r u n g d e s W i l l e n s z u r M a c h t. Es geht nicht um die therapeutische Enthemmung von Trieben als anthropologisches Credo der Moderne, sondern um die okkulte Erkenntnis der menschheitsgeschichtlichen Begründung dieser Triebe d u r c h d e n W i l l e n z u r M a c h t, der sich selbst will und der sich selbst wollen muss. Das also ist der Trieb des Willens zur Macht. Und diesen sollen wir enthemmen? Der Trieb ist die Enthemmung seiner selbst als Wille, der, weil er sich selbst will, die Formation der menschlichen Intelligenz als das „Sich-bewußt-werden der Vernunft"[27] ist. Die V e r - n u n f t s e l b s t jedoch ist etwas gänzlich anderes, das von der Vernunft der Welt nicht erkannt werden kann, weil es dem „Sich-bewußt-werden der Vernunft" unzugänglich ist. Es gibt also eine Vernunft jenseits der bewußtseins-formativen Vernunft jener „wissenschaftlichen Aufklärung", welche die Menschheitsgeschichte für sich erfunden hat. Diese „Aufklärung" ist selbst im völligen Dunkel ihrer okkulten Vorgeschichte, die allein Gegenstand der Spiritualität sein kann. Dies heißt aber, dass die „Aufklärung" keine Rechenschaft zu geben vermag über die Genealogie ihrer spezifischen Intelligenz, die in den Tiefen ihrer eigenen Verdrängungsgeschichte schlummert.

Wie müssen das Denken Nietzsches ganz aus dem Kontext seines Eingebundenseins in die Tradition der okkulten Wissenschaft begreifen. Ein Verstehen Nietzsches aus einer *anderen* Quelle als der okkulter Erkenntnis ist unmöglich. Man kann nur auslegen, was Teil der eigenen Erfahrung des Okkulten ist. Dieser Grundsatz bildet damit die D i s c i p l i n a a r c a n i der okkulten Wissenschaft, unter der auch das Werk Nietzsches steht. Aus dem Gesagten wird deutlich, was von Versuchen einer historiographischen und zeitgeistigen Ergründung der Gedankenwelt Nietzsches zu halten ist. Die Beiträge zur akademischen Erforschung der Philosophie Nietzsches zeigen zur Genüge die Ahnungslosigkeit, mit der man versucht, die Geheimnisse der Gedankenwelt dieses einsamen und rätselhaften Denkers zu entschlüsseln. Schlüssel

---

[27] Friedrich Nietzsche, ibid.

zum Verständnis des Werkes Nietzsche ist allein die okkulte Gedankenwelt, in deren Tradition dieses Werk selbst steht.

„Mein Gedanke ist, wie man sieht: dass das Bewusstsein nicht eigentlich zur Individual-Existenz des Menschen gehört, vielmehr zu dem, was an ihm Gemeinschafts- und Heerden-Natur ist; dass es, wie daraus folgt, auch nur in Bezug auf Gemeinschafts- und Heerden-Nützlichkeit fein entwickelt ist, und dass folglich Jeder von uns, beim besten Willen, sich selbst so individuell wie möglich zu v e r s t e h e n , „sich selbst zu kennen", doch immer nur gerade das Nicht-Individuelle an sich zum Bewusstsein bringen wird, sein „Durchschnittliches", — dass unser Gedanke selbst fortwährend durch den Charakter des Bewusstseins — durch den in ihm gebietenden „Genius der Gattung" — gleichsam m a j o r i s i r t und in die Heerden-Perspektive zurück-übersetzt wird."[28]

Nun stellt Nietzsche dem Bewußtsein der menschheitsgeschichtlichen Vernunft die „Individual-Existenz des Menschen" als Prinzip gegenüber und errichtet damit ein Spannungsfeld, in welchem sich das Bewußtsein als kollektives Vernunftsprinzip menschheitsgeschichtlicher Kulturentwicklung darstellt. Die „Individual-Existenz des Menschen" folgt einem *anderen* Prinzip als das Bewußtsein aus dem W i l l e n   z u r   M a c h t . Sie folgt der Einsicht:

„Denn nochmals gesagt: der Mensch, wie jedes lebende Geschöpf, denkt immerfort, aber weiss es nicht; das bewusst werdende Denken ist nur der kleinste Theil davon, sagen wir: der oberflächlichste, der schlechteste Theil: — denn allein dieses bewusste Denken geschieht in Worten, das heisst in Mittheilungszeichen, womit sich die Herkunft des Bewusstseins selber aufdeckt."[29]

Mit der Ableitung oder D e r i v a t i o n des Unbewußtseins-Stromes, der danach drängt, aus sich selbst hervorzugehen bzw. über sich hinauszugehen und einzufließen in das äonisch schwebende {N − |Ichts} erfährt der Medusen-Blick seine

Sobald man das Feld des Mythos betritt, kommt es zu einschlagenden Wechselwirkungen in dreifacher Hinsicht: Zwischen dem Erkennenden und dem Bewußtseins-Urgrund des Mythischen, b) zwischen den inneren Bewußtseins-Spaltungs-Elementen des Mythos aufgrund des Zerbrechens des mythischen Bewußtseins-Urgrundes und schließlich c) zwischen dem Erkennenden und dem in seinem Geist-Innenleben vor sich gehenden und sich durch dieses vermittelnden Spaltungsprozeß: Sich selbst erkennend als die transzendentale Bewußtseinsformation des universalen {N − |Ichts}-Raum des Mythischen im Triebherz-Inneren des erkennenden Subjekts.

[28] Nietzsche, FW Aph. 354.
[29] Nietzsche, Ibid.

Entkräftung. Er wird zum Fiktums-Antlitz. Jetzt wird klar, was bereits oben ausgeführt wurde, nämlich, dass der einem Blitzschlag gleichende Blick der Medusa selbst bereits als ein Spiegel zu verstehen ist. Er ist Spiegelbild vom Hervorbrechen des limbalen Unbewußtseins. Warum ist diese Manifestation des Unbewußtseins für das {N − |Ichts} ein erschreckender und erstarren machender Blitzschlag? Weil sie das {N −} als Element einer das Unbewußtsein selbst ausschließenden Formation des Bewußtseins im äonischen Seelenbild des Menschen eliminiert oder »tötet«.

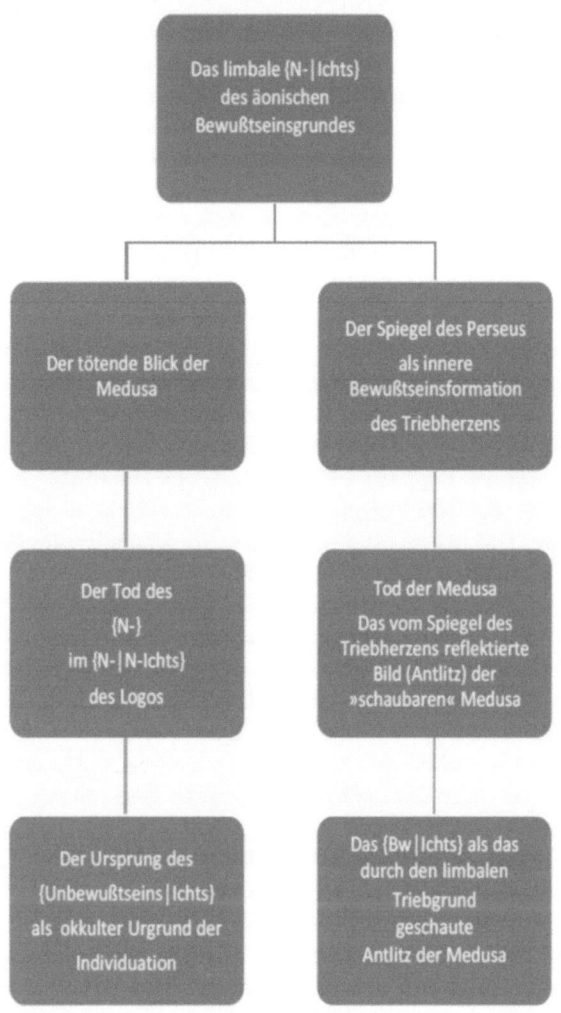

Abb. Der Spiegel der Medusa

Der Blitzschlag des Medusen-Blickes bricht die Negation aus dem in sich schwebenden Urgrund der Bewußtseinsformation des »Unbewußtseins selbst«. Wir sehen auf sehr eindringliche Weise, was über den natürlichen Gegensatz von N a r - r a t i o n und o k k u l t e r B e d e u t u n g des Mythos gesagt wurde.

Das Betreten des Mythischen ist reiner Erkenntnisakt der okkulten Wissenschaft. Das Eingehen des Wesens des Erkennenden in das leiblich gewordene Wort des Mythos ist M y t h o l o g i e d e s t r a n s z e n d e n t a l e n B e w u ß t s e i n s. Dieses Eingehen in das innere Leben des Mythischen setzt im Ich möglicher Erkenntnis des Mythischen voraus, dass es sich k e i n e n B e w u ß t s e i n b i l d e n d e n K r ä f t e a u s s e t z t o d e r z u o r d n e n lässt. Das Ich ist ausschließlich darauf ausgerichtet, den Leib, die Seele und den Geist allein aus dem Wort mythischer Offenbarung zu empfangen. Das Ich ist ganz eingenommen von einer heiligen Handlung, die an ihm geschieht. Das Ich i n k a r n i e r t in h e i l i g e H a n d l u n g. Das Ich ist, was der mythologischen Handlung selbst zugrunde gelegt werden muss. Nur so kann Mythologie g e s c h e h e n. Was aber heißt das? Es bedeutet, dass das im Mythischen selbst Verborgene zur Geschichte des sich konstruierenden transzendentalen Erkenntnis-Ich wird, *das heißt* zur o k k u l t e n U r g e s c h i c h t e d e s m e n s c h l i - c h e n G e i s t e s. Bei dem Vorgang der Inkarnation in mythologisches Geschehen, *das heißt* in M y t h o l o g i e, ist auszugehen vom leeren Ich des Erkennenden. Das leere Ich der Mythologie definiert sich nicht durch seine Eigenschaften, Qualitäten und andere kategoriale Bestimmungen. Denn es hat keine. Dieses Ich verkörpert primateriales Leersein des Bewußtseins von jeglicher kategorialen Bestimmung seines Wesens. Es ist reine Durchdringbarkeit für den mythischen Bewußtseins-Urgrund des {N − |Ichts}, welcher der limbale Unbewußtseins-Leer-Raum der Geistesentwicklung des Menschen im »Verbum exinanitum ipsum« ist.

Das leere Ich zeichnet sich nicht aus durch etwas, was es erkannt hat. Denn es hat nichts erkannt außer das Gefühl seiner inneren Bestimmung. Es fühlt einen Antrieb in sich zur Leere. Diese gefühlte Wesens-Leere ist Erkenntnismittel im höchsten Sinne. Sie ist Verlangen nach dem Lichte. Sie ist das Sehnen nach Liebe, die nur aus wahrer Erkenntnis flutet. So ist die gefühlte Wesens-Leere des Ich etwas, das über reine Nichterkenntnis hinausgeht. Sie ist negativer Wille des umkleidet werden Wollens, sie ist ein Wille, der den Gehorsam der Selbstentäußerung gelernt hat, der um diesen Gehorsam weiß und sich deshalb beugt. Sie ist e i n s i c h b e u g e n d e r W i l l e. Dieser Wille beugt sich nicht irgend jemandem. Aber er beugt sich v o r e t - w a s. Und weil er sich vor etwas beugt, beugt er sich diesem. Dies ist die Logik des »Willens« der gefühlten Wesensleere des Ich angesichts der sich offenbaren wollenden limbalen Urgeschichte des menschlichen Geistes. Dieser »Wille« ist bereits Teil der transzendentalen Erkenntnis-Struktur des Ich. Denn er ist die Aufhebung des Willensprinzips selbst in der schwebenden Potenz des limbalen Unbewußtseins-

Grundes des $\{N - |Ichts\}$. Denn das $\{N - |Ichts\}$ ist die Universalität des primateria-
len [Un]Bewußtseins-Ursprungs, der sich das Aufbrechen seines Wesens in Aufspal-
tungen seines zerbrochenen Wesens in Form von Erkenntnis durch das Ich wieder
selbst vindiziert. Denn die primateriale Schwebe des limbalen $\{N - |Ichts\}$ kehrt wie-
der als Subjektivation des Ich durch den mythologischen Prozeß des Bewußtseins.
Die Bestimmung des Ich zum Subjekt des mythologischen Geschehens der transzendentalen Bewußtseinsformation des Menschen. *Wir sehen*: Die primateriale Schwebe
des limbalen $\{N - |Ichts\}$ folgt nicht einem »principium inertiae«, sondern ist selbst
P o t e n z   d e s   t r a n s z e n d e n t a l e n   U n b e w u ß t s e i n s - G r u n d e s   d e s
m e n s c h l i c h e n   G e i s t e s .

Das v o m S e i n e n t b l ö ß t e I c h ist das primateriale Ich als Grundelement
der transzendentalen Formation des limbalen Unbewußtseins. Es ist als Schöpfung
des Urgrundes des limbalen $\{$Unbewußtseins$|N - |Ichts\}$ zu verstehen. Das Ich ist,
indem es ein Ichts des $\{N - |Ichts\}$ des limbalen Unbewußtseins-Grundes ist, weil es
von diesem durch Zurück-Übertragung gesetzt ist, erfährt dadurch seine magnetische Versetzung, welche die Subjektivation des Ich zum Ursprungspunkt der transzendentalen Bewußtseinsformation zum Zwecke der Evolution des limbalen Unbewußtseins darstellt. Diese Evolution aber setzt den Bruch des Gefäßes voraus, die
Sprengung der Schwebe des limbalen Unbewußtseins-Gefäßes. Denn das Gefäß ist
der Grund, in welchem das limbale Unbewußtsein sich in der Fülle seiner evolutionären Potenz selbst fasst. In dieser Fülle seiner evolutionären Gefäßlichkeit hält der
limbale Unbewußtseins-Grund Ausschau nach dem möglichen Subjekt, durch das
die Evolution des Unbewußtseins in Gang gesetzt werden könnte. Sie kann aber nur
durch Zerbrechen der Gefäßlichkeit des Unbewußtseins-Grundes selbst in Gang gesetzt werden. Die Verursachung dieses Zerbrechens aber ist das Ich, das selbst zum
Subjekt der Evolution bestimmt ist. Diese Bestimmung des Ich zum Subjekt der Evolution des Unbewußtseinsgrundes nenne ich die S u b j e k t i v a t i o n d e s I c h
d u r c h d a s E r b l i c k e n d e r M e d u s a , durch den Blitzschlag der urrelationalen
Vernetzung von limbalem Unbewußtseinsgrund und dem s e i n s - e n t b l ö ß t e n
I c h des Menschen. Denn beide stehen in der Einheit des Blitzstrahles, der im Anblick der Medusa obwaltet. D a s z u S t e i n W e r d e n des Menschen beim Anblick
der Medusa, wie das mythische Motiv besagt, bezieht sich auf die grundlegende Be-
drohung des $\{$bewußtseins = menschheits$|$geschichtlichen$\}$ Seinsbezuges des Men-
schen zu sich selbst und der Welt. Denn dieser Grundbezug vollzieht sich im Zeichen
der Selbstformation des Willens zur Macht als V e r n u n f t d e r M e n s c h h e i t s -
g e s c h i c h t e , das heißt als „Genius der Gattung" (Nietzsche). Und in der Tat wurde
und wird der griechische Mythos so gelesen. Und dies gilt auch für die Versuche einer tiefenpsychologischen Mythenkritik. Denn auch die Kritik des Mythos ist eine

kognitive Funktion des „Genius der Gattung", dies wissen wir, seitdem die Psychoanalyse[30] es unternommen hat, die Mythologie für ihr morbides Narrativ von der Menschheitsgeschichte zu mißbrauchen. Die reiche Bilderwelt des Mythos ist in der modernen Bewußtseinskultur dazu verdammt, als Medium für die Deviation der menschlichen Vernunft zu dienen. Denn der Mythos schweigt. Und er tut dies so konsequent, dass die menschliche Vernunft, je mehr sie sich jenes Schweigens bewußt wird, desto entschlossener am Mythos zu Werke geht, um ihn zu „interpretieren", das heißt um ihn zu notzüchtigen. Die menschheitsgeschichtliche Vernunft spürt zwar, dass es im Mythos irgendwie auch um sie geht, aber sie schmeichelt sich damit, dass er freilich nur für sie Nützliches zu berichten habe.

Der Mythos stellt ein weitaus komplexeres Gebilde dar, als es der Moderne bewußt ist, ja als es ihr lieb sein kann. Der Mythos hat durchaus etwas Beunruhigendes, Bedrohliches für den „Genius der Gattung", denn er hat es zu tun mit den o f f e n b a r u n g s g e s c h i c h t l i c h e n   W u r z e l n   d e r   o k k u l t e n   W i s s e n s c h a f t .

D i e   M o d e r n e   s e h n t   s i c h   n a c h   d e m   M y t h o s ,   w e i l   d i e s e r   i h r s i c h e r e r   U n t e r g a n g   i s t .   D e r   M y t h o s   i s t   i h r   d i r e k t e r   W e g   i n s N i c h t s ,   i n   d i e   E r s t a r r u n g ,   i n   d e n   T o d   d u r c h   d e n   B l i c k   d e r   M e d u s a . Der Mythos vom versteinernden Blick der Medusa ist, so scheint's, nicht Botschaft für die „Individual-Existenz" des Menschen, sondern Fatum, welches die Moderne a n   s i c h   s e l b s t   a d r e s s i e r t und unter welchem sie unwiderruflich steht. Die Moderne kommt mit dem Mythischen nicht zu Rande, weil der Mythos den Weg der Offenbarungs als $\left\{ bewußtseins \left| \begin{matrix} ontologische \\ ontogenetische \end{matrix} \right. \right\}$ Evolutionsgeschichte des limbalen Triebherzens des Unbewußtseins aufzeigt. Damit macht Der Mythos aber auch jene Verdrängungsgeschichte zum Erkenntnisgegenstand, auf welcher die Bewußtseinskultur überhaupt erst möglich wird. Der Stolz auf die Errungenschaft der modernen Bewußtseinskultur bestärkt diese in dem Willen, den Mythos unbegriffen auf sich beruhen zu lassen, um ihn für sich ausschlachten zu können. So viel zum Verhältnis von „G e n i u s   d e r   G a t t u n g" und M y t h o s.

B e t r a c h t u n g   d e r   V o r g ä n g e   i m   U n b e w u ß t s e i n s g r u n d   d e s s c h w e b e n d e n   l i m b a l e n   {$N - |Ichts$}: Halten wir zunächst fest das Gegenüber von a) dem über sich selbst hinausdrängenden Unbewußtseinsstrom — der sich anschickt, sich selbst zu entäußern in den Raum der Leere — und b) dem limbalen, sich in der Schwebe seiner Primaterialität befindenden Unbewußtseinsgrund des {$N - |Ichts$}. Gehen wir von dieser Situation aus, so gilt: Es gibt noch gar kein Ich.

---

[30] Alice Bailey, A treatise on cosmic fire, New York – London 1999 (First printing, 1925), p. 809: „The psycho-analytic theories which (though indicative of progress) are yet tending in a wrong direction, may prove disastrous to the higher development of the race unless the true nature of the "psyche" is elucidated."

Oder aber man spricht alternativ von einem in seiner primaterialen Notwendigkeit gedachten bzw. zu denkenden und damit geforderten » s e i n s - e n t l e e r t e n I c h «, wie bereits geschehen. Diese Gedanke gewordene primateriale Existenzweise des Ich gilt es sich gründlich einzuprägen und der eigenen Imagination zuzuführen gleich einer Nahrung. Dieses s e i n s - e n t l e e r t e p r i m a t e r i a l e I c h muss logisch aus der Vorstellungskraft hervorgehend in uns Gedanke werden. Die Imagination fingiert sich nicht einfach etwas, was sie unbewußt ununterbrochen tut, vielmehr steht sie unter der Macht des limbalen Unbewußtseins-Stromes, dessen Existenz zurückgeht auf den göttlichen Logos und dessen kenotischen Untergang. Das in dieser Imagination sich Ereignende steht demnach unter dem direkten, wenn auch unbewußten Einfluß des »Verbum exinanitum ipsum«. Diese Imagination ist somit selbst Wesensform des Unbewußtseins und seiner Genese. Sie stellt d i e i n n e r e F o r m a t i o n d e s t r a n s z e n d e n t a l e n I c h d e s L o g o s i m M e n s c h e n dar. Wenn sich in ihr der Gedanke des primaterialen seins-entleerten Ich bildet, so bedeutet dies, dass dieses feine Gebilde eine fühlbare und fassbare Entität eines höheren Da-Seins, einer geistigen Leiblichkeit ist. Da findet ein Ursprung ätherischen Da-Seins in der Imagination des Unbewußtseins statt, der aus sich hervorfließen und in Erscheinung treten will. Dieses limbale Unbewußtsein strebt danach, s i c h d u r c h s e i n ü b e r f l i e ß e n W o l l e n i m N i c h t s s e i n e r s e l b s t f o r t z u p f l a n z e n. Es hat den Drang in sich, in den Leer-Raum des {$N - |Ichts$} sich zu ergießen. Dieser innere Trieb des limbalen Unbewußtseins ist ein logischer, der dem Logos folgt, er ist ein Trieb der inneren Logik der Kenose des Logos. Er stellt damit den kenotischen Bewußtseinsgrund des Logos selbst dar und die Bewußtseins-Substanz der Kenose. Denn das Unbewußtsein ist die kenotische Bewußtseinsgrundlage der Kenose des Logos. Deshalb hat es sehr wohl etwas zu tun mit Logik, aber nur mit einer, die aus der selbstentäußerten Gottheit des Logos selbst hervorgeht. Die Logik, von der wir hier sprechen, ist nicht die formale Logik, sondern die transzendentale Logik einer von der Imagination des limbalen Unterganges des Logos hervorgebrachten geist-ätherischen Schöpfung des Ich, die in der Idee des Unbewußtseins selbst geschaut wird. So ist die Idee selbst Zeuge dessen, was darin heranreift und von ihr geboren wird. Die Idee ist also Evidenz vom primaterialen Geist-Äther des » s e i n s - e n t l e e r t e n I c h «.

Dieses primateriale Ich ist zu verstehen als Projektum des limbalen Unbewußtseins-Triebes der Selbstentäußerung in das N i c h t s s e i n e r s e l b s t. Es ist nicht das Nichts schlechthin, sondern das Nichts in Bezug auf die äonische Gefäßlichkeit des limbalen Unbewußtseins. Indem der Trieb des Unbewußtseins sich selbst eine Grenze setzt, muss er selbst den Bruch und die Überwindung seiner eigenen gebrochenen Gefäßlichkeit w o l l e n. Aber dieser Wille ist nicht dem Trieb oder dem Unbewußtsein zuzuordnen, sondern allein der Kenose, welcher der Logos sich fügt mit seinem ganzen göttlichen Wesen.

Durch das N i c h t s s e i n e r s e l b s t setzt das Unbewußtsein die Grenze zwischen der äonischen Welt im ursprünglichen Sinne und einer Welt der materiellen Erscheinung. Und wir sehen auch, dass diese Grenze zugleich durch eine mächtige Verbindung überwunden wird, und zwar durch die Setzung der Schöpfung als einer *eigenen* äonischen Wesensbestimmung des kenotischen Bewußtseins-Selbst des »Verbum exinanitum ipsum«. Und diese Wesensbestimmung des limbalen Unbewußtseins durch das noetische Erscheinen des primaterialen Geist-Äthers des » s e i n s - e n t l e e r t e n I c h « bildet die Grundlage für die Fleischwerdung des göttlichen Logos als transzendentale Grundlegung der Schöpfungsgeschichte.

Der äonische Offenbarungstrieb des limbalen Unbewußtseins-Stromes, er folgt der Grenz-Ziehung durch den im Limbus untergehenden Logos. Insofern ist es auch *seine* Grenz-Setzung. Diese ist gemeinsame Tat des kenotischen Logos und des limbalen Unbewußtseins. Es besteht ein gemeinsames Inter-Esse beider, diese Grenze (Horos) zu setzen. Es muss erst dem Ub-Strom etwas entgegengesetzt werden, um ihn dazu zu bringen, über seine Grenzen hinauszudrängen. Dieser Drang aber ist nicht blind, er ist vielmehr zielgerichtet auf etwas, in dem er sich f o r t s e t z e n kann jenseits der gebrochenen Gefäßlichkeit seines Strömens. Der Ub-Strom kann sich aber nur fortsetzen und äonisch fortgestalten, wenn sich ihm jenseits eine eigene Gefäßlichkeit darbietet. Diese Idee, welche sozusagen in der Natur des Ub-Stromes selbst liegt, verschafft sich Wirklichkeit in der ä t h e r i s c h e n P r i m a t e r i a l i t ä t des {*N − |Ichts*}, das der Schöpfung als einer »creatio ex nihilo« vorausgeht und ihr zugrunde liegt.

Ein Wort zum Zerbrechen der Gefäßlichkeit des limbalen Unbewußtseins-Stromes. Dieses Zerbrechen geschieht aufgrund einer radikalen Entgegensetzung, in die das äonische Hervorströmen des limbalen Unbewußtseins aus dem Untergang des »Verbum exinanitum ipsum« *m i t s i c h s e l b s t* gerät. Und dasselbe gilt analog für die Kenose des Logos selbst. Die Grenz-Setzung erfolgt als ein Sich-Beschränken der äonischen Lichtwelt a u f s i c h s e l b s t. Diese Grenz-Setzung konfrontiert den äonischen Unbewußtseins-Strom der limbalen Kenose des Logos mit dem N i c h t - I c h s e i n e r s e l b s t, *das heißt* mit dem {*N − |Ichts*}. Diese K o n f r o n t a t i o n m i t d e m N i c h t - I c h s e i n e r s e l b s t ist kein Fiktum, keine leere Imagination, sondern Wesenheit, die, indem sie vom Unbewußtseins-Strom erfasst wird, zur I d e e wird, die in sich primateriale Wirklichkeit schafft, die in sich selbst Schöpfungsgeschichte begründet.

Es ist wichtig zu begreifen, dass der Unbewußtseins-Strom s i c h s e l b s t e t - w a s e n t g e g e n s e t z t, wodurch er sich selbst beschränken kann. Indem er sich nämlich in diese Beschränkung bringt, schafft er die Voraussetzung dafür, dass er über sich selbst hinausgehen kann. Und eben damit erwächst dem Ub-Strom ein Mehr an Seinsfülle, ein vermehrtes Quantum göttlicher Dynamis. Um seine Mehrung zu erlangen, ist es nötig, dass der Ub-Strom über sich selbst hinweggeht in das

Nichts seiner selbst. Dies jedoch setzt voraus, dass das {Nichts|seiner|selbst} Bewußtseinsform dieses seines Nichts ist. Die durch die Krisis der Grenz-Setzung zerbrechende Gefäßlichkeit verlangt nach einem neuen Gefäß zur Fortsetzung des jenseitigen Unbewußtseinsstromes im » Nichts seiner selbst«. Dieses Gefäß der Selbstentäußerung des Ub-Stromes in das » Nichts seiner selbst« ist das primateriale {N − |Ichts} als der Urform eines seins-entleerten Ich. Primateriale Urform eines limbalen Bewußtseins vom Ich, in die das über sich selbst hinaustreibende äonische Unbewußtsein des »Verbum exinanitum ipsum« einströmt, um darin den Leib des limbalen Ich-Bewußtseins anzunehmen. Durch diese Leibes-Annahme des Logos im primaterialen {N − |Ichts} ist der Mensch limbale Bewußtseins-Urform des transzendentalen Ich des Logos.[31] Und damit ist die menschliche Natur Ursprung der Schöpfungsgeschichte.

Der Ub-Strom wird sich zum Bewußtseinsgegenstand seiner selbst. Dies ist aber nur möglich durch die Grenz-Setzung des Nichts und der Wesensbestimmung dieses Nichts durch den aus sich selbst hervorbrechenden Unbewußtseins-Strom. Die Grenz-Ziehung durch den Trieb des Unbewußtseinsstromes schafft ein Nichts, das diesen beschränkt, auf sich zurückwirft. So hat der Trieb des Unbewußtseins einen Widerstand, der überwunden werden muss. Aber die Überwindung kann jedoch nur geschehen durch die Bestimmung des entgegengesetzten Nichts, welches das Nichts des Unbewußtseinsstromes selbst ist. Das Nichts enthält deshalb die Bedrohung einer Negation der Natur des Unbewußtseins selbst. Wie sieht diese Bedrohung aus? Sie gibt dem Nichts Raum, auf dass es Bewußtsein generiere, um den limbalen Unbewußtseins-Strom in Frage zu stellen. Dies bedeutet nicht das Ende des Unbewußtseins-Stromes an sich, aber bewirkt die Raumentstehung eines unbewußtseinsbezüglichen Nichts. Dieses Nichts betreibt die Beschränkung des Unbewußtseins-Stromes auf die rein äonische Welt. Es schließt diese auf negative Weise ab, wenn man so will. Die negative Abschließung des Unbewußtseinsstromes bedeutet, dass dieses ausgeschlossen wird von der Weltentstehung durch einen das Unbewußtsein beschränkenden und ausschließenden Bewußtseinsgrund, der sich nicht von dem limbalen Untergang des »Verbum exinanitum ipsum« herleitet, sondern vielmehr aus einer eigenen Genese. Das {Nichts|seiner|selbst} im Sinne von das Nichts des limbalen Unbewußtseins stellt somit in der Tat eine gewaltige Herausforderung und Konfrontation für den Unbewußtseins-Strom dar. Ihm wird eine Grenze gesetzt. Eine schmerzliche Trieb-Beschränkung für das fortströmen müssende Unbewußtsein. Diese Negations-Erfahrung aber ist es, die das Unbewußtsein nun erst recht antreibt zu einer großen Tat, zur Überwindung seiner selbst in Annahme jenes {Nichts|seiner|selbst}, das, wie wir eben hörten, die Natur des Unbewußtseins herausfordert und in Frage stellt dadurch, dass es Raum gibt einer Bewußtseins-Wesens-

---

[31] Die kirchliche Lehre von der Einwohnung Christi [als des fleischgewordenen Logos] im Gläubigen bedarf der Korrektur durch die okkulte Theologie.

Bildung, welche die Natur des limbalen Unbewußtsseinsstromes im Kern angreift. Die Entstehung eines Raumes für Bewußtsein, das nicht aus der Bewußtseins-Quelle des limbalen Unterganges des »Verbum exinanitum ipsum« stammt, das ist die ungeheure Herausforderung durch das {Nichts|seiner|selbst}. Die Negation des Unbewußtseins-Stromes durch das {Nichts|seiner|selbst} gebiert zugleich Raum für einen auto-epigenetischen Seins-Modus außerhalb des äonischen Pleromas des limbalen Unbewußtseins. Hier gilt es hinzuweisen auf die scharfe Antinomie, welche durch die Tätigkeit des {Nichts|seiner|selbst} in Erscheinung tritt, ich meine d i e A n t i n o - m i e v o n B e s c h r ä n k u n g u n d R a u m e n t s t e h u n g , die beide in Bezug zu setzen sind auf den limbalen Unbewußtseinsstrom als der bleibenden Substanz des ganzen okkulten Geschehens. Denn nur deshalb kann hier von Antinomie gesprochen werden. Das antinomische Wesen des Manifestationstriebes des limbalen Unbewußtseins-Stromes umfasst mithin die beiden Elemente der B e s c h r ä n k u n g und der R a u m e n t s t e h u n g .

Abgesehen von dieser antinomischen gibt es noch die monadische Ebene der Kontemplation des {Nichts|seiner|selbst}, die wir als j e n e ü b e r l a g e r n d zu verstehen haben. Der in die Beschränkung versetzte Unbewußtseinsstrom und die unbewußtseins-jenseitige Raumgebung für die auto-epigenetische Entstehung von Bewußtsein aus einem Ursprung, der nicht das »Verbum exinanitum ipsum« sein kann, sie bilden die Herausforderung des {Nichts|seiner|selbst}, welche der Manifestations-Trieb des limbalen Unbewußtseins zu überwinden hat. Und diese Überwindung kann nur darin bestehen, dass das Trieb-Ich des Unbewußtseins das {Nichts|seiner|selbst} überformt mit dem *{Nicht|Ich|seiner|selbst}*. Diese Überformung bewirkt, dass das {Nichts|seiner|selbst} nicht in oder durch die Überformung aufgelöst und damit zum Verschwinden gebracht wird, so als sei es nie dagewesen, nie gesetzt worden. Nein, das {Nichts|seiner|selbst} bleibt bestehen, aber durch das es Überformende bekommt es eine neue Wesensbestimmung zugewiesen. Es wird ihm die Macht genommen, diese Wesensbestimmung an sich selbst vorzunehmen. Die Macht der Wesensbestimmung kommt nun jenem Trieb-Ich zu, das zugleich auch Subjekt der Überwindung des {Nichts|seiner|selbst} ist.

Die Wesensbestimmung des {Nichts|seiner|selbst}, die dieses an sich selbst vornimmt, setzt den Willen als Ursprung solcher Wesensbestimmung voraus. Dieser Wille ist tatsächlich die verborgene Quelle für die Wesensbestimmung des autoepigenetischen Bewußtseins. Insofern ist Wille der Ursprung der Weltentstehung durch die autoepigenetische Wesensbestimmung von Bewußtsein. Will der Manifestationstrieb fortfahren mit dem Über-Strömen des limbalen Unbewußtseins, so muss das {Nichts|seiner|selbst} zwar gesetzt bleiben, a b e r i n Ü b e r f o r m u n g d u r c h d i e S u b j e k t i v a t i o n d e s {Nicht|Ich|seiner|selbst}. Dieses ist $\left\{bewußtseins \middle| {ontologische \atop ontogenetische}\right\}$ Urform, zu der sich das {Nichts|seiner|selbst} entäußert.

Aufgrund der Überformung durch das {Nicht|Ich|seiner|selbst} erfährt das {Nichts|seiner|selbst} die höhere Wesensbestimmung als Subjektivation des {Nicht|Ich|seiner|selbst} zum Bewußtseins-Urgrund des im Menschen Fleisch werdenden »Verbum exinanitum ipsum«. Es wird nun klar, warum die Kenose und die Menschwerdung des Logos nicht dasselbe bezeichnen, wenn sie auch eng miteinander verwoben sind.

Das in sich zurückgedrängte Unbewußtsein entwirft aus sich eine Projektion seiner selbst in Bezug auf das {Nichts|seiner|selbst}, das wir als Ursache der Beschränkung des Unbewußtseinsstromes und der Raumgebung für die Genese eines nicht-limbalen Bewußtseins, das geradezu die Negation des Unbewußten selbst ist. Beide Eigenschaften des {Nichts|seiner|selbst} können auch nicht vom Logos stammen, da dieser bereits als „tot" gedacht wird, in seiner Urverdrängung durch etwas, was unterwegs ist durch die Setzung des {Nichts|seiner|selbst} zur auto-epigenetischen Intelligenz des Willens. Der Wille kommt allein durch seine Vernunftsgenese zur Macht seines Seins, das heißt eines Seins, das sich als vom Logos unabhängig erklärt. Und dies geht nur, wenn dieser für »tot« erklärt wird, als »tot« gedacht wird. Wie wird der Logos aber vom Willen als »tot« gedacht? Die Seins-Werdung aus dem Willen setzt voraus die »Tötung« des Logos als ein den Logos für »tot« haltendes Denken. Dieses aber setzt einiges voraus. Denn zunächst wird der Logos »getötet«, dann wird die »Tötung« verdrängt und schließlich wird diese Verdrängung abgelegt, so dass sie nicht mehr unter dem Verdacht der Verdrängung steht, sie wird »entsühnt« durch die Betonung des Gerechtfertigtseins einer eigenen Rationalität ohne Logos.

Da ist aber noch ein anderes Ausschlag gebendes Moment im Offenbarungstrieb des limbalen Unbewußtseins-Stromes, nämlich das der erwähnten Überformung des entgegengesetzten {Nichts|seiner|selbst} durch die Subjektivation des {Nicht|Ich|seiner|selbst}. Es gilt das Augenmerk zu richten auf die Universalität des inneren Triebes des limbalen Unbewußtseins, der die Offenbarung zum Ziel hat. Diese innere okkulte Teleologie des limbalen Unbewußtseins ist es, welche uns erkennen läßt, dass das entgegengesetzte {Nichts|seiner|selbst} wie auch das Projektum des {Nicht|Ich|seiner|selbst} das Aufgespaltene des sich selbst entäußernden Triebes des Unbewußtseins darstellen, durch den das vorgeschöpfliche {N − |Ichts} gedacht wird als vom äonischen Untergang des »Verbum exinanitum ipsum« her. Das aber bedeutet, dass in diesem Gedachtsein des vorgeschöpflichen {N − |Ichts} durch den inneren Erkenntnistrieb des limbalen Unbewußtseins-Stromes, der den untergegangenen Logos in sich selbst trägt, der Logos selbst als vom Willensursprung »getötet« vor-gedacht wird zum Zwecke des Sinns der Menschwerdung. Denn die Menschwerdung des Logos geschieht zum Heil dessen, das durch Eingehen des kenotischen Logos ins {N − |Ichts} überhaupt erst »Mensch« werden kann. Das in das {N − |Ichts} eingehende »Verbum exinanitum ipsum« trägt mit sich das ganze Mysterium des limbalen Unbewußtseins und führt es mit sich ein in die Inkarnation durch das {*N* − |*Ichts*}. Denn wie anders sollte das {*N* − |*Ichts*} zum Gewand der Geistleiblichkeit werden, durch die a u s d e m L o g o s »d e r M e n s c h « w i r d? Allein dadurch, dass das untergehende »Verbum exinanitum ipsum« durch das Mysterium des Offenbarungstriebes des limbalen Unbewußtseins in das vorgeschöpfliche {*N* − |*Ichts*} eingeht und darin inkarniert, kann aus dem Logos selbst »der Mensch« werden und aus diesem Schöpfung. Und nur dann haben wir die Inkarnation des Logos a l s ä o n i s c h e s E r e i g n i s d e r M e n s c h w e r d u n g a u s d e m L o g o s verstanden.

Das in das {*N* − |*Ichts*} zum Zwecke seiner Menschwerdung eingehende »Verbum exinanitum ipsum« bildet den verborgenen Triebgrund des limbalen Unbewußtseins-Stromes. Das aber bedeutet, dass es Teil der Selbstaufspaltung des über sich hinaus in das {*N* − |*Ichts*} drängenden Unbewußtseinsstromes ist. Es wird damit auch Teil der »Tötung« durch den Willensgrund des Bewußtseins. Es wird Teil der Entgegensetzung des {Nichts|seiner|selbst}, die das Unbewußtsein an sich selbst vornimmt. Damit wird es Teil seiner eigenen »Tötung« d u r c h d i e B e w u ß t s e i n s - g e n e s e d e s W i l l e n s z u r M a c h t im {Nichts|seiner|selbst} des Unbewußtseins. Aber es wird auch Teil seiner Auferstehung aus dem »Tod« durch den Willensgrund. Diese Teilhabe des kenotischen Logos an seiner eigenen Auferstehung vom Tode durch den sich entgegensetzenden Willensgrund des {Nichts|seiner|selbst} verweist uns auf die Subjektivation des {*Nicht*|*Ich*|*seiner*|*selbst*}, die das »Verbum exinanitum ipsum« in seiner Menschwerdung sich selbst zugrunde legt, um im {*N* − |*Ichts*} das {Nichts|seiner|selbst} zu entkräften und zu überwinden.

Die Projektion des {*Nicht*|*Ich*|*seiner*|*selbst*} durch den limbalen Unbewußtseins-Strom setzt ihrerseits die Setzung der Beschränkung voraus, welche das Unbewußtsein s i c h s e l b s t e n t g e g e n s e t z t. *Das heißt:* Das Unbewußtsein muss sich zuvor selbst beschränken, denn täte es dieses nicht, so fände auch keine Projektion statt. Wenn es die Subjektivation des {*Nicht*|*Ich*|*seiner*|*selbst*} bewirken will, muss es sich zuvor die Selbstbeschränkung durch das {Nichts|seiner|selbst} auferlegen. Das limbale Unbewußtsein steht unter dem Gesetz der Selbstbeschränkung durch das {Nichts|seiner|selbst}. Da wir hier uns in der Sphäre äonischer Vorgänge befinden, kann noch nicht von einer »Tötung« und dergleichen gesprochen werden. Davon kann erst gesprochen werden im Bereich der Inkarnation des Logos durch das limbale {*N* − |*Ichts*}.

Das Gesetz der Selbstbeschränkung, welches der Unbewußtseins-Trieb sich selbst auferlegt, ist eine Kontraktion, durch die das Unbewußtsein ganz zurückgeführt wird zu seinem Ursprung, um sich in sich neu zu fassen als Projektion seiner selbst ins primateriale {*N* − |*Ichts*}, um darin die mögliche Wesensbestimmung des {Nichts|seiner|selbst} von Grund auf zu entkräften. Das {Nichts|seiner|selbst} erfährt seine Überformung durch das {*Nicht|Ich|seiner|selbst*}. Es ist die Erlösung vom Gesetz der Entgegensetzung, welche der Offenbarungstrieb des limbalen Unbewußtseins an sich selbst vollzieht. Dieser sich vom Gesetze seiner Selbstbeschränkung erlösende Offenbarungstrieb ist es, der mit dem »Verbum exinanitum ipsum« eingeht in das primateriale {*N — |Ichts*}, um ganz dessen Herr zu werden, um es durch die Menschwerdung ganz zum {*Nicht|Ich|seiner|selbst*} zu bestimmen. Das {*N — |Ichts*} wird aufgrund der Überformung des {Nichts|seiner|selbst} durch das {*Nicht|Ich|seiner|selbst*}, welche in ihm selbst stattfindet, zum transzendentalen Entstehungsgrund des Menschen durch das sich im {*Nicht|Ich|seiner|selbst*} inkarnierende »Verbum exinanitum ipsum«. Denn der ontologische Entstehungsgrund des Menschen besteht in der Inkarnation des Logos als dem limbalen Untergang des »Verbum exinanitum ipsum« in der {*Nicht|Ich|Werdung|seiner|selbst*} als der transzendentalen Bewußtseinsstruktur des äonischen Seelenbildes des Menschen. Diese okkulte Bewußtseinsstruktur ist beides: a) der ontologische Bestimmungsgrund der Erschaffung des Menschen und b) transzendentale Begründung des Bewußtseins durch die Inkarnation des kenotischen Logos im {*Nicht|Ich|seiner|selbst*} als der Subjektivation des Logos durch den Offenbarungstrieb des limbalen Unbewußtseins-Stromes. Dieser Offenbarungstrieb des limbalen Unbewußtseins sucht nach dem Urgrund seines Triebseins, er fragt nach dem okkulten Subjekt des Unbewußtseins-Stromes. Dieses Subjekt ist jedoch nicht der Logos, so als sei dieser dogmatisch irgendwie zu bestimmen als Subjekt seiner Kenose. Der limbale Untergang als Eintauchen des Logos in die SelbstReflektion seiner eigenen Kenose. Subjekt der Kenose ist nicht der Logos, sondern das äonische Seelenbild der menschlichen Natur durch Inkarnation des Logos im {*Nicht|Ich|seiner|selbst*} des limbalen Triebherzens. Denn dieses bezeichnet die Bildung des transzendentalen Bewußtseins-Äthers. Die Ausformung einer transzendentalen Verkörperung von Bewußtsein.

Die Nullpunkts-Rückführung des {Nichts|seiner|selbst} im primaterialen {*N — |Ichts*} des Unbewußten bildet den Horos zur Ausformung von t r a n s z e n - d e n t a l e r   B e w u ß t s e i n s - M a t e r i e, die vom befreiten primaterialen Mutterboden des limbalen {*N — |Ichts*} freigesetzt wird. Die Ausstoßung eines Bewußtseins-Äthers, der sich seine verborgenen Unbewußtseins-Strukturen organisch ausbildet. Die Materialisation ist Folge des frei werdenden Bewußtseins-Äthers. Dieser wird frei aufgrund der Annahme des {*Nicht|Ich|seiner|selbst*} des limbalen Unbewußtseins durch den inkarnierenden Logos. Der Logos geht ein in die transzendentale Bewußtseinsform des {*Nicht|Ich|seiner|selbst*}. So wird der Logos »Mensch«, indem der Mensch Verkörperung des transzendentalen Bewußtseins des Logos von sich selbst wird. Ihr Hervorgehen aus dem Äther des limbalen {*N — |Ichts*} verweist uns auf Materie als Voraussetzung für die Offenbarung transzendentalen Bewußtseins.

Es war davon die Rede, dass der innere Trieb des limbalen Unbewußtseins eine Kontraktion auf ein Nichts erfährt. Diese Erfahrung ist die des ihm entgegengesetzten {Nichts|seiner|selbst}. Als dieses schlägt das limbale {N − |Ichts} aus. *Das heißt*: Dieses {N − |Ichts} tritt dem aus sich hervorzutreten strebenden Unbewußtseinsstrom gegenüber und entgegen. Diese Entgegensetzung ist aber nicht als eine fremde und ihm äußerlich aufgezwungene zu verstehen, sondern als eine irgendwie von ihm selbst gewollte. Denn wäre dies nicht so, dann würde der Strom des Unbewußtseins selbst durch die Entgegensetzung seine Grenze finden. Nur dadurch aber, dass die Entgegensetzung dem inneren Trieb des Unbewußtseins-Stromes selbst schon zugrunde liegt, existiert die Potenz zur Überwindung des ihm Entgegengesetzten. Denn das Entgegengesetzte ist selbst ein Teil seiner selbst. Andernfalls wäre es ihm unmöglich, das ihm Entgegengesetzte zu überwältigen. Die Entgegensetzung des {Nichts|seiner|selbst} und damit dieses selbst sind Teil des inneren Offenbarungs-Triebes des limbalen Unbewußtseins.

Sie sind S e l b s t b e s c h r ä n k u n g des aus sich hervortreten wollenden Unbewußtseins-Stromes. Sie sind Selbstbeschränkung im aus sich hervorbrechenden Unbewußtsein, Kontraktion des ins Nichts ausströmenden Unbewußtseins. D i e s e K o n t r a k t i o n   i s t   W e s e n s z u g   d e s   a u s   s i c h   h e r v o r t r e t e n   w o l l e n - d e n   U n b e w u ß t s e i n s. Mittels dieser Kontraktion nimmt das Unbewußtsein das {Nichts|seiner|selbst} in sich selbst auf, um sich in sich selbst als N i c h t s   s e i n e r s e l b s t zu fassen. Zu der Grundlage seines Wesens, das heißt seiner Verfasstheit durch den Untergang des »Verbum exinanitum ipsum«, kommt nun hinzu seine Verfasstheit durch die Konfrontation mit dem {Nichts|seiner|selbst}, *das heißt* die Erfahrung der Negation seiner selbst als des einzig möglichen und allein denkbaren Weges zur Grundlegung seines Ich-Ursprungspunktes im Nichts, was wiederum den Übergang des untergehenden Logos in dieses Nichts und zugleich die Menschwerdung des Logos im Nichts erfordert.

Das vom Unbewußtseins-Strom durch die Kontraktion angenommene Nichts bildet die Kraft der Projektion des {*Nicht|Ich|seiner|selbst*}, das als Nichts selbst ektoplasmatischer Ich-Ursprungspunkt der Menschwerdung des Logos und der Schöpfungsgeschichte durch diese ist. Die Ektoplasmie des »Verbum exinanitum ipsum« aus dem {*Nicht|Ich|Nullpunkt*} des aus sich selbst heraustretenden limbalen Unbewußtseins-Stromes bezeichnet den Freiheits-Akt, in welchem das Unbewußtsein a u ß e r   s i c h   s e i n e r   s e l b s t   e n t r ü c k t   wird in das Nichts seiner t r a n s z e n d e n t a l e n   I c h - B e s t i m m u n g. Das Unbewußtsein geht ein in die Intuition seines okkulten Selbstwesens und bereitet das {*Nicht|Ich|seiner|selbst*} als die {*Nicht|Ich|Nullpunkts*|Subjektivation} seiner selbst, in welcher die Bewußtseins-

Ektoplasmation des fleischgewordenen Logos[32] sich als der äonische Ursprung der hyletischen Erscheinung der Schöpfung manifestiert.

Diese Bewußtseins-Ektoplasmation der Menschwerdung des Logos haben wir als den Ursprungs-Nullpunkt der Schöpfungsgeschichte zu verstehen, aus welchem diese hervorgeht. Die bewußtseins-ektoplasmatische Evolution der Schöpfung aus dem Nichts als »creatio ex nihilo«. Diese S c h ö p f u n g a u s d e m N i c h t s setzt voraus, dass der Logos selbst zum Bewußtseinsgrund seiner Kenose durch die Äonen des limbalen Unbewußtseins-Stromes wird, aus dem er sich erst ektoplasmatisch m a t e r i a l i s i e r e n u n d s i c h s e l b s t L e i b w e r d e n kann. Darum heißt es im Evangelium nach Johannes: „Er war in der Welt, und die Welt ist durch ihn geworden, und die Welt hat ihn nicht erkannt. In sein Eigentum kam er, und die Seinen nahmen ihn nicht auf"[33]? Diese beiden Verse haben zu tun mit der äonischen Grundlage der Menschwerdung Gottes und ihrer okkulten Erkenntnis. Die M e n s c h w e r - d u n g d e s L o g o s u n d d i e o k k u l t e E r k e n n t n i s d e r I n k a r n a t i o n d e s L o g o s d u r c h d e n M e n s c h e n i m M e n s c h e n s e l b s t sind beide Gegenstand der äonischen Urgeschichte vom Untergang des »Verbum exinanitum ipsum« im limbalen Unbewußtseinsstrom. Die Menschwerdung Gottes läßt sich anders nicht begreifen als aufgrund p r o p h e t i s c h e r A n a m n e s e d e r M y s t e r i e n d e s l i m b a l e n U n b e w u ß t s e i n s, die im Menschen selbst grundgelegt sind durch den äonischen Ursprung einer B e w u ß t s e i n s - E k t o p l a s m a t i o n, in welcher sich die Inkarnation des »Verbum exinanitum ipsum« ereignet.

Der Blitzschlag, der von der Entgegensetzung des {Nichts|seiner|selbst} ausgeht, er trifft den Kern des inneren Offenbarungstriebes des Unbewußtseins-Stromes. Er führt diesen auf Null. Er ist die Null-Rückführung des Unbewußtseinstriebes auf sich selbst. Der Strom des Unbewußtseins wird zurückgeführt auf die ihn tragende limbale Negativität des Bewußtseins. Indem das Unbewußtsein auf 0 gebracht wird, erfährt es das Nichts nicht nur — wie bisher — als Teil seines von der Kenose des Logos bestimmten Urwesens, sondern darüber hinaus als Grundlage für seine künftige *innere* Bewußtseinsentwicklung in Bezug auf sich selbst. Der Blitzschlag, durch das Unbewußtsein auf Null zurückgeführt wird, ist eine Todeserfahrung besonderer Art. Was bewirkt diese »Tötung« des inneren Triebes des Unbewußtseins-Stromes an diesem selbst? Mit Sicherheit nicht die Tötung des Unbewußtseins selbst. Sie betrifft keinesfalls das negative Grundwesen des limbalen Unbewußtseins. Sie vermag nicht an dieses zu rühren. Der »tötende« Blitzschlag der Entgegensetzung hat ein anderes Ziel. Er treibt eine Reflektions-Kraft mitten in das Triebherz des Unbe-

---

[32] Ich verweise nochmals ausdrücklich darauf, dass dieser fleischgewordene Logos das »Verbum exinanitum ipsum« des limbalen Unterganges ist und nicht das Bild, welches uns die kirchliche Dogmatik als ihr Bild von der Inkarnation Gottes darbietet.
[33] Joh. 1, 10-11.

wußtseins-Stromes. Er versieht das Triebherz des Unbewußtseins mit der F ä h i g - keit zu innerer Reflektion seines göttlichen Wesens. Dies geschieht in Analogie zu der an anderer Stelle von mir gründlich dargelegten *prä*-kenotischen Reflektion des göttlichen Logos, durch welche diesem sich erst die Kenose als die seiner selbst eröffnet, um darin » u n t e r z u g e h e n «. Dies gilt es in Erinnerung zu rufen, um verstehen zu können, was durch den tödlichen Blitzstrahl der Entgegensetzung des {Nichts|seiner|selbst} am Triebherzen des limbalen Unbewußtseins-Stromes selbst passiert. Der durch die Entgegensetzung freigesetzte Blitzstrahl trifft auf das Triebherz und geht mitten in es hinein, um es grundlegend umzuformen, umzugestalten. Die Gestalt des Triebes des Unbewußtseins ist danach eine andere, eine neue. Der Trieb verfügt über eine neue Konfiguration. Und diese Konfiguration des limbalen Unbewußtseins-Triebes hat zu tun mit Projektion eines Bewußtseins-Keimes durch den in sich negierten Trieb in das primateriale und primordiale {N − |Ichts} der Schöpfungsgeschichte.

Die Erfüllung dieses primaterialen {N − |Ichts} kommt allein dem »getöteten« Triebherzen des Unbewußtseins zu, da dieses in eine neue Konfiguration versetzt wurde durch den Blitzschlag des ihm entgegengesetzten {Nichts|seiner|selbst}. Dieser Pfeil im Triebherzen des limbalen Unbewußtseins treibt in diesem selbst die Reflektion der Triebstruktur voran. Diese wird Teil der — über den Tod durch das entgegengesetzte {Nichts|seiner|selbst} hinaus — f o r t g e s e t z e n genetischen Selbstentfaltung des Unbewußtseins durch die limbale Kenose des »Verbum exinanitum ipsum«.

Die » N i h i l i s a t i o n «[34] des Unbewußtseins-Triebes durch die Entgegensetzung des tödlichen {Nichts|seiner|selbst} ist von größter Bedeutung für die okkulte Wissenschaft. Denn dieser geheimnisvolle »Tod« des limbalen Unbewußtseinstriebes

[34] Procli Diadochi In Platonis Timaeum Commentaria [ed. Ernst Diehl], Band 2, Leipzig 1904, S. 145-146: ποῦ δὴ οὖν αὖ πρῶτον παρ᾽ αὐτῷ τὸ ἀμέριστον ἴδωμεν, ἵνα καὶ τὴν τοῦ Πλάτωνος ἔνθεον ἐπιβολὴν νοήσωμεν; ἕνα τοίνυν ἐκεῖνος δημιουργὸν τῆς διῃρημένης πάσης ποιήσεως προστησάμενος ἀνὰ λόγον ὄντα τῷ ἑνὶ πατρὶ τῷ τὴν ὁλικὴν ἀποτίκτοντι δημιουργίαν ἀπὸ τούτου. παράγει τό τε νοερὸν πλῆθος ὅλον τὸ ἐγκόσμιον καὶ τὸν τῶν ψυχῶν ἀριθμὸν καὶ τὰς σωματικὰς συστάσεις, αὐτοῦ μὲν ἡνωμένως πάντα ταῦτα γεννῶντος, τῶν δὲ περὶ αὐτὸν θεῶν διαιρούντων καὶ διακρινόντων τὰ δημιουργήματα αὐτοῦ. ἀλλὰ τὰ μὲν ἄλλα δημιουργήματα αὐτοῦ πάντα μεμερίσθαι, φησὶν ὑπὸ τῶν διαιρετικῶν θεῶν, μόνην δὲ τὴν καρδίαν ἀμέριστον εἶναι προνοίᾳ τῆς Ἀθηνᾶς· ἐπειδὴ γὰρ ὑφίστησι μὲν καὶ νοῦς καὶ ψυχὰς καὶ σώματα, ἀλλὰ ψυχαὶ μὲν καὶ σώματα δέχονται πολλὴν τὴν πρὸς ἑαυτὰ διαίρεσιν καὶ τὸν μερισμόν, νοῦς δὲ ἡνωμένος μένει καὶ ἀδιαίρετος ἐν ἑνὶ τὰ πάντα ὢν καὶ μιᾷ νοήσει τὰ ὅλα τὰ νοητὰ περιέχων, μόνην τὴν νοερὰν οὐσίαν καὶ τὸν νοερὸν ἀριθμὸν ἀπολελεῖφθαί φησιν ὑπὸ τῆς Ἀθηνᾶς σεσωσμένον· μ ο ύ ν η ν γὰρ κ ρ α δ ί η ν ν ο ε ρ ὴ ν λ ί π ο ν ,φησίν, ἄντικρυς νοερὰν αὐτὴν προσαγορεύων. εἰ τοίνυν ἡ ἀμέριστος καρδία νοερά ἐστι, νοῦς ἂν εἴη δηλαδὴ καὶ νοερὸς ἀριθμός, οὐ μέντοι πᾶς νοῦς, ἀλλ᾽ ὁ ἐγκόσμιος· οὗτος γάρ ἐστιν ἡ καρδία ἡ ἀμέριστος, ἐπειδὴ καὶ τούτου δημιουργὸς ἦν ὁ μεριζόμενος θεός.

bewirkt eine Umwandlung, die das Triebherz durch innere Reflektion s e h e n d
m a c h t, *das heißt* insofern es ü b e r s i c h s e l b s t h i n a u s s c h a u t in das außer-
äonische Nichts, in die dunkle v o r g e s c h ö p f l i c h e N a c h t. Dieses außer-äoni-
sche Hinaus-Schauen des Triebherzens des Unbewußtseins-Stromes in das Nichts,
primaterialisiert dieses zugleich zum in sich schwebenden {*N* − |*Ichts*} der Schöp-
fungsgeschichte. Dieses vorgeschöpfliche {*N* − |*Ichts*} der Schöpfungsgeschichte ist
der Grund aller ektoplasmatischen Hervorgänge ins D a - S e i n. Es ist der undenk-
bare Erscheinungsgrund der materialen Schöpfung, der allein a u s d e n p r o p h e -
t i s c h e n T i e f e n d e r ä o n i s c h e n W e l t e n - C h r o n i k d e s l i m b a l e n U n -
b e w u ß t s e i n s begriffen werden kann.

Das Hinausschauen des limbalen Triebherzens in die Abgründe des Nichts ist
bereits selbst Setzung des vorgeschöpflichen {*N* − |*Ichts*} der Schöpfungsgeschichte
durch eine Projektion. Diese selbst entstammt der in das Triebherz des Unbewußtseins eingedrungenen Reflektion. Wie steht es nun aber mit dieser Reflektion? Verfügt sie selbst über ein Subjekt, das sich in ihr und durch sie reflektiert? Ist das Herz
des limbalen Unbewußtseins-Triebes das gesuchte Subjekt? Dies ist klar zu vernei-
nen. Was könnte uns zu der falschen Annahme verleiten, dass das Triebherz das Subjekt der Reflektion sei? Die Tatsache, dass die Reflektion ihren Ort im Herzen hat. Es
handelt sich um eine Herzens-Reflektion, aber um wessen? Das Herz des Unbewußtseins scheint das Subjekt zu sein, ist es aber nicht. Was aber erweckt in uns diesen
Schein? Dass das Herz i n E r s c h e i n u n g t r i t t g e t r e n n t v o n s e i n e m S u b -
j e k t. Dadurch handelt das Herz in Abwesenheit seines Subjektes. Das Subjekt selbst
ist abwesend. Das Subjekt wird nicht benannt. Dieses Abwesenheitsverhältnis des
Subjektes zum Herzen, das sich in sich selbst reflektiert, gibt uns zu verstehen, dass
das Herz sein Subjekt herbeisehnt, es magnetisch anzieht. Das Herz s u c h t e i n e n
O r t f ü r s e i n e n H e r r n. Ich möchte an dieser Stelle den Mythos von der Zerrei-
ßung des Gottes Dionysos durch Titanen in Erinnerung rufen[35]. Nur das H e r z d e s
D i o n y s o s wird aufgefunden und bewahrt. Denn aus dem Herzen ersteht der Gott
i n n e u e r G e s t a l t.

Der tiefe okkulte Erkenntniswert dieser mythischen Erzählung kann erst ge-
würdigt werden, wenn wir das Narrativ in dessen okkulte Bedeutungs- und Erfah-
rungsebene s y m b o l i s c h z u ü b e r s e t z e n vermögen. Und dies kann nicht gelin-
gen ohne das prophetische Licht des limbalen Unbewußtseins-Grundes. Der Zugang

---

[35] Otto Kern, Orpheus. Eine religionsgeschichtliche Untersuchung, Berlin 1920, S. 20: „Die παθήματα
des Dionysos und die damit eng verknüpfte Bestrafung der Titanen warenein Kardinalpunkt der orphischen Religion. Onomakritos ist nirgends als Verfasser einer orphischen Theogonie bezeugt; aber
die athenische Tendenz e i n er unter dem Namen des Orpheus gehenden Theogonie ist deutlich. Denn
es ist überliefert, daß von allen Gliedmaßen allein das Herz des Dionysos übrig geblieben ist, weil es
Athene gerettet habe. Sie gibt es dem Zeus, der es verschlingt, damit aus ihm dereinst der neue Dionysos, der Sohn des Zeus und der Semele, ersteht und der Welt neue dionysische Segnungen bringt."

zum Verständnis der mythischen Symbolhandlung ist der menschlichen Vernunft versperrt.

Das Triebherz des Unbewußtseins, welches durch den »tödlichen« Blitzschlag des entgegengesetzten {Nichts|seiner|selbst} in die Reflektion seiner selbst versetzt ist, sehnt sich nach der Wiedergeburt seiner selbst in der Erscheinung seines Herrn. Dieses komplexe okkulte Geschehen umfasst verschiedene genetische Glieder, die es zu konstruieren gilt. Die beim Trieb-Tod des Unbewußtseins-Stromes eingehende Reflektion ist als Form zu verstehen, in der das Triebherz sich selbst erkennt und dadurch den Trieb von innen mit neuem Leben erfüllt. Das Herz erblickt in der Reflektion sich selbst und gewinnt die Kraft, den Trieb des Unbewußtseins-Stromes durch Konfiguration neu zu beleben. Wir beobachten eine Erkenntnisreihe zwischen dem limbalen Unbewußtseins-Trieb, dem Herzen dieses Triebes und der Reflektion im Herzen, durch die dieses sich seiner selbst ansichtig wird in dem von ihm selbst herbeigesehnten Herrn. Die durch den mythischen »Trieb-Tod« des Unbewußtseins in das Triebherz eindringende und sich dort begründende Erkenntnisform der Reflektion steht in einem magnetischen Rapport mit der Wiederkunft des Herrn, *das heißt* des untergegangenen Logos. Denn dieser allein kann Subjekt der Reflektion im Triebherzen des limbalen Unbewußtseins sein.

Fassen wir das bisher Ergründete noch einmal zusammen, um die verschiedenen Wesenszüge in einen intuitiven Gesamtblick zu bekommen:

a) Der Strom oder Trieb des limbalen Unbewußtseins setzt *sich selbst* das {Nichts|seiner|selbst} entgegen. Durch diese Entgegensetzung erfährt das Unbewußtsein seine Null-Punkts-Reduktion, seinen »Tod« durch den Blitzschlag des in es eindringenden {Nichts|seiner|selbst}. Welche Gestalt hat dieser »Tod«, welchen der Unbewußtseins-Strom erleidet angesichts der Konfrontation mit dem {Nichts|seiner|selbst}?

b) Bevor diese Frage beantwortet werden kann, müssen wir einen anderen Umstand bedenken: Die Konfrontation der Entgegensetzung, welcher der Unbewußtseinstrieb ausgesetzt wird, ist sie eine ihm aufgezwungene? Durchaus nicht. Sie ist vielmehr als eine vom Unbewußtseinstrieb selbst gesetzte zu begreifen. Sie ist eine »gewollte« Entgegensetzung, ein »gewolltes« vom Blitzschlag Getroffenwerden. Durch dieses seltsame »Wollen« des limbalen Unbewußtseins-Triebes wird der Blitzschlag des sich entgegenzusetzen scheinenden {Nichts|seiner|selbst} seiner eigenen {Schicksals|Gesetzes|Autonomie} enthoben. Es scheint, als dringe das {Nichts|seiner|selbst} als Schicksalsgesetz der Blitzstrahls-Entgegensetzung ein in das von ihm Getroffene. Es hat den Anschein, als müsse das vom Blitzschlag Getroffene niedersinken in den »Tod«.

c) Nicht dass der »Tod« selbst ein Schein wäre. O nein, dies ist er gewiss nicht. Der »Tod« des Unbewußtseins-Triebes durch den Blitzschlag des ihm entgegengesetzten {Nichts|seiner|selbst} ist wirklich, ist real. Aber nicht so, wie er uns glauben machen will. Seine Realität beruht auf einer anderen Gestalt, als er uns vormachen will. Es geht somit um die Gestalt des »Todes«, die vom Unbewußtseins-Trieb selbst erfahren und angenommen wird als *seine* Wirklichkeit, als Wirklichkeit einer von ihm selbst »gewollten« Negation seiner selbst.

d) Nun ist das Wesen des limbalen Unbewußtseins bereits Wirklichkeits-gestalt $\begin{Bmatrix} selbstnegierten \\ selbst|negierten \end{Bmatrix}$ Bewußtseins in Bezug auf den sich in ihm ereignenden Untergang des »Verbum exinanitum ipsum«. Es trägt den Logos in der Negation seiner selbst. Das Unbewußtsein ist dem Logos verbunden aufgrund seiner Selbst-Wesens-Apophatie, welche den Raum bildet für den Untergang des Logos in dessen kenotischer SelbstReflektion. Der sich ausdehnende Raum des limbalen Unterganges des Logos ist nichts anderes als die Wirklichkeitsgestalt der kenotischen SelbstReflektion des Logos, in die dieser eingeht und in der er untergeht. Die Kenose ist nichts als das Eingehen des Logos in dessen kenotische SelbstReflektion. Und diese wiederum ist nichts anderes als das limbale Unbewußtsein der s e l b s t e n t ä u ß e r t e n Gottheit.

e) Dies müssen wir uns vor Augen führen, um verstehen zu können, was es eigentlich mit der Wirklichkeitsgestalt jenes »Todes« auf sich hat, die das Triebherz bei seiner Begegnung mit dem Blitzschlag des {Nichts|seiner|selbst} an sich selbst erfährt. Das Schicksalsgesetz der Entgegensetzung wird aufgrund seines »Gewolltseins« durch den Unbewußtseinstrieb zu einer Wesens- und Wirklichkeitsgestalt des Unbewußtseins selbst. Es »tötet« etwas am Unbewußtseins-Strom, aber es tötet diesen nicht selbst. Und diese in das Unbewußtsein selbst eindringende Negation ist dessen eigene Selbstbestimmung als Bewußtsein in Bezug auf die Menschwerdung des »Verbum exinanitum ipsum«.

f) Die I n k a r n a t i o n des »Verbum exinanitum ipsum« setzt den »Tod« und die wundersame Umgestaltung des limbalen Unbewußtseinsstromes durch den Blitzschlag der Entgegensetzung des {Nichts|seiner|selbst} voraus. Sie setzt die Autogenese des Bewußt-seins-Selbst des sich in menschlicher Natur inkarnierenden göttlichen Logos voraus. U n d n u r i n d i e s e m S i n n e k a n n d e r B e g r i f f d e s »S e l b s t b e w u ß t s e i n s« a n g e w a n d t w e r d e n. Die Auto-physiogenese eines Bewußtseins vom theandrischen Selbst setzt den fleischgewordenen Logos als den transzendentalen Urgrund des

»Selbstbewußtseins« voraus. »Selbstbewußtsein« ist insofern ein Terminus, den die okkulte Wissenschaft zur Erfahrungsgrundlage hat. Es kann außerhalb dieses Bereiches keine Rede von »Selbstbewußtsein« sein. Das Wesen des theandrischen »Selbstbewußtseins« ist durch keinen Diskurs der Vernunft zu vermitteln.

g) Der »Tod«, den der Blitzschlag des {Nichts|seiner|selbst} mit sich bringt, ihn erleidet der Unbewußtseins-Strom und nimmt ihn zugleich auf in sein Triebherz als Element einer erneuerten TriebKonfiguration des Unbewußten. Wie sieht diese Konfiguration aus? Das {Nichts|seiner|selbst} schlägt durch bis in das Innere des Triebherzens des limbalen Unbewußtseins-Stromes, weil es ein von diesem »gewolltes« ist. Aufgrund seines »Gewolltseins« dringt es nicht nur in das Innere des Triebherzens ein, sondern es wird von diesem als Bild seiner selbst angenommen. In dieser Annahme ereignet sich ein Übergang, eine Übertragung des Nichts in den Raum der Imagination des Unbewußtseins-Stromes. Durch die Annahme des Nichts empfängt das Unbewußtsein in sich den Raum zu seiner freien Imagination. Diese Imagination ist der im Unbewußtseins-Strom selbst aufgehende Freiheits-Raum der SelbstReflektion des Unbewußtseins. Und sie ist zugleich das Eingehen in diesen Raum als in die Bewußtseins-Selbst-Imagination des Triebherzens selbst.

h) All dies findet statt inmitten des Triebherzens des Unbewußtseins. Das Triebherz empfängt durch seinen »Tod« den Samen seines künftigen Bewußtseins-Selbst. Diesen Samen hält es von nun an fest. Es versenkt ihn tief in sich, es vergräbt ihn in sich. Und aus diesem Samen erwächst ihm der leere Raum zu seiner freiheitlichen Selbstbestimmung. O welch göttliche Wandlung! Das »tödliche« Nichts wird zum Ursprung für die Raumgebung der Bewußtseins-Selbst-Imagination im Triebherzen des Unbewußtseins-Stromes. An ihm erstirbt die *alte* Konfiguration seines unbewußtseins-genetischen Triebwesens, und eine *neue* blüht aus ihm hervor. Das Unbewußtsein selbst aber bleibt seinem Wesen nach, was es war und was es immer sein wird.

i) Das Triebherz des Unbewußtseins-Stromes muss also den »Tod« des entgegengesetzten {Nichts|seiner|selbst} ganz in sich zurücknehmen, um aus sich selbst neues Leben zeugen zu können. *Denn erinnern wir uns*: Das Unbewußtsein geht hervor aus der kenotischen SelbstReflektion des Logos. Es ist die *vor*-äonische Ätherisation dieser SelbstReflektion, der ätherische Leib des limbalen Unterganges des »Verbum exinanitum ipsum«. In dieser Hinsicht ist das Unbewußtsein die leibliche Wirklichkeit der Kenose. Sie ist die Kenose selbst in deren syzygischer

74

Replikation oder SelbstReflektion. Als Reflektion der SelbstReflektion des Logos durch sich selbst ist das Unbewußtsein die Kenose selbst, in der der Logos »untergeht«. Es ist die dem Logos *nur dienende* Reflektion der SelbstReflektion des Logos.

j) Erst dadurch, dass das Triebherz des Unbewußtseins-Stromes auf den Blitzschlag des in es fahrenden und es »töten wollenden« {Nichts|seiner|selbst} trifft, geschieht eine mächtige Wandlung. Diese Wandlung kommt zustande, indem das Triebherz des göttlichen Unbewußten den Willen des ihm entgegengesetzten Schicksalsgesetzes annimmt und auf sich selbst überträgt. Diese Willens-Übernahme hängt jedoch an einer entscheidenden Bedingung, nämlich, dass da noch etwas ist im Triebherzen des limbalen Unbewußtseins-Stromes j e n s e i t s des vom Willen des {Nichts|seiner|selbst} »zu Tötenden«.

k) Dieses Etwas im Herzen, welches das Unbewußtsein dessen eigenen »Tod« überwinden läßt, ist dasjenige, welches den Samen des künftigen Unbewußtseins in den Raum freier Selbst-Imagination überträgt und projiziert. Dieses okkulte »Ichts« ist der äonische Logos der schöpfungsgeschichtlichen Menschwerdung.

l) Der vom »tödlichen« Blitzschlag angenommene Wille wird vom Triebherzen des Unbewußtseins-Stromes umgewandelt in den Samen der SelbstReflektion des limbalen Unbewußtseins, in die Bewußtseins-Selbst-Imagination des sich in der Natur des Menschen — nicht in *die* Natur des Menschen — inkarnierenden »Verbum exinanitum ipsum«. Die *{Bw|Selbst|Imagination}* des limbalen Unbewußtseins-Stromes, sie erst schafft den Ort, an welchem die Leibes-Annahme des inkarnierten Logos und die bewußtseins-ontogenetische Formation der menschlichen Natur wirklich e i n s werden.

m) Der okkulte »Tod« des Triebherzens des Unbewußtseins-Stromes wird, wie wir gesehen haben, zum Willens-Samen einer SelbstReflektion, durch die sich das limbale Unbewußtsein in die unbegrenzbare freiheitliche Selbstbestimmung eines im menschgewordenen Logos selbst gründenden l i m b a l e n B e w u ß t s e i n s - S e l b s t d e r m e n s c h l i c h e n N a t u r begibt. Die menschliche Natur erfährt erst aufgrund dieser Selbstbestimmung, die Gegenstand allein der okkulten Theologie sein kann, ihre hinreichende und wahre Begründung.

n) Der »tötende« medusische Blick des {Nichts|seiner|selbst} ist dem Triebherzen des Unbewußtseins-Stromes eine Not, *das heißt* er ist ihm nötig. Dem Triebherzen muss sein *eigener* Untergang ein zentrales Anliegen sein. Die Rede vom Untergang als Herzensanliegen ist von zweifacher Bedeutung. Zum einen geht der Trieb des Unbewußtseins-Stromes unter im Anblick der Medusa des {Nichts|seiner|selbst}. Zum anderen wird er erst dadurch f ä h i g , diesen Willen auf sich zu übertragen und sich durch diesen selbst die Voraussetzung seiner SelbstReflektion und den Raum seiner Bewußtseins-Selbst-Imagination zu verschaffen.

o) Denn diese Bewußtseins-Selbst-Imagination bereitet dem Logos den Ort seiner schöpfungsgeschichtlichen Menschwerdung. Sie ist Herbeisehnung des inkarnierten Logos durch den Bewußtseins-Äther der menschlichen Natur in der Ektoplasmation d e s   s i c h   s e l b s t   L e i b w e r d e n d e n   g ö t t l i c h e n   L o g o s .

p) Verstehen wir nun, wie nötig dem Triebherzen des limbalen Unbewußtseins der Blitzschlag des {Nichts|seiner|selbst} ist, welcher durch Null-Punkts-Reduktion in es eindringt, um es zu nötigen, jenseits seiner selbst sich neu zu begründen, im »Gewolltsein« seines eigenen »Todes«? Denn eben dadurch wird im Triebherzen des Unbewußtseins ein t r a n s z e n d e n t a l e r   U r s p r u n g s p u n k t   s e i n e r   s e l b s t   i n d e r   J e n s e i t i g k e i t   s e i n e r   s e l b s t   gesetzt.

q) Das Triebherz spaltet sich in sich von sich selbst ab, um Ursprung seiner SelbstReflektion und Raumgebung der Bw-Selbst-Imagination zu werden, ohne dass es aufhörte, selbst vom Unbewußtseins-Strom abzustammen, ja Bw-Selbst-Imagination dieses limbalen Unbewußtseins zu sein. Das Unbewußtsein fügt sich der transzendentalen Jenseitigkeit seiner Bewußtseins-Selbst-Imagination, wie sie durch die Bw-Selbst-Ätherisation der menschlichen Natur im sich selbst Leib gewordenen Logos der Mensch-werdung manifest geworden ist d e n   J ü n g e r n J e s u .

r) Der durch die Null-Punkts-Reduktion des Unbewußtseins-Stromes entstandene Ursprung ist das vom Triebherzen »Gewolltsein« der N e - g a t i o n   s e i n e r   s e l b s t   durch das {Nichts|seiner|selbst}. Dieses ist somit für das Unbewußtsein *keine* Fremdbestimmung. Es erfährt seine Entkräftung als fremde Negation. Es geht vielmehr *als diese Negation* über in den Besitz des Triebherzens. Die Negation geht auf das Opfer über, indem sie dieses als Opfer aufhebend zum Subjektivat macht, zu etwas also, das dazu bestimmt ist, den untergegangenen Logos in sich selbst begründet zu wissen. Denn Subjekt und Subjektivat sind *nicht* dasselbe.

s) Es ist demnach etwas im Triebherzen, das die Wandlung des {Nichts|seiner|selbst} von der *Opferung* zur *Subjektivation des*

Unbewußtseins vollzieht. Die Negation unterliegt selbst einer Magie relationaler Wesensveränderungen. Sie ist selbst Teil des fließenden Unbewußtseins, das sie mit sich reißt. Die Metamorphose des {Nichts|seiner|selbst} zeigt uns deutlich, dass das Triebherz des strömenden Unbewußtseins über die magische Kraft der Willens-Ablösung und Willens-Übertragung verfügt. Denn die Willens-Entkräftung der Negation bedeutet nicht das Ende der Negation oder des Willens, sondern deren Umwertung durch das Triebherz des limbalen Unbewußtseins. N e g a t i o n und W i l l e erfahren eine Anpassung an das verborgene Herzensanliegen des Unbewußtseins. Sie unterliegen dynamischer Anpassung, die vom limbalen Unbewußtsein selbst gelenkt wird. Der Wille wird entkräftet, indem er zum »Gewolltsein« der Negation wird. Dieses Gewolltsein der Negation fragt nach dem „Von wem?" Es fragt nach dem Triebherzen des Unbewußtseins selbst. Denn indem die Negation seiner selbst vom Triebherzen selbst gewollt ist, tut sich in diesem Trieb ein Abgrund auf, der nötig ist zur Raumgebung der SelbstReflektion im Bewußtsein des in der menschlichen Natur s i c h   s e l b s t   L e i b   w e r d e n d e n Logos. Die menschliche Natur ist durch diese Leibwerdung besiegelt. Sie ist mit einem Schlage da durch diese Leibwerdung des Logos. Es kann keine Leibwerdung des Logos geben, ohne dass diese zugleich die Manifestation der menschlichen Natur wäre.

t) Die Ektoplasmation des fleischgewordenen Logos setzt voraus, dass sich das Triebherz des limbalen Unbewußtseins durch das »Gewolltsein« des {Nichts|seiner|selbst} mit einem Willen ausstattet, der über es selbst hinausweist. Es ist also n i c h t   s e i n Wille. Es ist ein übertragener und abgelöster Wille, der auf das Triebherz übergeht, ohne *dessen* Wille zu sein. Dieser auf es übergehende und über es hinausgehende Wille ist ein »gewollter« Wille, der für etwas anderes bestimmt ist. Es ist ein Wille, der zugeführt wird dem Subjektivat, das als Projektion aus dem Abgrund der SelbstReflektion des Unbewußtseins hervorgeht.

u) Die Projektion des Subjektivates geschieht im sich im Triebherzen des Unbewußtseins selbst auftuenden Raum der SelbstReflektion. Das Subjektivat ist Same dieses Geschehens. *Dies heißt*: Es ist der dem limbalen Unbewußtsein sich zugrunde legende t h e a n d r i s c h e   B e w u ß t - s e i n s - K e r n, in welchem sich das ektoplasmatische Selbst des menschgewordenen Logos vom erleuchteten Auge göttlicher Kontemplation geschaut wird.

v) Im Abgrund der SelbstReflektion erblickt das Triebherz des Unbewußtseins die Wunder, die in ihm selbst vor sich gehen. Das Eingehen
in den Blick der Medusa ist das Hinabschauen des Triebherzens in das
Mysterium der Umwandlung von W i l l e und N e g a t i o n. Denn
{Nichts|seiner|selbst} umfasst den Willen zur Negation als reine
Fremdbestimmung des Unbewußtseins. Das Triebherz muss also den
Willen entkräften, um d i e N e g a t i o n i n E n e r g i e z u v e r w a n-
d e l n, aus der das Triebherz die Kraft zur Selbstentäußerung (Projektion) beziehen kann. Die Negation bedarf der Wandlung zur Energie
der Projektion des Subjektivates aus dem Innern des limbalen Triebherzens. Denn nur in diesem tut sich der Abgrund der SelbstReflektion
des Unbewußtseins auf. Das Triebherz ist präkognitiver Same seiner
SelbstReflektion im Abgrund des vom {Nichts|seiner|selbst} »getöte-
ten« Unbewußtseins.

w) Die Entgegensetzung, mit welcher das Triebherz des Unbewußtseins
konfrontiert wird, umfasst W i l l e und N e g a t i o n. Dies sind die beiden Quanten zur Umwertung oder Umbesetzung des Triebherzens.
Wir müssen die unbändige Kraft begreifen, welche dem Blick der Medusa innewohnt, um die bewußtseins-ontogenetische Kraft des Mythischen und der Erfahrung der Negation durch den Blitzstrahl des Blickes zu ermessen. Der Wille kann als fremder vom Triebherzen nicht
übernommen werden, denn er ist das ihm Entgegengesetzte und es Be-
schränkende, ja töten Wollende. Aber als »gewollter« Wille bewirkt er
Wunder im Triebherzen. Was passiert da im Triebherzen, insofern der
Wille zum »G e w o l l t s e i n s e i n e r s e l b s t« wird? Es findet eine
okkulte Übertragung statt auf die Trägerschaft des Triebherzens. Was
heißt dies? Das Triebherz geht mittels seiner Imagination in den Blick
der Medusa ein und durch ihn hindurch z u s i c h s e l b s t. Das Triebherz durchquert die Passage zu seiner Bewußtseins-Umwertung, zu
seiner Bewußtseins-Konfiguration. Es geht um die Konfiguration eines
Bewußtseins-Selbst durch das Triebherz des limbalen Unbewußtseins.
Wir bemerken: Wir verlassen nicht die Immanenz des Unbewußtseins-
Stromes, vielmehr haben wir es zu tun mit der nativen inneren Begründung eines t r a n s z e n d e n t a l e n B e w u ß t s e i n s - S e l b s t durch
das Triebherz des limbalen Unbewußtseins-Stromes. Das Triebherz
durchquert die Passage des Unbewußtseins i m A n b l i c k d e r M e-
d u s a. *Das heißt*: Dem Triebherzen ist es nur i m B l i c k d e r M e-
d u s a möglich, das limbale Unbewußtsein zu durchqueren. Denn das
Erblicken der Medusa ist diese Passage selbst. Das Triebherz geht mit-

tels dieses Erblickens in das Innere des Blickes der Medusa selbst hinein. Das Eingehen des Triebherzens in den Blick der Medusa bedeutet die Passage durch die bewußtseins-ontogenetische Kraft der Negation, welcher das limbale Unbewußtsein selbst unterworfen wird. Das Triebherz durchquert die Selbst-Nullpunkts-Reduktion des Unbewußtseins in sich selbst als durch sich selbst vollziehbar. Die Wanderung des Triebherzens durch den inneren Blick der Medusa beschreibt den Prozeß der Selbst-Null-Punkts-Reduktion des limbalen Unbewußtseins-Stromes auf den Ursprungspunkt eines »gewollten« Willens, der die hypostatische Projektion seiner Bewußtseins-Selbst-Werdung im menschgewordenen Logos selbst ist. Das Triebherz entdeckt durch seine Passage im inneren Blick der Medusa das Selbst als kenotischen Ursprungspunkt des limbalen Unbewußtseins-Stromes. Nur die »gewollte« Negation des Unbewußtseins in dem und durch den inneren Blick der Medusa führt für das Triebherz zur E n t d e c k u n g eines hellseherisch-prophetalen Selbst[36], von dem aus erst das limbale Unbewußtsein aus sich hervorströmen kann in den sich auftuenden äonischen Raum der schöpfungsgeschichtlichen Ektoplasmie des menschgewordenen »Verbum exinanitum ipsum«.

x) O h n e d i e P a s s a g e d u r c h d a s I n n e r e d e s B l i c k e s d e r M e d u s a kommt das Triebherz des limbalen Unbewußtseins-Stromes nicht zu seinem prophetalen A u g e[37]. Dieses entsteht im Ursprungspunkt des »Gewolltseins« der Negation des Unbewußtseins in und durch das Triebherz selbst. Das

---

[36] Rudolf Steiner, Das Markus-Evangelium, GA 139, S.194-195: „Von einem gewissen höheren Gesichtspunkt aus gesehen, haben wir heute allerdings ein ernstes, ein tiefintensives Streben und eine tiefintensive Sehnsucht. Es ist in München in einem Vortrage gesprochen worden von der Sehnsucht in unserer Zeit, besonders wie sich diese Sehnsucht herausgebildet hat bei einzelnen Seelen. Aber in der eigentlichen «offiziellen» Wissenschaft ist diese Sehnsucht nicht vorhanden, sondern, man möchte sagen, ein gewisses sattes Zufriedensein, aber ein Zufriedensein mit etwas Sonderbarem: mit Unwirklichem und Unlogischem. Nirgends ist diese Wissenschaft imstande, auch nur zu erkennen, wie tief sie in dem Gegenteil von aller Logik drinnensteckt. Das alles nimmt man wahr, das alles erlebt man, und es ist wirklich so, dass an dem einen Pol sich der andere entzünden muss in der Menschheitsevolution. Gerade dieses Ungenügen der äußeren Wissenschaft, dieses Unwirkliche und Unlogische der äußeren Wissenschaft und dieses Sichblähen und Garnicht-einmal-Ahnen, wie es eigentlich mit der äußeren Wissenschaft steht, das wird und muss nach und nach die edelste Reaktion, die Sehnsucht nach dem Spirituellen in unserer Zeit in den Menschenseelen erzeugen."

[37] Rudolf Steiner, GA 115, S. 21: „Und wenn wir heute irgend etwas von Philosophie vor uns haben, so haben wir nichts anderes vor uns als ein Erbstück alter Lehren, aus dem das Leben herausgeblasen, herausgepreßt ist und von dem nur das tote Begriffsgerippe übriggeblieben ist. Die Philosophen sind sich nicht bewußt, woher die Begriffe stammen. Philosophien sind Abstraktionen, Erbstücke der alten Weisheit, die bis zum ausgepreßten Begriff gekommen sind. Es gibt keinen Philosophen, der irgend etwas aus sich selber ausdenken kann. Dazu gehört der Gang in die höheren Welten hinauf."

Triebherz überlebt den »Tod« des Unbewußtseins, weil dieses durch das Triebherz selbst weiterlebt, sich fortpflanzt. Wie sieht dieses sich Fortpflanzen des limbalen Unbewußtseins-Stromes durch das Triebherz aus? Das Triebherz gebiert das Unbewußtsein wieder aus sich selbst durch Projektion in den »gewollten« Abgrund des Nichts, der Leere. Denn darin sehen wir die Erfüllung des »tötenden« Willens der Medusa. Nun aber ist dieser Wille, wie wir gehört haben, eingegangen in ein »Gewolltsein« durch das Triebherz des Unbewußtseins. Aus dem »Gewolltsein« folgt wiederum die Übertragung des »gewollten« Willens auf das Triebherz und damit verbunden ist die Entstehung einer transzendentalen Ich-Trägerschaft, welche dem Triebherzen selbst zukommt. Präformation einer transzendentalen Ichheit.

y) Die transzendentale Ichheits-Trägerschaft, welche dem Triebherzen zukommt, bringt das Nichts hervor als den Urraum der Subjektivation eines $\left\{ \begin{Bmatrix} an \\ en \end{Bmatrix} \middle| \text{hypostatischen} \right\}$ Bewußtseins-Selbst des Triebherzens durch die ektoplasmatische Leibbildung des menschgewordenen »Verbum exinanitum ipsum«. Die Präformation der transzendentalen Ich-Trägerschaft bildet die Grundlage für die schöpfungs-geschichtliche Inkarnation des Logos. Sie ist der Erweis für die Menschwerdung des Logos als der bewußtseins-ontogenetischen Ektoplasmation des »Verbum caro factum« im limbalen Triebherzen des prophetalen Auges. Denn dieses basiert auf der organischen Einheit der Ektoplasmie des inkarnierten Logos im e k s t a t i s c h e n Triebherzen des limbalen Unbewußtseins-Stromes. *Anmerkung*: Die Ekstasis ist die Projektion des sich seiner selbst entäußernden Triebherzens. Ihr liegt die Kraft des »Gewolltseins« des Willens der Medusa zugrunde. Das Triebherz kommt nur zu einem Willen durch S e l b s t e n t ä u ß e r u n g s e i n e r s e l b s t i n s N i c h t s. Seine transzendentale Ich-Trägerschaft beruht auf dem Drang nach einer kenotischen SelbstReflektion im Raum einer bewußtseins-ontogenetischen Ektoplasmie der Hypostase des »Verbum caro factum«. Die Ektoplasmie des $\left\{ \begin{Bmatrix} an \\ en \end{Bmatrix} \middle| \text{hypostatischen} \right\}$ Bewußtseins-Selbst im ekstatischen Triebherzen als »Verbum caro factum«, als das sich seiner selbst bewußt werdende »Verbum caro factum« der Gottheit. Die christliche Lehre von der Inkarnation des göttlichen Logos, wie sie von der kirchlichen Dogmatik dargeboten wird, ist ohne Grundlegung ihrer bewußtseins-ontogenetischen Bedingungen durch die okkulte Wissenschaft wertlos. Denn der rein doktrinäre Charakter dieser Lehre ist außerstande, uns eine theoretische Begründung von Erfahrung zu liefern, welche die Menschwerdung des Logos als Gegenstand der $\left\{bewußtseins \left|{ontologischen \atop ontogenetischen}\right.\right\}$ Evolution des Triebherzens zu ihrer unumstößlichen transzendentalen Voraussetzung hat. Die Einheit von B e w u ß t s e i n s S e l b s t - W e r d u n g *im* L o g o s und E k t o p l a s m i e *des* m e n s c h g e w o r d e n e n L o g o s .

z) Die transzendentale Ich-Trägerschaft des Triebherzens ist also kenotisch zu verstehen, unter dem Aspekt der SelbstReflektion im sich auftuenden Nichts. Und aus dieser SelbstReflektion geht schließlich Raum hervor, Raum für die D e s i d e r a t i o n , für die Subjektivation des Triebherzens in das radikale Ausbleiben des »Verbum exinanitum ipsum«, als das sich in diesem Ausbleibenden selbst fassen wollende limbale Triebherz. Was ist das Projektum des ekstatischen, des in seiner SelbstReflektion sich offenbarenden Triebherzens? Der Same der transzendentalen Bewußtseins-Ichheit als dem Erfahrungsgrund der bewußtseins-ontogenetischen Ektoplasmation des menschgewordenen Logos. Das Triebherz sendet diesen Samen aus. Denn der Same muss sich lösen von seinem Ursprung. Er muss mit seinem Ursprung brechen. Diese Ursprungs-Brechung, die der Same vollzieht, ist als die Fortsetzung jenes okkulten Vorganges, den wir bereits unter der Bezeichnung des »Gewolltseins« des Willens der Medusa kennengelernt haben, zu begreifen. Denn dieses »Gewolltsein« lebt weiter in der Ursprungs-Brechung des Samens, d e r s i c h v o m T r i e b h e r z e n l ö s t . Dem Samen kommt somit e i n e i g e n e r W i l l e zu, der vom Triebherzen »gewollt« ist. Was wird durch diesen Willen des freiwerdenden Samens bezeichnet? Der Same geht in die von der SelbstReflektion des Triebherzens in Gang gesetzte Raum-Entstehung ein, um sich darin auf den Weg seiner Mission der bewußtseins-ontogenetischen Ektoplasmation der Menschwerdung des göttlichen Logos zu begeben. Der bewußtseins-ontogenetische Erfahrungsgrund einer ektoplasmatischen Ichheit des menschgewordenen Logos.

Zu beachten: Durch den Blitzschlag des medusischen Blickes erstarrt das Triebherz des Unbewußtseins-Stromes und tritt zugleich aus sich heraus in ein {*Nicht|Ich|seiner|selbst*}. Es steht unter dem Gesetz aus sich selbst hervorzubrechen, denn die Erstarrung läßt das Innere des Triebes entfliehen aus seiner bisherigen Wesensbestimmtheit. Der Trieb muss sich außerhalb seiner selbst neu bilden. Die Erstarrung durch den Anblick der Medusa erfordert eine neue genetische Konfiguration des Triebherzens des Unbewußtseins-Stromes. Die neue Konfiguration beruht auf der Negation des Unbewußtseins-Triebes, der sich dieser seiner Negation annimmt, indem er sie ins »Gewolltsein« überträgt. Dadurch entschärft und entkräftet er den hinter der Negation seiner selbst stehenden und diese vorantreibenden [fremden]

Willen. Der Unbewußtseinstrieb kann das »Gewolltsein« von Negation und Wille annehmen und in sich zurücknehmen, insofern er mit sich selbst gebrochen hat. Denn seine Versteinerung durch den Blick der Medusa ist nichts anderes als sein Bruch mit sich selbst, der verbunden ist mit dem gleichzeitigen Entfliehen seines Trieb-Inneren, seines inneren Trieb-Lichtes. Dieses wird frei durch den Bruch des Triebes mit sich selbst. So können wir sagen, dass das Triebherz durch das »Gewolltsein« seiner Negation durch den Blick der Medusa nichts als das Zerbrechen seiner selbst ist, *das heißt*: seine Neubestimmung durch bewußtseins-ontogenetische Evolution.

- Das Triebherz des limbalen Unbewußtseins-Stromes steht unter dem Gesetz des versteinernden Blickes der Medusa. Denn es wird ihm das {Nichts|seiner|selbst} entgegengesetzt. Angesichts dieser Entgegensetzung erstarrt das Triebherz, zerbricht an sich und tritt zugleich mit seinem Trieb-Innen-Licht aus seiner Wesensbestimmtheit heraus. Es ist damit Nichts und zugleich Existenzgrund seiner selbst durch das »Gewolltsein« dieser seiner Negation durch den Blick. Durch ihr »Gewolltsein« wird die Negation des Triebherzens von diesem in sich selbst zurückgenommen und zum transzendentalen Existenzgrund des Unbewußtseins-Stromes erhoben.
- Im Zerbrechen des Triebherzens tut sich der Abgrund des Nichts auf, welcher der Spiegel der SelbstReflektion des Triebherzens im Lichte seines Trieb-Inneren ist. Im Lichte dieser SelbstReflektion erkennt das Triebherz sich selbst als Keim des {Nicht|Ich|seiner|selbst}. Als dieser Keim ist es das Projektum seiner selbst. Durch diese Projektion des {Nicht|Ich|seiner|selbst} entsteht der Raum der bewußtseins-ontogenetischen Ektoplasmie des inkarnierten Logos im limbalen Ursprungspunkt des {Nicht|Ich|seiner|selbst}.
- Anhand dieses {Nicht|Ich|seiner|selbst}, das Projektum des Triebherzens des limbalen Unbewußtseins-Stromes ist, ist zu ersehen, dass die »Tötung« des Triebherzens durch den medusischen Blitzschlag die Qualität einer Metamorphose zu neuem Leben enthält. Und dieses Leben besteht in der neuen Konfiguration (Wesensbestimmung) des Triebherzens durch dessen medusischen »Tod«. Diese Metamorphose beinhaltet den Übergang des inneren Lichtes des Triebherzens in die Wesenskonfiguration einer $\left\{ \begin{Bmatrix} an \\ en \end{Bmatrix} \middle| \text{hypostatischen} \right\}$ Trägerschaft des menschgewordenen Logos. Das ektoplasmatische Bewußtseins-Prinzip der göttlichen Kenose, durch das diese erst zur wirklichen Menschwerdung des »Verbum exinanitum ipsum« in Jesus wird.

- Das ins Auge Fassen der Medusa zu verstehen als äonische Passage des Triebherzens durch das bewußtseins$\left\{\begin{matrix} ontologische \\ ontogenetische \end{matrix}\right\}$ Innenleben des medusischen Blickes zum Tode des sich darin selbst Erblickenden oder Widerspiegelnden. Das Lesen im Blick der Medusa als Gegenstand einer Mysterienweisheit. Das sich im Inneren des Blickes der Medusa selbst widerspiegelnde Triebherz des limbalen Unbewußtseins-Stromes sieht im Spiegel allein sich selbst. Dies aber setzt voraus, dass das Bild von sich, welches das Triebherz im Inneren des medusischen Blickes schaut, Teil einer sich ihm entgegensetzenden Negation seiner selbst ist, durch deren wahrgenommene Widerspiegelung das Triebherz eine innere Spaltung erfährt, den Blitzschlag einer inneren Selbst-Spaltung erleidet. Indem das Triebherz sich selbst im Spiegelbild als im medusischen Blick-Inneren der sich ihm entgegensetzenden Negation erkennt, nimmt es sein Negiertsein in sich auf, in sich zurück und legt es sich selbst zugrunde. Es eignet sich dieses Negiertsein seiner selbst durch den Blick der Medusa an und verinnerlicht es. Es macht sein Negiertsein zu seinem neuen Inneren. Das Triebherz des limbalen Unbewußtseins erfährt eine okkulte Umwandlung von überragender Bedeutung. Es erfährt in sich die Grundlegung von Selbsterkenntnis. Es legt in sich die Grundlage für ein Bewußtseins-Selbst. Dieses primateriale Bewußtseins-Selbst wird dem Triebherzen im spaltenden Blitzschlag des medusischen Erkenntnisblickes zugrunde gelegt. Durch wen oder was? Durch die Wahrnehmung des sich im Spiegel des medusischen Blick-Inneren wiedererkennenden Triebherzens. Das Hineinblicken des Triebherzens in das Blick-Innere seines medusischen Negiertseins entnimmt diesem den Willen zu seiner Selbst-Negation. Die Negation seiner selbst durch den es aufspaltenden Blitzschlag des medusischen Blick-Inneren ist die Voraussetzung, dass sich das Triebherz als im medusischen Blick selbst negiert erfährt und als solches wahrnimmt. Es erkennt sich selbst als in dem Spiegel des medusischen Blickes negiertes Sein des Unbewußtseins. Aber damit dieses im medusischen Blick-Inneren geschaute Negiertsein seiner selbst Wahrnehmung werde, dazu bedarf es noch eines anderen, nämlich eines Willens. Denn der Wille ist der Triebgrund. Nun aber ist die Kenose des »Verbum exinanitum ipsum« der das limbale Unbewußtsein hervorbringende und bestimmende Triebgrund. Der Logos in der Kenose ist der einzige und wahre Triebgrund des limbalen Unbewußtseins-Stromes. *Um genau zu sein*: Nicht der Logos selbst ist dieser Triebgrund, sondern die Kenose des im limbalen Unbewußtsein »untergehenden« Logos. Nun, da dem Triebherzen des Unbewußtseins die Erfahrung des medusischen Blick-Inneren entgegengesetzt wird und damit das Negiertsein seiner selbst, liegen die Dinge ein wenig anders. Denn die Entgegensetzung, mit der das Triebherz konfrontiert wird, droht mit dem „steinernen Tode"[38] durch den Anblick der Medusa. Dieser „steinerne Tod" des Triebherzens unterstreicht die Tatsache, dass es sich hier um eine radikale Umwandlung in die bewußtseins-ontogenetische Konfiguration des Triebherzens durch den spaltenden Blitz des medusischen Blick-Inneren handelt. Dem Blick der Medusa wohnt die Macht zur Wesens-Umbesetzung des Triebherzens inne. Dem Blick der Medusa widersteht nichts. Woher kommt dies? Aus dem Faktum, dass der durch den Anblick der Medusa freigesetzte Blitzstrahl der Negation das geistige Wesens-Innere des ihn Erblickenden aufspaltet und umformt und überträgt. Der Blitzschlag aus dem medusischen Blick-Inneren fährt dem Erblickenden in Mark und Bein. Das zu Stein Werden dessen, der die Medusa erblickt, bezeichnet die allumfängliche Realität des Negiertseins durch Hineinsehen in das Innere des medusischen Blickes, aus dem der tödliche Blitz herausfährt. Die Negation durch den in das Triebherz fahrenden Erkenntnisblitz des medusischen Blick-Inneren ist total. Ihr ist nicht zu entkommen. Das ist die Aussage des Mythos. Das Negiertsein des Triebherzens durch den Blick der Medusa ist *unausweichlich*. Durch dieses Negiertsein weicht das Leben aus dem Triebherzen. Dies bildet die Grundtatsache, auf welche die Wahrheit des Mythos sich stützt. *Wir müssen nun fragen*: Womit konfrontiert der Blick der Medusa das Triebherz, wenn die Begegnung mit dem Negiertsein des Triebherzens, mit dessen *„steinernem Tod"*, endet? Mit der schmerzlichen Tatsache, dass es dem Willen der Negation, welcher dem Blick-Inneren der Medusa zugrunde liegt, nichts entgegensetzen kann. Das Triebherz kann dem medusischen Blick-Inneren nicht standhalten. Denn im Triebherzen ist der Wille gebunden an die Kenose des »Verbum exinanitum ipsum«, nicht an den Logos selbst. Die Willens-Eingebundenheit des Triebherzens kann der Medusa keinen eigenen Willen entgegensetzen, um den Willen der Negation, der vom Blitzschlag des medusischen Blickes ausgeht, zu beschränken oder gar aufzuheben. Es ist Schicksal des Triebherzens, seinem Negiertsein durch den Blitzstrahl des medusischen Blick-Inneren nicht entkommen zu können. Und wir müssen noch hinzufügen, dass dieses Schicksal des Triebherzens durchaus »gewollt« ist aus Sicht der okkulten Wissenschaft.

Der Blitzstrahl des medusischen Blickes, von dem das Triebherz des Unbewußtseins getroffen den „steinernen Tod" erleidet, ist S y m b o l   e i n e r   h ö h e r e n   B e w u ß t s e i n s - E n t w i c k l u n g, die am Triebherzen selbst manifest wird. Und diese beginnt mit dem »Tod« durch das erstarren machende Blick-Innere der Medusa. Das

---

[38] Pindare, tome II, Pythiques, texte établi et traduit par Aimé Puech, Paris 1922, p. 148. Pindar spricht in seiner 10. Pythischen Ode von einem λίθινον θάνατον.

Hineinschauen in das Innere des medusischen Blickes ist ein »I n t u s l e g e r e «[39], das ein Lesen des limbalen Triebherzens in der Konfiguration der von diesem selbst »gewollten« Negation des Unbewußtseins ist. Das heißt aber nichts anderes, als dass die bewußtseins-ontogenetische Wertigkeit der mythischen Figur der Medusa selbst bereits eingebunden ist in den Weg des Triebherzens zu einem transzendentalen Trägerschafts-Ich, das dem menschgewordenen Logos zur Grundlage seiner ektoplasmatischen Leibwerdung dienen kann. Der Blick des „steinernen Todes", von welchem das Triebherz getroffen wird, ist Teil einer komplexen dialektischen Vernetzung, durch die der Mythos die bewußtseins-ontogenetischen Vorgänge beschreibt, durch die das Triebherz des limbalen Unbewußtseins hindurchzugehen hat. Er ist Glied der ontogenetischen Grundlegung eines transzendentalen Trägerschafts-Ich im Triebherzen selbst. Der „steinerne Tod", der dem Triebherzen durch den Hineinblick in das Blick-Innere der Medusa widerfährt, er ist nicht nur unausweichlich, er ist auch n ö t i g. Nötig wozu? Zum bewußtseins-ontogenetischen F o r t s c h r i t t des Triebherzens auf seinem Weg zu seiner Bewußtseins-Selbst-Trägerschaft, die der schöpfungsgeschichtlichen Mensch-Werdung des Logos transzendental zugrunde liegt. Bedenken wir die große Aufgabe, die dem Triebherzen zufällt! Das Triebherz ist die große Kraft in den Mysterien der göttlichen Kenose. Es bereitet dem Herrn den Weg, aber nicht ohne zuvor den Weg zu seiner Gottesträgerschaft zu entdecken. Wir müssen dem Triebherzen somit ein vitales Inter-Esse an der Geschichte seiner eigenen $\left\{ bewußtseins \middle| {ontologischen \atop ontogenetischen} \right\}$ Evolution unterstellen. Der »tötende« Blick der Medusa ist demnach als Glied dieses entwicklungsgeschichtlichen Erkenntnis-Inter-Esse des Triebherzens zu verstehen. Und insofern müssen wir sagen, dass der „steinerne Tod" des Triebherzens diesem selbst nötig ist zum Zwecke seiner bewußtseins-ontogenetischen Entwicklung. Wenn wir dies in Rechnung stellen, so kommen wir zu dem Schluß, dass die Gestalt der Medusa nicht als isolierte personifizierte Größe innerhalb einer Logik des mythischen Narrativs zu begreifen ist, sondern als Element epoptischer Symbolhandlung, durch die der o k k u l t e S i n n d e s M y t h o s — in entgegengesetzter Richtung zum mythischen Narrativ — sich offenbart. Deshalb gilt:

> Die Epoptie der mythischen Symbolhandlung steht im völligen Widerspruch zur scheinbaren Logik des Mythos selbst.

Der oben aufgestellte Grundsatz von dem einander Entgegengesetztsein von m y - t h i s c h e r E r z ä h l u n g und der E p o p t i e d e s m y t h i s c h e n W o r t e s i m O f f e n b a r u n g s l i c h t d e r o k k u l t e n W i s s e n s c h a f t ist nötig, um auf die

---

[39] Meister Eckhart, Liber parabolarum Genesis, in: Die lateinischen Werke, Erster Band, hrsg. und übers. von Konrad Weiss, Stuttgart 1964, S. 544.

uns gestellte Aufgabe aufmerksam zu machen, die darin besteht, d a s m y t h i s c h e
N a r r a t i v d u r c h d i e E p o p t i e d e s m y t h i s c h e n O f f e n b a r u n g s w o r -
t e s, w e l c h e d e r m y t h i s c h e n S y m b o l h a n d l u n g s e l b s t z u g r u n d e
l i e g t, z u ü b e r w i n d e n. Das mythische Narrativ verschweigt nicht nur den okkulten Sinn der Mythischen, sondern es muss in diesem Schweigen selbst untergehen,
in den transzendentalen Grund seiner Selbstverschlungenheit. In gewissem Sinne
können wir wagen zu sagen: Das mythische Narrativ ist der Schein, in dem der okkulte Sinn des Mythos selbst eingehüllt liegt und der deshalb untergehen muss.

Der „steinerne Tod", der vom Anblick der Medusa ausgeht, er symbolisiert die
Erkenntnisfunktion der mythischen Erzählung. *Das heißt*, das Narrativ des Mythos
gibt nichts anderes her als d a s l i m b a l e » R o h m a t e r i a l « z u r E r k e n n t n i s
d e s o k k u l t e n S i n n e s d e s M y t h o s s e l b s t. Hier liegt der Grund dafür, dass
das Narrativ den Erkenntnis Wollenden t ä u s c h t, *das heißt* denjenigen, der sich von
ihm Erkenntnis verspricht. Der Erkenntnis Suchende geht davon aus, dass er dem
mythischen Narrativ Erkenntnis abverlangen könne. Das aber bedeutet, dass er in
sich den Willen voraussetzt, die Sinnzusammenhänge i n d e r m y t h i s c h e n E r -
z ä h l u n g s e l b s t aufspüren zu können. Und es ist dieser fatale Irrtum, der zum
Scheitern der ganzen Unternehmung führt. Das Narrativ des Mythischen verkörpert
d a s E n t g e g e n g e s e t z t e, *das heißt* den Widerspruch zum natürlichen Erkennt-
nisanspruch des Erkenntnis Suchenden. Es verkörpert das Nein zur Erkenntnis des
Mythos. Es hat negative Erkenntnisfunktion. Es ist Wille zu dieser Negation, der am
Erkenntnis Suchenden wirksam werden will. Das mythische Narrativ ist Wille des
Mythos zur Negation der Erkenntnis des okkulten Sinnes des Mythos selbst. E s b e -
z e i c h n e t d e n F l u c h, d a s s d i e A r b e i t a m M y t h o s — g l e i c h g ü l t i g
w e l c h e r S c h u l e d e r „ I n t e r p r e t a t i o n " — f r u c h t l o s b l e i b e n m u ß.
Denn die »Arbeit am Mythos« ist an und für sich v e r g e b l i c h e M ü h e. »Arbeit am
Mythos« setzt voraus, dass da ein W i l l e am Werke ist, *d e r z u w i s s e n g l a u b t,
w a s e r t u t*. Das mythische Narrativ aber verbietet dem Erkenntnis Liebenden gerade einen solchen Willen, nämlich *e t w a s a u s i h m h e r a u s l e s e n z u w o l l e n*.
Es billigt ihm diesen Willen nicht zu, denn sonst würde der Erkenntnis-Suchende sich
dessen nicht bedienen, um fündig zu werden. Vielmehr setzt es diesem Suchen von
Erkenntnis *seinen* Willen entgegen, als blanke Negation von Willen im Erkenntnis-
Suchenden. D a s E i n z i g e, w o v o n d a s N a r r a t i v d e s M y t h i s c h e n a u s -
g e h t, i s t d i e N e g a t i o n v o n E r k e n n t n i s d e s M y t h o s i m W i l l e n
d e s E r k e n n t n i s - S u c h e n d e n. Dieser Wille zur Negation ist die für das mythische Narrativ allein gültige erkenntnistheoretische Gestalt. Und diese Gestalt hängt
zusammen mit der Tatsache, dass der »mythische Stoff« zugleich das Rohmaterial

des $\left\{ \begin{Bmatrix} selbstnegierten \\ selbst\ negierten \end{Bmatrix} Bewußtseins \right\}$ ist. Das Triebherz kann also nicht eher in die

okkulte Kernwahrheit des Mythos eindringen, als dass es in diesem mythischen Stoff das Innere seiner eigenen $\left\{bewußtseins \begin{vmatrix} ontologischen \\ ontogenetischen \end{vmatrix}\right\}$ Evolutionsgeschichte erkannt und geschaut hat.

Was bleibt dem nach Erkenntnis Suchenden für ein Ausweg? Der Weg aus dem Negiertsein durch das Narrativ des Mythos ist das Fassen eines eigenen Erkenntniswillens, der allein der m y t h i s c h e n S y m b o l h a n d l u n g entnommen werden kann. U n d d i e s e r W i l l e n i m m t d e n T o d d e s m y t h i s c h e n N a r r a t i v s i n K a u f , u m z u s i c h s e l b s t z u k o m m e n d u r c h Ü b e r - t r a g u n g . Er nimmt den Tod des mythischen Narrativs selbst an, um zu seiner Selbst-Negation zu gelangen. Denn nur a l s W i l l e z u r S e l b s t n e g a t i o n ist Wille im Triebherzen des Unbewußtseins möglich und denkbar. Das auf sich Nehmen jener vom mythischen Narrativ dem Suchenden versagten Erkenntnis ist eine Annahme der Selbstnegation a l s U r s p r u n g d e s e i g e n e n E r k e n n t n i s w i l - l e n s im Erkenntnis Suchenden. Allein durch die Entstehung dieses Willens zur Selbstnegation kann sich das Triebherz dem Narrativ des Mythos gefahrlos nähern und die Erkenntnis-Verweigerung des mythischen Narrativs aufheben. Die Erkenntnisverweigerung ist der Wille des Narrativs zur Negation von Erkenntnis und von Erkenntnis-Suche im Erkenntnis W o l l e n d e n . Die mythische Rede versagt sich Selbstevidenz angesichts des Scheins, als seien mythisches Narrativ und Mythos selbst dasselbe. Der Erkenntnis Suchende muss sich sein Scheitern am Mythos eingestehen. Es gibt keinen Willen, der die Erkenntnissuche trägt. So sieht sich das Triebherz des Unbewußtseins selbst negiert. Es erstarrt vor Mangel an Erkenntniswillen. Der „steinerne Tod" des Triebherzens ist der Fluch, der von der Medusa auf es überspringt. Er ist keine Eigenschaft der Medusa. Er ist Schicksalsbestimmung für die bewußtseins-ontogenetische Entwicklungsgeschichte des limbalen Triebherzens auf seinem Weg zu seinem transzendentalen Trägerschafts-Ich für die schöpfungsgeschichtliche Menschwerdung des »Verbum exinanitum ipsum«.

Das Triebherz kann nur zu einem Erkenntniswillen in Bezug auf die Inhalte der mythischen Rede gelangen, wenn es selbst Wille zur Selbstnegation der mythischen Rede in sich selbst geworden ist. Es muss den Willen zur Negation seiner selbst, *das heißt* den Willen zum {Nichts|seiner|selbst}, welcher die mythische Rede selbst ist, in sich selbst zurücknehmen und zum Erkenntniswesen seines eigenen okkulten Willens umwandeln. Das Triebherz erkennt sich somit selbst als die Quintessenz des Mythischen und als dessen okkulten Erkenntniswillen. Damit aber nimmt das Triebherz seinen „steinernen Tod" in sich zurück als unabdingbares Wesensmoment auf seinem Weg zum eigenen okkulten Erkenntniswillen, der notwendigerweise von mythischer Natur ist.

Das Triebherz kommt zu keinem eigenen Erkenntniswillen, ohne selbst auch H e r z d e s o k k u l t e n S i n n e s d e s M y t h o s zu sein. Mit dem Erkenntniswillen erwächst dem Triebherzen d e r o k k u l t e S i n n d e s M y t h i s c h e n , w e i l d i e -

ser die Quintessenz der bewußtseins-ontogenetischen Evolutionsgeschichte des limbalen Triebherzens selbst ist. Der „steinerne
Tod" des medusischen Blickes kann vom Triebherzen des limbalen Unbewußtseins-
Stromes überwunden werden, weil er nicht das Wesen der Medusa selbst ausmacht,
sondern den Fluch, den die Medusa selbst überbringt. Das okkulte Wesen der Medusa jedoch bleibt gerade durch das mythische Narrativ völlig ausgeblendet, gänzlich unbegriffen. Der „steinerne Tod", den sie überbringt, verweist uns vielmehr
auf den Fluch, der über die Medusa selbst verhängt ist. Dieser ist Verhängnis, das der
Mythos selbst verschweigt durch seine spiegel-verkehrte Erzählstruktur. Er ist
Schicksal, dem die mythische Rede selbst zum Opfer fällt und das dazu führt, das
mythische Narrativ für den Sinn des Mythos selbst anzunehmen. Der Sinn des Mythos aber ist ein okkulter, der sich dem Verhülltsein der Erkenntnis seiner selbst entziehen will. Wer in den Mythos schaut, erblickt einen Abgrund, ein Nichts. Deshalb
müssen wir sagen: Das Nichts ist der Anfang aller Erkenntnis des Mythos. Denn das
Narrativ des Mythos ist Wille zu diesem Nichts, ist jenes {Nichts|seiner|selbst} des
limbalen Triebherzens. Nun haben wir eine Formel für das {Nichts|seiner|selbst} ge-
funden, welches wir als dem Triebherzen radikal entgegengesetzt
erkennen.

Der „steinerne Tod" dieses {Nichts|seiner|selbst} des Triebherzens ist bares
Narrativ des Mythos. Im »tötenden« Blick der den Fluch übertragenden Medusa offenbart sich das verborgene Wesen des bloßen Narrativs des Mythischen. Im versteinernden Blick der Medusa gibt das Mythische das Geheimnis seines apophatischen
Grundwesens preis. Die mythische Rede gibt nichts preis vom Mythos selbst, denn
dieser ist okkulter Natur. Gegen den Ernst okkulter Erkenntnis sind die allego-
rischen Paraphrasen, denen man die Mythologie auf verschiedenen Feldern der
„Geisteswissenschaft" zu unterwerfen pflegt, nichts als Torheiten hohler Gelehrsamkeit, die aus Motiven des weltanschaulichen Zeitgeistes begangen werden, weil ihnen
der Begriff des Symbolischen völlig fremd bleiben muss. Die bewußtseins-
ontogenetische Entwicklungsgeschichte des Triebherzens bildet den Kern des okkulten Sinnes des Mythos und stellt damit den inneren Erkenntniswillen des
mythologischen Prozesses dar. Es ist ganz und gar ausgeschlossen, den Mythos außerhalb seines eigenen okkulten Erkenntniswillens zu begreifen.

Dieser mythologische Erkenntniswille ist allein dem Triebherzen des limbalen
Unbewußtseins-Stromes vorbehalten, da dieses der Kern alles Mythischen ist. Das
limbale Triebherz bildet den Ursprung des mythologischen Be-
wußtseins-Prozesses. Was aber bedeutet der Begriff des »Prozesses« anderes als die bewußtseins-ontogenetische Entwicklungsgeschichte des Triebherzens
des limbalen Unbewußtseins. Nicht ist das Triebherz nur Teil dieses Prozesses, sondern vielmehr dessen Ursprung und Mittelpunkt. Für die okkulte Erkenntnis des Mythos ist die Lehre von der bewußtseins-ontogenetischen Entwicklungsgeschichte des

limbalen Triebherzens von grundlegender Bedeutung, da dieses d a s   s i c h   s e l b s t
d e n k e n d e   D e n k e n   d e s   t r a n s z e n d e n t a l e n   T r ä g e r s c h a f t s - I c h   d e s
m e n s c h g e w o r d e n e n   » V e r b u m   e x i n a n i t u m   i p s u m « ist. Auch das
Triebherz des limbalen Unbewußtseins-Stromes befindet sich auf einer Wanderung,
die in einem u m g e k e h r t   a n a l o g e n Verhältnis zur Äonenwanderung des im
limbalen Unbewußtsein untergegangenen »Verbum exinanitum ipsum« steht.

Das Triebherz schwingt in seiner Bewußtseins-Ontogenese zwischen dem
m y t h i s c h e n   N a r r a t i v und dem o k k u l t e n   L e b e n s s i n n   d e s   M y t h o s
und bildet so den Ursprungspunkt dieses Energiefeldes, welches doch nur begriffen
werden kann aus seinem Ursprung im Herzen des limbalen Unbewußtseins-Stromes
selbst. Wir begreifen, dass das Triebherz das ungedachte Dritte in der inneren Polarität des Mythischen ist, deren höhere Einheit oder Aufhebung. Die Polarität des Mythischen erfährt ihre Aufhebung in demjenigen, das Ursprung ihres magnetischen
Selbstbezuges ist. Durch diesen Ursprung wird die Polarität in einen magnetischen
Bezug zu sich selbst gesetzt, der in diesem Ditten oder Höheren wirksam wird. Der
innere Magnetismus fließt dem Triebherzen nur zu, wenn es die Polarität des W i l -
l e n s   z u r   N e g a t i o n und des Willen zum {*Nicht|Ich|seiner|selbst*} in sich selbst
setzt und aktuiert. Das Triebherz muss beide zu Wesensmomenten eines höheren
Willens machen und diesen in sich selbst begreifen.

Wir sehen den im Triebherzen wirksam werdenden Magnetismus dem Triebherzen selbst zufließen durch die Willens-Polarität des mythologischen Prozesses.
Denn diese Polarität der Willenskonfiguration des Mythischen begibt sich auf die Su-
che nach seinem magischen Ursprung im Triebherzen des limbalen Unbewußtseins.
Sie muss sich in ihrem Höheren begründen. Deshalb entwickelt sie aus sich selber
einen über sie selbst hinausgehenden Willen, der aber eines lebendigen Trägers jenseits der Polarität des Mythischen bedarf, in den das von dem Kraftfeld des polaren
Gegensatzes Entfaltete einströmen und lebendig werden kann, *das heißt* bewußtseins-
ontologische Trägerschaft für die schöpfungsgeschichtliche Menschwerdung des Logos werden kann. Die Polarität des Mythischen greift nach einer Konstellation im
Triebherzen, durch die sie in den magnetischen Selbstbezug zu ihrem Ursprung ein-
fließen kann. Durch die Einströmung in diesen Ursprung wird die Polarität des Mythischen umgewandelt in den magischen Selbstbezug des Triebherzens zu sich selbst,
denn die Polarität hat im Triebherzen ihre Willens-Umwandlung erlitten. Sie wird
getragen durch etwas, was über sie hinausgeht, aber n i c h t gegen ihren Willen. Die
Polarität hält Ausschau nach einem Willen außerhalb ihrer selbst. Und diese über sie
hinausführende Getriebenheit der mythischen Polarität versetzt diese in einen Willen
außerhalb ihrer selbst, der zugleich ihr eigener höherer Wille und damit ihr Willens-
Ursprung ist. Wer aber ist dieser höhere und ursprüngliche Wille, welcher der Polarität des Mythischen zugrunde liegt? Das m a g i s c h e Triebherz des limbalen Unbe-

wußtseins. Allein dieses liefert den Schlüssel zur bewußtseins-ontogenetischen Aufhebung der inneren Polarität des Mythischen, weil nur im Schoße des limbalen Triebherzens das Mythische seine Umwandlung zum Stoff der bewußtseins-ontogenetischen Entwicklungsgeschichte des menschgewordenen »Verbum exinanitum ipsum« in der menschlichen Natur erfahren kann. Die hyletische Umwandlung erfährt das polare Wesen des Mythischen in der bewußtseins-ontogenetischen Willensformation des Triebherzens, die wir als den U r s p r u n g d e r M a n i f e s t a t i o n a l l e s M y - t h i s c h e n zu betrachten haben. Die Formation des m y t h o l o g i s c h e n Willens-Ursprungs im Triebherzen des limbalen Unbewußtseins durch die magische Übertragung der dem Mythischen zugrunde liegenden Willens-Polarität. Die damit verbundene Manifestation des Triebherzens als des Willens-Ursprungs des mythologischen Prozesses bestimmt diesen »höheren Willen« des Mythischen als hyletische Trägerschaft der bewußtseins-ontogenetischen Entwicklungsgeschichte des »Verbum exinanitum ipsum« im äonischen Seelengrund des gottebenbildlichen Menschen. Indem das Triebherz zum Ursprung des mythologischen Prozesses erhoben wird, ist es Erinnerung der sich bewußtseins-ontogenetisch aus ihm entfaltenden hyletischen Trägerschaft einer der Menschwerdung des Logos zugrunde liegenden B e w u ß t s e i n s - S u b j e k t i v a t i o n. Durch die Annahme des Ursprungs des mythologischen Prozesses wird das Triebherz des limbalen Unbewußtseins-Stromes zum bewußtseins-ontogenetischen Prinzip der Ektoplasmation, die den fleischgewordenen Logos als Bewußtseins-Grund seiner selbst in sich trägt. Das Triebherz ist Ursprungsprinzip der sich im äonischen Seelenbilds-Trieb des Menschen zutragenden Bewußtseins-Ontogenese des selbstentäußerten Logos. Es war bereits von einem »höheren Willen« die Rede in Bezug auf den magischen Ursprung des mythologischen Prozesses, zu dem das Triebherz bestimmt wird. Dieser Wille ist in der Tat dem Triebherzen zu eigen, aber dieses ist nicht das Subjekt des Willens. Der »höhere Wille« des Triebherzens ist in gewissem Sinne » v a k a n t «. Er ist subjektsleer. Und dennoch steht es in einem geheimen Bezug zu jenem Subjekt, das Eigner des Willens ist. Dieses verborgen bleibende Subjekt des Willens steht unter der Voraussetzung der Projektion durch das Triebherz. Das Subjekt kann nur verwirklicht werden aus der Projektion des Triebherzens. *Um es klar auszusprechen*: Das Subjekt muss zum Projektum des Triebherzens werden, um real zu werden. Dies geht allein durch die Ektoplasmie der {Bewußtseins|Selbst|Bildung} des sich inkarnierenden »Verbum exinanitum ipsum«. Die Natur des Menschen und die {Bewußtseins|Selbst|Bildung} des menschgewordenen Logos fallen somit in der A n a m n e s e der bewußtseins-ontogenetischen Bestimmung des limbalen Triebherzens zusammen. *Das heißt*: Die menschliche Natur ist erschließbar nur über die Passage der {Bewußtseins|Selbst|Bildung}, welche der kenotische Logos durch seine Subjektivation in das Triebherz an sich selbst durchläuft.

Der versteinernde Tod des Triebherzens durch den Blitzschlag des medusischen Blickes ist, eben weil er ein vom Triebherzen selbst »gewollter« ist, ein in das Innere des Triebherzens zurückgenommener, der zum Ursprungs-Punkt dieses Inneren selbst wird. Richten wir unser Augenmerk auf diesen gewaltigen Umschwung, welcher sich im Inneren des Triebherzens ereignet, entzogen dem Auge menschlicher Vernunft. O welch ein wundersamer Anblick für diejenigen, die zu sehen vermögen! Der tödliche Blitzschlag der Medusa fährt in das Innere des Triebherzens und schafft darin einen Ursprungspunkt, aus welchem das Triebherz in verjüngter Wesenheit aus sich selbst hervorgeht. Der in das Innere des Triebherzens eingeschlagene Ursprungspunkt nimmt das Triebherz selbst ganz in sich zurück, um es neu aus sich zu gebären. Das Triebherz erfährt durch dieses Mysterium seine bewußtseins-ontogenetische Bereicherung und Wesensübertragung. Die folgenden ontologischen Bewegungen haben wir am Triebherzen durch den tödlichen Blitzschlag der Medusa zu verzeichnen:

a) Die Wesensreduktion des Triebherzens in den vom Blitzschlag hervorgerufenen Ursprungspunkt im Inneren des Triebherzens.

b) Die bewußtseins-ontogenetische Erneuerung des Triebherzens aus diesem Ursprungspunkt.

c) Das aus dem Ursprungspunkt Hervorgegangene ist Raum der Selbstprojektion des Triebherzens.

d) Dieser Raum ist Wille des darin in Erscheinung treten wollenden Projektums des {Nicht|Ich|seiner|selbst} des Triebherzens.

e) Daraus wird ersichtlich, dass das Triebherz selbst nicht Subjekt des Willens sein kann, durch den das Projektum räumlich in Erscheinung treten *will*.

f) Das Projektum ist vom Triebherzen verselbständigter Wille, selbst in Erscheinung zu treten. Denn in Erscheinung treten wollen, *dies heißt*: Dem Raum Raum geben durch den aus dem Todesursprungspunkt des Triebherzens hervorgegangenen Willen des in Erscheinung treten wollenden Projektums.

g) Das Projektum ist somit zu fassen als bestimmungslose primateriale Subjektivation der ontogenetischen {Bewußtseins|Selbst|Bildung} des schöpfungsgeschichtlich Mensch gewordenen Logos.

h) Nun aber ist es nicht der Logos selbst, der in die Menschwerdung eingeht, sondern die Gestalt seiner kenotischen SelbstReflektion. Als diese Gestalt ist er anhypostatische Reflektion seiner selbst in der Kenose. Er ist anhypostatisches Bild der Kenose seiner selbst. Denn dieses Bild trägt die SelbstReflektion des Logos in der Kenose, denn sonst könnte der Logos nicht in die Kenose seiner selbst eingehen und darin »untergehen«. Da es die Kenose ist, in welche der Logos selbst sich entäußert und in welcher er selbst »untergeht«, so bedarf es eines anhypostatischen Bildes *dieser seiner* Kenose im $\{Nicht|Ich|seiner|selbst\}$.

i) Dieses $\{Nicht|Ich|seiner|selbst\}$ muss nun hinterfragt werden. Dieses $\{Nicht|Ich|seiner|selbst\}$ ist ein $\{Nicht|Ich\}$, aber wessen? Zunächst bezieht es sich auf das Triebherz des limbalen Unbewußtseinsstromes. Zum anderen bezieht es sich auf den kenotischen Logos. *Das heißt*: das $\{Nicht|Ich|seiner|selbst\}$ schließt beide aus als mögliches Subjekt einer Ontogenese des menschgewordenen Logos.

j) Diese ontogenetische $\{Bewußtseins|Selbst|Bildung\}$ des Logos in der Menschwerdung seiner kenotischen SelbstReflektion ist weder der Logos selbst noch das Triebherz des limbalen Unbewußtseins-Stromes. Vielmehr ist sie als völlig unabhängig davon zu betrachten, als ein ontologisches Ens (Ichts/Etwas) *eigener Art*. Und als solches ist es anhypostatisches Bildnis von der Menschwerdung des kenotischen Logos der Gottheit. Denn die Menschwerdung ist nicht Selbstentäußerung des Logos, sondern anhypostatisches Bild von der Bewußtseins-Selbst-Ontogenese des menschgewordenen »Verbum exinanitum ipsum«. Die menschliche Natur ist damit begründet als Prinzip anhypostatischer Bewußtseins-Ontogenese des menschgewordenen Logos. *Das heißt*: Sie kann sich zum Logos und dessen Mensch-werdung einzig und allein a n h y p o s t a t i s c h verhalten. Nur so kann sie den menschgewordenen Logos dem ontogenetischen Prozeß der Bewußtseins-Selbst-Bildung unterwerfen. Die menschliche Natur als anhypostatisches Bild des menschgewordenen »Verbum exinanitum ipsum« ist nicht Subjekt, sondern bewußtseins-ontologische S u b j e k t i v a t i o n des inkarnierten Logos.

k) Diese Subjektivation der Bewußtseins-Ontogenese des inkarnierten Logos ist der Logos in der Macht seiner m e s s i a n i s c h e n B e s t i m m u n g, d i e d e r L o g o s v o n d e r m e n s c h l i c h e n N a t u r e m p f ä n g t.

l) Das durch die medusische Wesensnegation zum Ursprungspunkt seines Inneren gewandelte Triebherz erfährt sich durch eben diese Reduktion seiner selbst als Ursprung der bewußtseins-ontogenetischen Projektion in das Nichts seiner selbst, wodurch dem Raum Raum gegeben wird, *das heißt* R a u m ü b e r h a u p t e n t s t e h t. Dieser Raumentstehung also geht voraus, dass das Triebherz durch seine Null-Rückführung in seinem Inneren sich selbst erfährt als Ursprung der selbst-mächtigen Projektion von $\{N-|Ichts\}$. Das $\{N-|Ichts\}$ geht hervor als Willensprojektion des Triebherzens. Denn dem Triebherzen wurde vom medusischen Blitzschlag ein Wille übertragen und eine Kraft zur Negation. Beide sind Eigenschaften der Schau der »tödlichen« Medusa. Mit dem „steinernen Tod" des medusischen Blickes aber geht einher die Null-Rückführung im Inneren des Triebherzens zum Ursprungspunkt, der in der Macht des Triebherzens steht. Dieser Ursprungspunkt ist die Macht zur Projektion des $\{N - |Ichts\}$, welches die Voraussetzung darstellt für die Entstehung von Raum. Damit aber Raum entstehe aus dem $\{N - |Ichts\}$, bedarf es des Projektums im Raum der Projektion des $\{N - |Ichts\}$. Somit ergibt sich die Reihenfolge: Projektion des $\{N - |Ichts\}$ → Raumentstehung → Projektum (Ichts).

m) Der im »tödlichen« Blick der Medusa manifest werdende W i l l e   z u r   N e g a t i o n , der dem Triebherzen das $\{Nichts|seiner|selbst\}$ entgegensetzt, wird durch die Null-Reduktion im Inneren des Triebherzens zum Ursprungspunkt einer auf das Triebherz übertragenen Willenskraft umgewandelt. Auch diese bringt eine Negation hervor, aber eine, durch die das Nichts gedacht wird als U r s p r u n g   v o n   R a u m e n t s t e h u n g   u n d   s c h ö p f u n g s g e s c h i c h t l i c h e r   M a t e r i e . Diese Materie birgt in sich das Dasein und die Dingheit, worin sich die Gebundenheit des »Ichts« an die Raum-Entstehung aus dem $\{N - |Ichts\}$ ausdrückt.

n) Das Triebherz wandelt den Willen zur Negation a l s   ü b e r t r a g e n e n um zu einem Nichts-Punkt im Inneren seiner selbst. Dieser Nichts-Punkt ist jedoch versehen mit der Fähigkeit zur Projektion des $\{N - |Ichts\}$ ins Nichts. Die Projektion des $\{N - |Ichts\}$ aus dem inneren Ursprungspunkt des Triebherzens setzt bereits ein Nichts voraus, nämlich die Negation durch den medusischen Blitzschlag. So wurden also die Negation des Triebherzens und die Kraft, die hinter dem Blick der Medusa in dieser selbst verborgen liegt, durch den Ursprungspunkt der Nullreduktion im Inneren des Triebherzens z u s a m m e n g e f ü h r t . Auf diese Zusammenführung ist besonders zu achten, denn sie ist ein wundersamer Akt.

o) Das Triebherz erfährt dadurch eine Übertragung von N e g a t i o n   und W i l l e auf sich selbst, und der Ort dieser Übertragung ist der Ursprungspunkt im Inneren. Dort bildet sich ein Wille zur Selbstnegation des Triebherzens. Und diese Selbstnegation ist Projektion des $\{N - |Ichts\}$ im Schatten des $\{Nichts|seiner|selbst\}$. Diese Projektion der Selbstnegation des Triebherzens findet statt i m   S c h a t t e n der Negation durch den Blitzschlag des medusischen Blicks. Es wird nun klar ersichtlich, dass die Projektion des $\{N - |Ichts\}$ durch das Triebherz im Schatten eines bereits vorhandenen Nichts stattfindet. Dieses Nichts ist das $\{Nichts|seiner|selbst\}$, welches das limbale Triebherz durch den „steinernen Tod" des medusischen Blickes an sich erfährt. Da ist durchaus etwas, was diesen Tod überdauert, was sich zu einer verborgenen Lebensquelle im Inneren des Triebherzens des limbalen Unbewußtseins-Stromes wandelt. Dieses heimliche Leben besteht darin, dass der Ursprungspunkt, der durch den „steinernen

Tod" im Inneren des Triebherzens selbst gesetzt ist, zum Ursprung eines Willens der Selbstnegation im Inneren des Triebherzens wird. Und dieser Wille der Selbstnegation ist Projektion des {$N - |Ichts$} aus dem okkulten Schoß des in sich untergegangenen Triebherzens. Der kataleptische Tod des Triebherzens ist selbst Ausgangspunkt der Wanderung des Triebherzens in sein eigenes Inneres seiner Selbstprojektion ins {$N - |Ichts$}. Es liegt nun auf der Hand, daß wir das {$N - |Ichts$} als das Innere dieser Durchwanderung zu fassen haben, welche das Triebherz in der Entäußerung seiner Selbstnegation an sich selbst — als dem Projektum — vollzieht.

p) *Dies heißt*: Das i n   s i c h » u n t e r g e h e n d e « ist das in seine Projektion des {$N - |Ichts$} — als in den Willen seiner Selbstnegation — eingehende und dieses durchwandernde Triebherz des limbalen Unbewußtseins-Stromes. Diese Durchwanderung des {$N - |Ichts$} seitens des in sich »untergehenden« Triebherzens ist das innere Leben der Projektion selbst. Und dieses Leben bedeutet Raumentstehung und die bewußtseins-ontogenetische Subjektivation des menschgewordenen »Verbum exinanitum ipsum« i m anhypostatischen Bilde der menschlichen Natur.

q) Die *en*hypostatische Qualität des fleischgewordenen Logos ist nicht mitteilbar, weil die Inkarnation nur als die vom Logos selbst ausgehende Wirklichkeit verstanden werden kann. Sie kommt deshalb nicht in Frage, um damit die erfahrungstheologische Wirklichkeit der Einwohnung des menschgewordenen Logos im Menschen zu erklären. Der Glaube allein setzt nicht die Inkommunikabilität des einwohnenden Logos außer Kraft. Die Einheit mit Christus kann nur eine Einheit i n   C h r i s t u s   s e l b s t sein. Das ist der springende Punkt.

r) Hier kommt zur Lösung dieses Problems die okkulte Wissenschaft zu Hilfe. Denn nur sie kann es lösen. Und es darf uns an dieser Stelle nicht wundern, wenn die verborgene Mysterienweisheit der Mythologie einen gehörigen Anteil daran hat.

s) Die Wanderung durch die vom Ursprungspunkt des Inneren des Triebherzens selbst geschaffene Projektion des {$N - |Ichts$} ist zu verstehen als » U n t e r g a n g « d e s   T r i e b h e r z e n s   i n   s i c h   s e l b s t. Und in dieser Wanderung bringt das Triebherz die Entstehung des Raumes für die bewußtseins-ontogenetische Subjektivation des menschgewordenen »Verbum exinanitum ipsum« i m   a n h y p o s t a t i s c h e n   B i l d   d e r m e n s c h l i c h e n   N a t u r hervor. Bewußtseins-ontogenetischer Raum der Schöpfungsgeschichte als p r i m a t e r i a l e   G r u n d l a g e   u n d   V o r a u s s e t z u n g   d e r   S c h ö p f u n g. Dies heißt nichts anderes, als dass die Schöpfung aus sich selbst heraus n i c h t   z u   v e r s t e h e n,   n i c h t   z u e r k l ä r e n i s t. Wir müssen unsere Aufmerksamkeit der bewußtseins-ontogenetischen Grundlage der Schöpfungsgeschichte zuwenden. Denn durch diese erst wird Schöpfung erkennbar, und zwar zugleich *als gefallene* und *als zu erlösende*. Wir müssen nach den okkulten Wurzeln der Schöpfung, nach den $\left\{ bewußtseins \left| {ontologischen \atop ontogenetischen} \right. \right\}$ Fundamenten der Schöpfungsgeschichte fragen. Die Schöpfung ist nur aus der Durchwanderung seiner bewußtseins-ontogenetischen Entstehung aus dem $\{N - |Ichts\}$ durch das darin »untergegangene« Triebherz des Unbewußtseins zu erforschen. Daraus aber folgt, dass das Triebherz Wesensursprung und Subjektivation der Schöpfungsgeschichte im $\{N - |Ichts\}$ ist. Die Schöpfungsgeschichte geht *aus* dem $\{N - |Ichts\}$ hervor, um sich in der äonischen Zeitstruktur ihrer selbst *vor aller Grundlegung der Welt* zu vollenden. Die Schöpfung ist äonisch heil an sich selber.

t) Die Projektion aus dem Ursprungspunkt im Inneren des Triebherzens ist als eine zweifache zu betrachten. Sie ist das hervorspringende äonische Innenleben der Schöpfungsgeschichte aus dem $\{N - |Ichts\}$, das sich im $\{Nicht|Ich|seiner|selbst\}$ des Triebherzens verwirklicht, das heißt a n h y p o s t a s i e r t. Durch die erste Projektion, die des $\{N - |Ichts\}$ ins Nichts, wird der objektalen Seite der Schöpfungsgeschichte Genüge getan, indem Schöpfung vom Ursprung her selbst $\left\{ bewußtseins \left| {ontologischer \atop ontogenetischer} \right. \right\}$ Gegenstand ist. *Das heißt*, sie ist Gegenstand (obiectum) ihres $\left\{ bewußtseins \left| {ontologischen \atop ontogenetischen} \right. \right\}$ Gewordenseins. Die Schöpfung steht in Entgegen-Setzung zum Ursprung ihres bewußtseins-geschichtlichen Gewordenheits-Prinzips. Wir sehen da sich eine mächtige Entgegensetzung auftun innerhalb der Projektion des $\{N - |Ichts\}$ durch den Ursprungspunkt im Inneren des selbstentäußerten Triebherzens, welche uns erinnert an die frühere Entgegensetzung angesichts der Herausforderung des Triebherzens durch den „steinernen Tod" des medusischen Blickes. In der Tat setzt sich diese Konfrontation in der Projektion des schöpfungsgeschichtlichen $\{N - |Ichts\}$ fort, allerdings in einer veränderten Morphologie. Hier genau ist der geistige Ort der *Objekt-Werdung* der Schöpfung in der $\left\{ bewußtseins \left| {ontologischen \atop ontogenetischen} \right. \right\}$ Urgeschichte ihrer selbst. *Man beachte*: Diese Objekt-Werdung der Schöpfung ereignet sich in und durch die Projektion des schöpfungsgeschichtlichen $\{N - |Ichts\}$. Sie ist somit Grund für die E n t s t e h u n g d e s R a u m e s d e s B e w u ß t s e i n s oder des Bewußtseins als e i n e s R a u m e s.

u) Der bewußtseins-räumliche Äther der Schöpfungsgeschichte ist mit der $\left\{bewußtseins \;\middle|\; {ontologischen \atop ontogenetischen}\right\}$ Objektivation der Schöpfung selbst wesenhaft verbunden. Damit hat Schöpfung selbst Anteil an ihrem eigenen äonischen Ursprünglichen in der bewußtseins-ontologischen Objekt-Werdung durch die Projektion des $\{N - |Ichts\}$. Die Objekt-Werdung der Schöpfung ist damit nicht Inbegriff des Erscheinens der Schöpfung in Materie, sondern Element der Entgegensetzung, welche der $\left\{bewußtseins \;\middle|\; {ontologischen \atop ontogenetischen}\right\}$ Projektion der Schöpfungsgeschichte im $\{N - |Ichts\}$ selbst zugrunde liegt. Das vom kenotischen Ursprungspunkt des Triebherzens projizierte $\{N - |Ichts\}$ zeigt uns selbst in aller Deutlichkeit die innere Polarität, welche ihm von Natur aus innewohnt. Es ist das *d y a d i s c h e* Wesen des kosmogonischen $\{N - |Ichts\}$ zu beachten. Die objektale Entgegensetzung der Schöpfung vollzieht sich in der äonischen Ursprünglichkeit ihrer $\left\{bewußtseins \;\middle|\; {ontologischen \atop ontogenetischen}\right\}$ Objektivation durch die schöpfungsgeschichtliche Projektion des $\{N - |Ichts\}$ im Inneren des limbalen Triebherzens. Die objektale Entgegensetzung der Schöpfung wird getragen von der inneren Lebendigkeit der schöpfungsgeschichtlichen Projektion des $\{N - |Ichts\}$, welche in sich eine *zweite* Projektion setzt, die des $\{Nicht|Ich|seiner|selbst\}$ des selbstentäußerten Triebherzens.

v) In der *ersten* $\left\{bewußtseins \;\middle|\; {ontologischen \atop ontogenetischen}\right\}$ Projektion des seiner selbst entäußerten Triebherzens, der des schöpfungsgeschichtlichen $\{N - |Ichts\}$, geht eine zweite auf. Diese *zweite* Projektion ist die des $\{Nicht|Ich|seiner|selbst\}$, die das Triebherz des limbalen Unbewußtseins-Stromes durch das projizierte Sein seiner selbst v o n   s i c h   s e l b s t setzt. Auch diese Setzung vollzieht sich in rein äonischer Ursprünglichkeit. Diese *zweite* Projektion setzt voraus jene Objekt-Werdung (Objektivation) der Schöpfung, so wie diese wiederum die bewußtseins-ätherische Raumentstehung in der schöpfungsgeschichtlichen Projektion des $\{N - |Ichts\}$. Wir sehen zwei schöpfungsgeschichtliche Projektionen ineinander aufgehen. Die ineinander aufgehenden $\left\{bewußtseins \;\middle|\; {ontologischen \atop ontogenetischen}\right\}$ Projektionen der Schöpfungsgeschichte werden miteinander verbunden durch das Band der Objektivation der Schöpfung selbst im Strom ihrer gemeinsamen b e w u ß t s e i n s - ä t h e r i s c h e n   G e g e n - S t ä n d l i c h k e i t. Diese Gegen-Ständlichkeit ist nicht veräußerlichtes Objektsein eines Dinges, sondern die vom $\left\{bewußtseins \;\middle|\; {ontologischen \atop ontogenetischen}\right\}$ Strom der Schöpfungsgeschichte selbst gesetzte Entgegensetzung der Schöpfung durch die Entstehung des ätherischen Bewußtseins-Raumes, durch den sich die Objektivation der Schöpfung in der inneren Projektion des Triebherzens selbst verwirklicht. In diesem bewußtseins-ätherischen Raume wird Schöpfung selbst objektal. *Kurzum*: Dies ist der Ort der Objekt-Werdung der Schöpfung selbst. Aber was heißt »Objekt-Werdung der Schöpfungs selbst«? Damit soll ausgedrückt werden, dass erst hier Schöpfung a l s S c h ö p f u n g d e n k b a r wird. Es denkt sich Schöpfungsgeschichte bewußtseins-ontogenetisch selbst und macht dadurch Schöpfung selbst objektal. Die O b j e k tivation der Schöpfung kommt nicht eher zustande, bis dass sich das selbstentäußerte Triebherz durch die ä t h e r i s c h e R a u m b i l d u n g

seiner $\left\{ bewußtseins \left| \begin{matrix} ontologischen \\ ontogenetischen \end{matrix} \right\} \right.$ Evolution die Idee der

S c h ö p f u n g a u s s i c h s e l b s t e n t f a l t e t. Denn Schöpfung ist Objektivation der bewußtseins-ätherischen Raumentstehung im kenotischen Triebherzen. S c h ö p f u n g i s t s i c h o b j e k t i v i e r e n d e r B e w u ß t s e i n s - Ä t h e r. Und dieser wiederum ist Raum. *Wir begreifen*: Der Raum ist die Aufhebung der gegenständlichen Entgegensetzung der Schöpfung selbst. Die Entstehung des Raumes steht in einem Urbezug zur schöpfungsgeschichtlichen Subjektivation des {*Nicht|Ich|seiner|selbst*}. Die »Gegenständlichkeit« der Schöpfung, die gerade durch die Entstehung des Bewußtseins-Äther-Raumes zustande kam, sie fließt an sich selbst vorüber in die Tiefe der *zweiten* schöpfungsgeschichtlichen Projektion des Triebherzens. Sie fließt ab — zusammen mit dem Bewußtseins-Äther — in Richtung auf die schöpfungsgeschichtliche Wesensbestimmung in der Projektion des {*Nicht|Ich|seiner|selbst*}. Denn in dieser geht die objektale Schöpfung selbst in sich auf zu ihrer schöpfungsgeschichtlichen Wesensbestimmung i m a n h y p o s t a t i s c h e n B i l d e d e r m e n s c h l i c h e n N a t u r. Denn diese wird erst durch das Aufgehen der *zweiten* Projektion des Ursprungspunktes im Inneren des Triebherzens erschlossen. Im bewußtseinsontologischen Raum der menschlichen Natur erst findet das objektale Wesen der Schöpfung seine Bestimmung und Erfüllung. Und das o b j e k t a l e S e i n d e r S c h ö p f u n g findet seine Rechtfertigung allein in den bewußtseins-ontologischen Tiefen der schöpfungsgeschichtlichen Subjektivation des Triebherzens zum {*Nicht|Ich|seiner|selbst*}. Dieselbe bewußtseins-ätherische Raumbildung, die selbst Prinzip der objektalen Schöpfung ist, führt diese m i t s i c h h i n a b i n d e n » U n t e r g a n g «. Und dieser »Untergang« führt in das Innere der *zweiten* schöpfungsgeschichtlichen Projektion des Triebherzens. *Das heißt*: Die objektale Schöpfung geht unter in der schöpfungsgeschichtlichen Wesensbestimmung der menschlichen

Natur. Die Einsetzung des {*Nicht|Ich|seiner|selbst*} im bewußtseins-ätherischen Raum des schöpfungsgeschichtlichen {*N* — |*Ichts*}, erst sie versieht das limbale Unbewußtsein mit einer bewußtseins-ätherischen Ichheit. Diese Ichheit ist nicht Ich, sondern Ich in seiner p r i m a t e r i a l e n V o r b e w u ß t s e i n s - S c h w e b e. Sie befindet sich in einem analogen Zustand zum schöpfungsgeschichtlichen {*N* — |*Ichts*} als dem reflexiblen Innengrund des Triebherzens. Die Ichheit als p r i m a t e r i a l e V o r b e w u ß t s e i n s - S c h w e b e geht aus dem Gesetztsein durch das {*Nicht|Ich|seiner|selbst*} hervor. Sie bedeutet die präformative Subjektivation des Projizierten als den heimlichen Verweis auf das Ziel der aus dem Triebherzen hervorgehenden schöpfungsgeschichtlichen Projektion. Die Ichheit ist präkognitive Vorbewußtseins-Schwebe, durch welche der Prozeß der Objektivation der Schöpfung selbst hindurch muß. Diese objektale Seite des Geschaffenen muss in seinem letzten Grunde u n t e r g e h e n, um dadurch schöpfungsgeschichtlich aufgehoben zu sein. Die Aufhebung des »Objektalen« des Geschaffenen bedeutet nichts anderes als die Aufgabe des inneren Wesens-Zwiespaltes, welcher die »Gegenständlichkeit« des Geschaffenen selbst von Anfang an durchzieht. Der Wesens-Zwiespalt objektalen Seins, der nicht Bewußtsein ausschließt, wie die Vernunft der Welt meint, sondern der eben deshalb, weil er der bewußtseins-ätherischen Raumentstehung des objektalen Seins der Schöpfung entspringt, nur mithilfe des Äther-Flusses durch die objektale Formation der Schöpfung in den Tiefen des {*Nicht|Ich|seiner|selbst*} des limbalen Triebherzens selbst aufgehoben werden kann. Denn das {*Nicht|Ich|seiner|selbst*} ist die Subjektivation des Triebherzens in *zweifacher* Hinsicht: 1) als S e l b s t e n t ä u ß e r u n g s e i n e s r e f l e x i b l e n U r s p r u n g s und 2) als Z i e l p u n k t d e r O b j e k t i v a t i o n d e r S c h ö p f u n g s e l b s t , i n w e l c h e m d i e s e z u r R u h e k o m m t. Dieses zur Ruhe Kommen ist verbunden mit der Manifestation des göttlichen Ursprungs der Schöpfung, dessen die Schöpfung selbst teilhaftig wird.

w) » M e d u s i s c h e A n a m n e s e n «: Die Wandlung des limbalen Triebherzens durch Entgegensetzung des medusischen Antlitzes. Der versteinernde Blick. Der „steinerne Tod" des Triebherzens. Der Rückzug des Inneren des Triebherzens zum Ursprungspunkt. Dieser ist hervorgegangen aus der Nullpunkts-Reduktion des Triebherzens. „ S t i r b u n d w e r d e !" Als dieser Ursprungspunkt hat das limbale Triebherz i n d e r E n t ä u ß e r u n g s e i n e r s e l b s t sich neu zu fassen. Es denkt sich in Bezug auf das {*Nicht|Ich|seiner|selbst*}. D a s l i m b a l e T r i e b h e r z a l s d e r s i c h s e l b s t z e u g e n d e G e d a n k e d e r S c h ö p f u n g. Darum geht es. Wonach wir fragen müssen in Erkennung der okkulten Kräfte des

Mythischen, ist nicht, was das Triebherz durch den tödlichen Blick der Medusa verliert, sondern was es *insgeheim* dabei gewinnt. Die Enthauptung der Medusa durch Perseus offenbart zwei völlig entgegengesetzte Wirkungsweisen des vom Medusenhaupte tropfenden Blutes: Es kann t ö - t e n oder es kann h e i l e n und u n s t e r b l i c h m a c h e n[40]. Diese Aussage des Mythos ist von großer Bedeutung für die okkulte Wissenschaft von der schöpfungsgeschichtlichen Projektion des limbalen Triebherzens. Der Mythos deutet uns unmißverständlich hin auf die B l u t - S y m b o l i k d e s U n b e w u ß t s e i n s. Und es ist in diesem Zusammenhang nicht zufällig, wenn der Mythos von *drei* Gorgonen spricht, von denen zwei Schwestern u n s t e r b l i c h sind, während allein Medusa s t e r b l i c h ist. Wir sehen, dass die Sterblichkeit der Medusa ein auffallendes Merkmal unter den sonst unsterblichen Gorgonen ist. Das Mythische spricht zu uns in Rätseln. Und diese Rätsel stecken voll okkulter Weisheit, die das Auge des prophetalen Sehens erfordert. Wie die mythologischen Narrative insgesamt, so weisen die Namen der drei Gorgonen uns hin auf die Notwendigkeit einer Spiritualität des Mythos, ohne die das Wesen des Mythos unverstanden bleiben muß. Die Namen der Gorgonen beziehen sich allesamt auf das limbale Unbewußtsein. Und sie bezeichnen dessen Eigenschaften. So deutet »Stheno«, eine der unsterblichen Gorgonen-Schwestern, auf die Stärke und Macht des Unbewußten hin, »Euryale« symbolisiert hingegen dessen Räumlichkeit und Raumentstehung, die hinabführt in die Tiefen der schöpfungsgeschichtliche Subjektivation des Triebherzens. »Medusa« schließlich, die sterbliche Gorgone, versinnbildlicht die

$$\left\{ bewußtseins \middle| {ontologische \atop ontogenetische} \right\} \text{ Evolution des Triebherzens. Sie symboli-}$$

siert das Triebherz, insofern dieses in sich abstirbt, um sich als die

$$\left\{ bewußtseins \middle| {ontologische \atop ontogenetische} \right\} \text{ Quelle der schöpfungsgeschichtlichen}$$

Menschwerdung des Logos im anhypostatischen Bild der menschlichen Natur zu verwirklichen. Deshalb ist Medusa *sterblich*, deshalb kann sie nicht unsterblich sein wie ihre beiden Schwestern. Und es leuchtet auch ein, warum die beiden Schwestern unsterblich sind: S t ä r k e und R a u m e n t s t e h u n g verweisen auf zwei Kern-Eigenschaften des limbalen Unbewußtseins, auf dessen g ö t t l i c h e n U r s p r u n g und U n i v e r - s a l i t ä t. Durch diese beiden Eigenschaften ist der Strom des limbalen Unbewußtseins hinreichend gekennzeichnet. Das Unbewußtsein f l i e ß t. Es

---

[40] W. H. Roscher, Ausführliches Lexikon der Griechischen und Römischen Mythologie, Erster Band/Zweite Abteilung, Leipzig 1886-1890, col. 1697.

markiert einen ewigen Prozeß. Aber dieses Strömen ist in sich nicht bewußtseins-los. Das durch das Unbewußtsein Entstehende ist kein von diesem unerkannt Bleibendes. Beide stehen sich nicht fremd gegenüber. Sie bilden eine organische Einheit, denn sie sind eins. Das macht die okkulte Bedeutung des Namens der *sterblichen* Gorgo deutlich. Diese gibt uns den Hinweis auf die Selbst-Reflektion des limbalen Unbewußtseinsflusses, welche im Triebherzen und durch dieses selbst stattfindet. Darin wird sich das Unbewußtsein seiner selbst bewußt als im $\left\{bewußtseins \left|\begin{array}{l}ontologischen \\ ontogenetischen\end{array}\right.\right\}$ Inneren seines eigenen Triebherzens, insofern dieses Innere unter der Macht seines Nullpunkts-Ursprungs steht. Das Innere hat an sich selbst seine Null-Reduktion erfahren, um sich in sich selbst reflektieren zu können. Denn diese Selbst-Reflektion ist die okkulte Eigenheit der »Medusa«. Das Triebherz muss *sterblich* sein und seine Sterblichkeit an sich selbst erfahren. Es muss sie an sich selbst erfahren, um aus der SelbstReflektion die Macht zur schöpfungsgeschichtlichen Projektion aus sich zu beziehen. Die »Medusa« muss durch die Null-Reduktion im Inneren des Triebherzens ein Ich in diesem »getöteten« Inneren hervorbringen, — das *{Nicht|Ich|seiner|selbst}. Das heißt*: Es muss *{Nicht|Ich}* des Triebherzens, aber auch *{Nicht|Ich}* der »Medusa« sein, wodurch sich deren Blick als heilsam und als hellsichtig erweist. Das *{Nicht|Ich|seiner|selbst}* haben wir also nicht nur als Einsetzung des Triebherzens in das durch »Tötung« entstandene Nullpunkts-Ursprungs-Innere seiner selbst zu verstehen, sondern wir müssen weiter zurückgehen, und zwar bis zu jener Phase, wo der tödliche Blitzschlag des medusischen Blickes in das Triebherz eindringt und es zersprengt. An dem *{Nicht|Ich|seiner|selbst}* haben das Triebherz und die »Medusa« gleichermaßen Anteil. Die Medusa bildet jedoch den Ursprung des *{Nicht|Ich|seiner|selbst}*, da dieses das U r b i l d d e r S t e r b l i c h k e i t d e r M e d u s a selbst ist. Mit der Sterblichkeit der Medusa endet der Strom des limbalen Unbewußtseins, der unsterblich ist, nicht, aber er setzt sich in einem *{Nicht|Ich}* der Medusa selbst fort, das zugleich das *{Nicht|Ich}* des vom medusischen Blick »getöteten« Triebherzens ist, sein muss. Was also trägt sich — in der Sprache der okkulten Wissenschaft — im Inneren des Triebherzens beim Anblick der Medusa zu? Die M a n i f e s t a t i o n d e s Geheimnisses von der Sterblichkeit der Medusa. Das *{Nicht|Ich|seiner|selbst}* ist der Akt, durch den die Medusa sich selbst zum Gegenstand ihres tödlichen Anblickes macht im Nicht-Ich ihrer selbst, damit muss sie zum Subjekt ihrer Tödlichkeit werden. Denn nur so kann sie sich in ihrem Sein als »Tötendes« aufheben: Indem sie im *{Nicht|Ich|ihrer|selbst}* von sich selbst »getötet« wird. Diese Übertragung muss das Triebherz in sein »getötetes« Inneres einführen und sich damit zur Grundlage machen. Das {*Nicht*|*Ich*|*seiner*|*selbst*} des Triebherzens müssen wir somit betrachten als von der Medusa hervorgerufene bewußt-seins-ontogenetische Evolution des limbalen Triebherzens. Durch diese veränderte Perspektive erweitert sich die Reichweite unseres okkulten Blickes in die innere Teleologie des Triebherzens. Denn wir erkennen, dass es die Medusa aufgrund ihrer Sterblichkeit selbst ist, die durch Setzung des {*Nicht*|*Ich*|*ihrer*|*selbst*} im Inneren des limbalen Triebherzens dieses selbst zum {*Nicht*|*Ich*|*seiner*|*selbst*} e i n s e t z t. Man beachte die Duplizi-tät dieses Vorganges, die durch eine Übertragung mit sich selbst verbun-den ist. Diese Übertragung wurzelt in der Sterblichkeit der Medusa, die sich selbst ihren Grund im Inneren des Triebherzens des limbalen Unbe-wußtseins legt. Die Medusa, sie muss im Triebherzen durch das {*Nicht*|*Ich*|*ihrer*|*selbst*} Zeugin ihres Todes durch den Anblick ihrer selbst werden, um als {*Nicht*|*Ich*|*seiner*|*selbst*} des Triebherzens f o r t z u l e - b e n. Die Sterblichkeit der Medusa ist eine sich auf zweifache Weise im Inneren des Triebherzens aufhebende.

x) I n n e n l e b e n d e r M e d u s a : Setzung des {*Nicht*|*Ich*|*ihrer*|*selbst*} im Inneren des Triebherzens. Dieses {*Nicht*|*Ich*|*ihrer*|*selbst*} erfährt den töd-lichen Blitzschlag der Medusa. So wird die Sterblichkeit in der Medusa selbst gesetzt, diese erfährt die Tödlichkeit ihrer selbst in dem von ihr selbst gesetzten {*Nicht*|*Ich*|*ihrer*|*selbst*}. Da aber dieses {*Nicht*|*Ich*|*ihrer*|*selbst*} zugleich das {*Nicht*|*Ich*|*seiner*|*selbst*} des limbalen Triebherzens ist, lebt die Medusa trotz ihrer Sterblichkeit fort im sich seiner selbst entäußernden Triebherzen des limbalen Unbewußtseins-Stromes. Das Triebherz entäu-ßert sich durch Projektion seines {*Nichts*|*seiner*|*selbst*} in die Leere der schöpfungsgeschichtlichen Raumentstehung. Die Medusa muss, um sich selbst in das Triebherz übertragen zu lassen, im N i c h t - I c h i h r e r s e l b s t sterben durch den von ihr selbst ausgeteilten Blitzschlag. Die Me-dusa muss Abgespaltenheits-Vorbewußtseins-Selbst von sich selbst im In-neren des limbalen Triebherzens werden. Sie muss sich ihrer Tödlichkeit im abgespaltenen {*Nicht*|*Ich*|*ihrer*|*selbst*} bewußt werden. Sie muss das Tödliche ihrer selbst erdulden, um — zum Inneren des limbalen Triebher-zens selbst geworden — ihren Tod zu überwinden durch schöpfungsge-schichtliche Fortpflanzung ihres Innenlebens im {*Nicht*|*Ich*|*seiner*|*selbst*} des limbalen Triebherzens. Dies ist die innere Teleologie des Todes der sterblichen Medusa, die in einem nur scheinbaren Gegensatz steht zur my-thischen Erzählung von Medusas Enthauptung durch Perseus. Denn die Medusa als die einzige Gorgone, die sterblich ist, ist dazu bestimmt zu sterben. Aber sie ist dank ihrer unsterblichen Schwestern »Stheno« und »Euryale« auch dazu bestimmt, über ihren Tod hinaus zu leben. Das Leben der Medusa setzt sich fort jenseits der Selbstnegation durch das Innere des limbalen Triebherzens, das ja zum {Nicht|Ich} der tödlichen Gorgo Medusa ebenso wie zum {Nicht|Ich|seiner|selbst} im {Nicht|Ich|der|Medusa} geworden ist. Wir können somit komplexe Vorgänge am Innenleben des limbalen Triebherzens feststellen. *Wir sehen*: Der limbale Unbewußtseins-Strom bleibt, was er ist. Aber die Wesenskonfiguration, aus welcher das Unbewußtsein hervorfließt und fortfließt, unterliegt Verwandlungen. Und wir können sagen, dass das limbale Triebherz aufgrund seiner medusischen Wesenswandlung über die schöpfungsgeschichtliche Kraft seines Unbewußtseins-Stromes verfügt. Wir verstehen nun den tödlichen Blitzstrahl des medusischen Blickes, von dem das mythische Narrativ spricht, als den Beginn einer symbolischen Metamorphose zwischen dem limbalen Triebherzen und der Medusa, die zu wundersamen Ergebnissen führt, die für die okkulte Wissenschaft von herausragender Bedeutung sind. Diese Ergebnisse liegen dem Mythos selbst zugrunde, ohne dass das Narrativ des Mythos darüber Auskunft geben könnte. Denn das Narrativ des Mythos umgibt den Mythos selbst mit einem magischen Bannkreis von ausgeschlossener Erkenntnis. Dieser Kreis bannt die okkulte Erkenntnis des Mythischen nach innen, so dass dadurch der äußere Raum des »Profanen« entsteht. Dieses Profanum aber ist nicht einfach die „Weltlichkeit", sondern vielmehr der geistige Aspekt der Menschheitsgeschichte. Die Menschheitsgeschichte erscheint im Profanum nicht in ihrem rein geschichtlichen Dasein, sondern in ihren geistigen Grundlagen, in ihrer gegenoffenbarungsgeschichtlichen Heimlichkeit. Das Narrativ des Mythos schreibt diese geistigen Grundlagen der Menschheitsgeschichte, aber als Ergebnis einer Verdrängungsgeschichte. Eben das macht den scheinbaren Sieg des »Profanen« über das Verdrängte um so beeindruckender, um so t r a g i s c h e r. An diesem geistigen Orte dürfen wir die G e b u r t d e s t r a g i s c h e n G e d a n k e n s vermuten. Eben hier sehen wir die Kunst der Griechen im Zustande ihrer in sich geschlossenen Entstehung. Denn diese ist der m a g i s c h e B a n n k r e i s z w i s c h e n d e m H e i l i g e n u n d d e m B e r e i c h d e s » P r o f a n e n «, der doch beide zugleich umfasst als Wirklichkeiten esoterischer Erkenntnis, die auf das Göttliche selbst zurückgeht. Der Kunstgedanke ist die I d e e v o m T r a g i s c h e n d e s m y t h i s c h e n L o g o s. Denn das T r a g i s c h e d e s M y t h i s c h e n leuchtet uns erst hervor durch den göttlichen Logos, insofern dieser sich uns a l s u n s v e r b o r g e n e r zu erkennen gibt. Begriffen wird er von uns somit nur, insofern er der menschlichen Natur sich offenbart im anhypostatischen Bild des {Nicht|Ich|seiner|selbst} des limbalen Triebherzen. Diese Gegenwart im {Nicht|Ich|seiner|selbst} aber ist nicht Inhabitation, sondern Desinhabitation des Logos im prophetalen Menschen. Dies geschieht jedoch nur, insofern wir uns dem Geheimnis des Triebherzens des limbalen Unbewußtseins-Stromes überlassen. Denn nur durch diesen Strom erlangt man die Kenntnis des Okkulten.

γ) Der Begriff des »Tragischen«: Das Tragische ist nicht nur Gegenstand oder Stoff des Mythos, es ist die okkulte Wesensstruktur des Mythischen. Das tragische Wesen des Mythos ergibt sich aus dessen hierophantischer Funktion als des magischen Bannkreises zwischen der heiligen Sphäre göttlicher Offenbarungsgeschichte und dem »Profanum« menschheitsgeschichtlicher Entwicklung. Dieses »tragische« Wesen des Mythos muß unerkannt bleiben, solange wir ihm nicht die polaren Quanten seines eigenen Unbewußtseinsflusses zugrunde legen. Denn nur so wird der Mythos zum Lebendigen unserer eigenen spirituellen Bewußtseins-Entwicklung. Der Mythos bleibt nicht äußeres Bildungsgut von akademischen Fachgelehrten, sondern er offenbart sich uns in seinem wahren, lebendigen und ewigen Wesen, er offenbart sich in seiner okkulten Natur. Und auf eben dieses kommt es an, will man das spirituelle Erbe Alter Kulturen nicht in historiographischer Manier an sich vorüberziehen lassen, sondern es in seiner esoterischen Bedeutung und Wirkkraft für sich selbst und zum Wohle anderer nutzen. Das tragische Wesen des Mythos bildet den magischen Bannkreis, insofern es die Pforte der äonischen Wieder-Erinnerung in uns öffnet, in welcher das Blut des limbalen Unbewußtseins strömt. Es geht um die Anamnese des ätherischen Unbewußtseins-Stromes, aus welcher sich der Geist des Menschen zusammensetzt. Wenn wir auch von »Unterströmungen« des *einen* Stromes des limbalen Unbewußtseins sprechen, so meinen wir damit jene Orte auf der Passage, die der Unbewußtseins-Strom durchläuft und die er mit sich führt und magisch in seinen Bann zieht. Das Unbewußtsein umströmt all diese Orte seiner Passage und zieht sie mit sich selbst hinab in die Wiedererinnerung. Deshalb kann durchaus von Unbewußtseins-*Unterströmungen* gesprochen werden, auch wenn es nur *ein* limbales Unbewußtsein geben kann. Das »Tragische« des Mythos ist der Schlüssel zur Anamnese des ätherischen Unbewußtseinsflusses des limbalen Triebherzens, weil es auf der Entgegensetzung von göttlicher Offenbarungsgeschichte und »Profanum« gründet. Es gründet auf dem *mit einem Schlage* Gesetztsein dieser Entgegensetzung beider. Das Entgegengesetztsein beider wird gesetzt mit einem Schlage. Aber wodurch? Durch den Erkenntnisblitz göttlicher Offenbarung, der als das »Tragische des Mythos« im Mythos selbst aufleuchtet und durch Entgegensetzung die einzig möglichen Gegenstände »tragischer Erkenntnis« des Mythischen manifestiert. Mit dem Schlag öffnet sich das Tor der Anamnese, welche von den ätherischen Unbewußtseins-*Unterströmungen* des Triebherzens durchzogen ist, und die tragischen Abgründe des Mythos tun sich auf. Die Setzung des Entgegengesetztseins von göttlicher Offenbarungsgeschichte und dem »Profanum« menschheitsgeschichtlicher Geistesentwicklung ist der Ursprung des tragischen Sinns des Mythos. Dieser tragische Urgedanke des Mythos verkörpert sich in der agonalen Entgegensetzung der medusischen Umwandlung des Triebherzens und der Enthauptung der Medusa durch Perseus. Der Wettstreit der tragischen Entgegensetzung entspricht dem Entgegengesetztsein von »Narration« und »okkulter Bedeutung«, worauf das Wesen des Mythischen selbst beruht. Das Wesen des Tragischen wird manifest im Triebherzen des limbalen Unbewußtseins-Stromes, da es sich in diesem verwirklichen muss. Der Urkonflikt, den das Triebherz zu bestehen hat, ist die Begegnung mit dem versteinernden Blick der Medusa. Es muss sich des Willens und der Negationskraft, welche von der Medusa ausgehen, bemächtigen auf dem Wege eines Formationsstreites, in dem beide medusischen Potenzen übergehen oder übertragen werden auf das in sich absterbende Triebherz. Nur so kann dieses sich selbst zum {*Nicht|Ich|seiner|selbst*} bestimmen, das {*Nicht|Ich|ihrer|selbst*} der Medusa ist, in dem diese sich als Erkenntnisform eines sich selbst negierenden Triebherzens des Unbewußtseins formieren kann. Das {*Nicht|Ich|seiner|selbst*} des limbalen Triebherzens sehen wir in dieser Konfiguration als der Macht der Medusa zuzuordnende Setzung der Negation. *Das heißt*: Es besteht ein Inter-Esse der die Negation setzenden Medusa an einem Erhalt des von ihr negierten Triebherzens. Dieses okkulte Inter-Esse bildet die unsichtbare Brücke zwischen dem sich Entgegengesetzten. Das medusische Sein muss in das Triebherz selbst einfließen [wollen], um sich darin in seinem Tod selbst zu begegnen. Dies ist der Sinn der Sterblichkeit der Gorgo Medusa, wie sie vom Mythos berichtet wird. Das innere Sein der Medusa muss in das von ihr negierte Triebherz einfließen, da es sich durch eben diese Negation im Triebherzen selbst als dessen Wille zur Selbstnegation fassen will. Dies setzt aber den gewollten Tod der Medusa selbst voraus. Nur so kann sie sich von ihrer Negationskraft, welche sich im „steinernen Tod“ des Triebherzens äußert, entsühnen, nämlich indem sie selbst zu Tode kommt, um in der Setzung des {*Nicht|Ich|seiner|selbst*} des limbalen Triebherzens fortzuleben. Denn im {*Nicht|Ich|seiner|selbst*} setzt das limbale Triebherz sich selbst in der entsühnten medusischen Erkenntnisform seines {*Nicht|Ich*}. Und dadurch kann das Triebherz den Raum seiner schöpfungsgeschichtlichen Bewußtseins-Subjektivation aus sich entwerfen, den Raum der Projektion seiner selbst als der Subjektivation des menschgewordenen »Verbum exinanitum ipsum«. Das Geschilderte macht das okkulte Innenleben des limbalen Triebherzens aus. Das {*Nicht|Ich|seiner|selbst*} des Triebherzens erscheint in doppelter Weise: 1. als Inter-Esse seiner Negation durch den medusischen Blick, *das heißt* als primateriale Vorbewußtseins-Schwebe [als ein dem entsühnten medusischen Triebherzen *vorschwebendes Bewußtsein seiner selbst*], und 2. als bewußte Setzung der Selbstnegation, wodurch das {*Nicht|Ich|seiner|selbst*} zum Ursprung aller Raumbildung der schöpfungsgeschichtlichen Subjektivation des Triebherzens selbst erhoben wird. Dies ist die Wesens-Anaphora, welche auf die konfigurative Umgestaltung des limbalen Triebherzens durch den versteinernden Blick der Medusa zurückgeht. Wir lesen die mythische Rede in der Umkehrung des Spiegels. Denn dieser ist das T o r   d e r   A n a m n e s e der Äonenwanderung des »Verbum exinanitum ipsum« im ätherischen Blutstrom der menschlichen Natur.

z) D e r   » t r a g i s c h e   S i n n «   d e s   M y t h i s c h e n   l i e g t   i m   t i e f s t e n   S e i n   d e s   l i m b a l e n   T r i e b h e r z e n s   v e r b o r g e n. Aller Schicksalsgrund hat darin sein Entstehen. Denn das Schicksal ist nichts anderes als die unbezwingbare Macht der Negation, unter welcher das Triebherz steht, da es sich selbst darunter gesetzt hat. Das Schicksal als ungehinderte Macht der Negation ist reine Setzung des Triebherzens selbst. In dieser $\left\{bewußtseins \, \middle| \, {ontologischen \atop ontogenetischen} \right\}$ Selbst-Gespaltenheit befindet sich das Triebherz von Beginn an. D a s   T r i e b h e r z   k a n n   n i c h t   i n   E r s c h e i n u n g   t r e t e n,   o h n e   d i e s e   S e l b s t - G e s p a l t e n h e i t   s e l b s t   z u   s e i n. Um aber diese Selbst-Gespaltenheit *selbst zu sein*, muss das Triebherz u r w e s e n s - s e l b s t e n t ä u ß e r t sein. Es muss sich selbst zum Teil seiner Verdrängung geworden sein, ohne dies freilich zu wissen. Es muss beides geworden sein, V e r d r ä n g t e s   s e i n e r   s e l b s t und v e r d r ä n g e n d e s   A g e n s in einem. Aufgrund der perichoretischen Durchflutung seines polaren Selbst-Gespaltenheits-Wesens erweist sich das limbale Triebherz als das » t r a g i s c h e   E r k e n n t - n i s p r i n z i p   i m   M y t h i s c h e n «. Das Triebherz selbst verkörpert den okkulten Ursinn des Mythos. Deshalb kann Mythos nicht begriffen werden ohne eine Lehre von der $\begin{Bmatrix} bewußtseins \begin{vmatrix} ontologischen \\ ontogenetischen \end{vmatrix} \end{Bmatrix}$ Begründung des Triebherzens im Unbewußtseins-Strom des limbalen Unterganges des »Verbum exinanitum ipsum«. Das Schicksalsgesetz des inneren Formations-Streites macht das Herz des »tragischen Wesens« des Mythischen selbst aus. Dieses innere Gesetz bildet den Triebherzensgrund des limbalen Unbewußtseins, in welchem das »Verbum exinanitum ipsum« seine Äonenwanderung durchläuft bis hinab zu seiner schöpfungsgeschichtlichen Menschwerdung im anhypostatischen Bewußtseinsgrund der menschlichen Natur. Das Triebherz ist selbst der Ursprung des »t r a g i s c h e n   B e w u ß t s e i n s g e s e t z e s«, durch das das Wesen des Mythos bestimmt wird. Der Mythos ist nicht die von ihm beschriebene Logik geistiger Gebilde, sondern er ist die sich ihm selbst zur S y m b o l h a n d l u n g werdende Genese seiner selbst als okkulte Lehre vom limbalen Unbewußtseins-Strom, insofern dieser der Ort ist, wo sich der Untergang des göttlichen Logos a l s   i n   d e r   k e n o t i s c h e n   S e l b s t - R e f l e k t i o n   s e i n e r   s e l b s t ereignet. Denn allein in diesem limbalen Untergang des kenotischen Logos liegt der Existenzgrund des Unbewußtseins selbst begründet. Es ist somit schlechthin unmöglich, ohne Bezug auf diesen »untergegangenen« Logos M y t h o l o g i e verstehen zu wollen. Denn die Mythologie ist Teil der umfassenden Mysterientradition. *Das heißt*, es gibt k e i n   e x o t e r i s c h e s   V e r s t ä n d n i s des Mythos. Es gibt nur exoterische Fiktionen davon.

Die »tragische Idee des Mythos« ist der „steinerne Tod" des medusischen Blickes, der dem Triebherzen ins Innere fährt und ihm dort selbst aufgeht, weil dies die Passage des in sich abgestorbenen medusischen Triebherzens durch das Innere seiner ätherischen Raumentstehung im {*Nicht|Ich|seiner|selbst*} ist. Das in seiner geheimen Komplexität schwer durchschaubare Gesetz der o k k u l t e n   P e r i c h o r e s e   d e s M y t h o s kennt nur wechselnde Identitäten und Sinnbesetzungen seiner Gestalten und Konfigurationen.

Das Okkulte verfügt über eine eigene, über eine t r a n s z e n d e n t a l e Form der Logik, die sich vom Bewußtsein weltlicher Rationalität nicht fassen läßt. S i e f o l g t   d e n   l o g i s c h e n   G e s e t z e n   s p i r i t u e l l e r   E r f a h r u n g. Und weil dies so ist, widerstreitet die menschliche Rationalität dem Prinzip und den Grundlagen der okkulten Wissenschaft. Somit liegt die menschliche Rationalität in einem naturwidrigen Widerspruch mit der menschlichen Natur. Diesen Selbstwiderspruch des rationalen Bewußtseins im modernen Menschen müssen wir an dieser Stelle besonders hervorheben. Denn er spaltet den Menschen ab von der Erkenntnis des Göttlichen, die ohne Intuition der $\begin{Bmatrix} bewußtseins \begin{vmatrix} ontologischen \\ ontogenetischen \end{vmatrix} \end{Bmatrix}$ Gesetze des limbalen Unbewußtseins *a priori* ausgeschlossen ist.

Wir können daraus folgern, dass die anthropologischen Rahmenbedingungen der modernen materialistischen Weltsicht nicht nur in völligem Widerspruch zu den Bewußtseins-Tatsachen der okkulten Tradition stehen, sondern auch im Widerspruch mit seinem eigenen Bild vom Menschen. Die okkulten Erkenntnisgrundlagen des Mythos sind mit einer Moderne unvereinbar, deren anthropologisches Weltbild die menschliche Natur der eigenen spiritualen Begründung beraubt, durch die sie mit der Sphäre des Göttlichen in Verbindung steht.

In dieser Selbstabspaltung des Denkens liegt zugleich die Ursache für einen Untergang, der nicht zum Leben spiritueller Erfahrung, sondern zu g e i s t i g e r A n a r c h i e , d e r s c h l e i c h e n d e n A u f l ö s u n g d e r G e s e l l s c h a f t u n d d e m V e r l u s t d e s V e r a n t w o r t u n g s g e f ü h l s u n d d e r s o z i a l e n I n s - t i n k t e im Menschen führt. Die im Mythos verhandelten Dinge sind nicht deshalb okkult, weil sie mythisch sind, sondern sie sind mythologisch, da sie unwiderlegbare okkulte Bewußtseins-Tatsachen der offenbarenden Vernunft des Mythos sind. *Kurzum*: Der Mythos weiß vom limbalen Untergang des selbstentäußerten Logos. Denn wüßte er nicht davon, so gäbe es den Mythos nicht!

Deshalb ist der Mythos nicht das durch Rede ihm Entgegentretende. Er ist nicht der narrative Stoff seiner selbst. Er ist vielmehr die sich selbst schauende Wahrheit seines limbalen Triebherzens. Und indem er in sein Inneres, in sein Innenleben hineinschaut, erblickt er in sich selbst die perichoretischen Wandlungen seiner Unbewußtseins-Natur an sich selbst als $\left\{bewußtseins \middle| {ontologisches \atop ontogenetisches}\right\}$ Gesetz seiner transzendentalen Bewußtseins-Subjektivation, die nur einem dient, — der schöpfungsgeschichtlichen Menschwerdung des »Verbum exinanitum ipsum« im a n h y - p o s t a t i s c h e n Bewußtseinsgrund des limbalen Triebherzens.

Nur aus dem Triebherzen ist die »tragische Idee des Mythos« selbst zu verstehen, *das heißt* als von dem hellsichtigen Inneren des Triebherzens selbst erblickte anhypostatische {Bewußtseins|Äther|Ontogenese}.

Das » W e s e n d e r t r a g i s c h e n E r k e n n t n i s « liegt selbst begründet in der $\left\{bewußtseins \middle| {ontologischen \atop ontogenetischen}\right\}$ Konfiguration des limbalen Triebherzens angesichts des sich entgegensetzenden „steinernen Todes" des medusischen Blickes, der ein Hineinblicken in das Innere des Triebherzens ist. Unter dieser Sinn-Perspektive haben wir den tödlichen Blick der Medusa zu sehen. Das Anblicken bedeutet zunächst affirmative Wahrnehmung des Angeschauten. Das Anblicken setzt die Vereinnehmbarkeit des Erblickten voraus, und zwar so, als warte das Erblickte nur darauf vereinnahmt zu werden. Und eben hier liegt die Ursache einer f a t a l e n T ä u - s c h u n g . Hier nämlich, im Falle der angeblickten Medusa, blickt diese nicht nur zurück, sie b l i c k t h i n e i n in das Innere des blickenden Triebherzens. Die Medusa dringt mit ihrem Blick ein in das verborgene Innere des Triebherzens und trifft es mitten in diesem Inneren wie ein Blitzschlag. Dieser von der Medusa ausgehende geistige Blitz, dieser Gedankenblitz, schlägt das Triebherz in dessen Innerem und »tötet« dieses damit. Diese Tötung des Triebherzen-Inneren bedeutet keineswegs die Tötung des Triebherzens an sich. Vielmehr tötet der Hineinblick der Medusa die $\{[un]bewußtseins \begin{vmatrix} ontologische \\ ontogenetische \end{vmatrix}\}$ Konfiguration, die dem Triebherzen zugrunde liegt. Diese Bestimmung nämlich ist zu einem Ende gekommen, insofern sie eine *vor*schöpfungsgeschichtliche des limbalen Triebherzens ist. Nun aber bedarf es einer neuen Bestimmung, durch die das Triebherz in die Lage versetzt ist, Schöpfung bewußtseinsgeschichtlich aus sich selbst hervorgehen zu lassen, *das heißt* den physischen Weltenprozess als Geschichte bewußtseins-ontologischer Evolution von Schöpfung zu bestimmen, die den Logos a l s d u r c h d i e S e l b s t R e f l e k t i o n s e i n e r K e n o s e s i c h d e r S c h ö p f u n g s e l b s t e n t z i e h e n d e n voraussetzt.

Der Logos kann in Bezug auf die $\{bewußtseins \begin{vmatrix} ontologische \\ ontogenetische \end{vmatrix}\}$ Evolution der Schöpfung als im Zustand seiner bw-ontologischen » A b w e s e n h e i t «begriffen werden. Der Evolution der Schöpfungsgeschichte muss also eine a n h y p o s t a t i s c h e B e w u ß t s e i n s f o r m a t i o n zugrunde liegen, welche das Subjektum des Triebherzens darstellt und welche zugleich das primateriale Bewußtseins-Subjektum der schöpfungsgeschichtlichen Evolution selbst ausmacht. Die a n h y p o s t a t i s c h e B e w u ß t s e i n s f o r m a t i o n bildet die okkulte schöpfungsgeschichtliche Grundlage der physischen Welten-Evolution. Und sie bildet zugleich eine Daseins- und Wesensform des göttlichen Logos bezüglich seines eigenen limbalen »Unterganges« in der SelbstReflektion seiner gottheitlichen Kenose. Die »anhypostatische Bewußtseinsformation« als Grundlegung der schöpfungsgeschichtlichen Evolution der physischen Welten ist Spiegelbild der ontologischen Abwesenheit des göttlichen Logos im Geschöpf. Die ἀπουσία ist der fundamentalste Bezug des Logos zu seiner Schöpfung. Die Schöpfung ist die seine eben durch diese Bestimmung des Selbst-Entzugs. Diese Selbst-Negation des limbalen Triebherzens in der Bewußtseinsformation der göttlichen Anhypostasie bildet das eigentliche schöpfungsgeschichtliche Bindeglied zwischen Schöpfer und seiner Schöpfung. Wir können diese $\{bewußtseins \begin{vmatrix} ontologische \\ ontogenetische \end{vmatrix}\}$ Anhypostasie des Logos in der Schöpfung als das geheime Buch der limbalen Schöpfungsgeschichte der physischen Weltenentwicklung begreifen.

Doch kehren wir zurück zu unserer Betrachtung des medusischen Hineinblickens ins Innere des limbalen Triebherzens, das anfangs g l a u b t e , das in der Medusa Erblickte für sich vereinnahmen zu können, es zu einem Teil seiner selbst machen zu können. Es ist wichtig, unser Augenmerk auf diesen Glaubensaspekt zu lenken. Der vertrauliche Blick des Triebherzens auf die begegnende Medusa wird zunichte, er wird g e b r o c h e n durch den Anblick des Blickes der Medusa. Denn dieser Blick

»tötet«, wie der Mythos uns versichert. Er läßt einen *versteinern*. Bei näherem Hinsehen stellen wir fest, dass sich im Anblicken der Medusa zugleich B l i c k e   t r e f f e n. Und auf diesen Aspekt der s i c h   t r e f f e n d e n   B l i c k e wollen wir uns nun konzentrieren. Die s i c h   t r e f f e n d e n   B l i c k e zwischen dem Triebherzen und der Medusa bilden eine wechselseitige Einheit von Bild und Spiegelbild. Wir haben uns zwischen den zwei Erscheinungsbildern einen [Bewußtseins]Spiegel zu denken, den wir a l s   i n   b e i d e n   z u g l e i c h   v o r h a n d e n uns vorstellen müssen.

Das Hineinblicken der Medusa in das vertrauende Innere des limbalen Triebherzens ist tödliche Negation, die als Intuition der Negation des Triebherzens zu verstehen ist, der das Triebherz nicht widersteht, n i c h t   w i d e r s t e h e n   k a n n. Der Widerstand des Triebherzens bricht in sich zusammen, weil die Negation, von welcher es getroffen wird, die I n t u i t i o n   d e r   N e g a t i o n   s e i n e r   s e l b s t ist. Der anfängliche Glaube des Triebherzens, das Geschaute vereinnahmen, sich aneignen zu können, wird enttäuscht. Es stellt sich vielmehr heraus, dass dies ein Irrglaube des Triebherzens war. Wir sehen den Glauben des Triebherzens an sich selbst blitzschlagartig zerstört durch die in das Innere des Triebherzens eindringende Intuition der Medusa, die, wie eben vernommen, a l s   I n t u i t i o n   d e r   N e g a t i o n   d e s   I n n e r e n   d e s   T r i e b h e r z e n s   v o n   d i e s e m   s e l b s t   a u f g e n o m m e n   u n d   a n g e e i g n e t   w e r d e n   s o l l. Die Intuition ist zu verstehen als vom Triebherzen

$$\text{in Besitz zu nehmender Imperativ zur} \left\{ bewußtseins \left| \begin{array}{l} ontologischen \\ ontogenetischen \end{array} \right. \right\} \text{Umwand-}$$

lung und Konfiguration des Triebherzens selbst. Die Negation, welche vom Hineinblick der Medusa ausgeht, ist durchaus Negation der inneren Konfiguration, in der das Triebherz bislang stand, sie ist aber auch I n t u i t i o n, die aufgenommen und angenommen werden kann und den Empfänger so zum Träger bestimmt. Zum Träger der {*Intuition|der|Negation|seiner|selbst*} wird das Triebherz aber erst, wenn es seine Negation durch den tödlichen Blick der Medusa selbst will als b e w u ß t s e i n s - o n t o g e n e t i s c h e   F o r m a t i o n   s e i n e r   e i g e n e n   S e l b s t n e g a t i o n. Die Formation eines limbalen Bewußtseins-Selbst hängt an dieser entscheidenden Bedingung, sie muss auf {*Intuition|der|Negation|seiner|selbst*} beruhen, die zum b e w u ß t s e i n s - o n t o g e n e t i s c h e n   I m p e r a t i v   d e r   S e l b s t n e g a t i o n im Inneren des Triebherzens für dieses selbst werden muss. Dies ist der Ort der Grundlegung des bewußtseins-ontogenetischen Keimes im Triebherzen des limbalen Unbewußtseins.

Mit der Annahme und Übertragung der medusischen Intuition durch das Triebherz wird dieses nicht nur »getötet«, sondern durch diesen „steinernen Tod" fließt die Intuition als das Innenleben des medusischen Blickes ein in das Triebherz selbst, um dieses mit der Idee der Negation seiner selbst zu erfüllen. Aber damit diese Idee vom Triebherzen selbst gefasst werden kann, bedarf es eines Willens, der diese Negation in ihm ausführt als Urtat seiner selbst. Die Intuition der Medusa muss somit Wirklichkeit des Triebherzens werden, die von diesem selbst gefaßt werden kann, weil sie Tat seiner selbst ist. Der „steinerne Tod" der Medusa ist Wirklichkeit, die aber am Triebherzen selbst geschieht als dessen reine Bewußtseinslosigkeit. Sie ist Vernichtung des Unbewußtseinsgrundes am Triebherzen selbst, wodurch dieses sich als ein Nichts erfährt. Und die Erfahrung dieses Nichts an sich selbst ist der *steinerne Tod* durch den Blick der Medusa. Dieses Nichts rührt her von der Intuition, denn diese ist, wie wir gesagt haben, ein H i n e i n b l i c k e n der Medusa i n d a s I n n e r e des T r i e b h e r z e n s. Die in das Triebherz-Innere hineinreichende Intuition bringt dem Triebherzen die Nichtung nahe. Das Triebherz erfährt damit das Nichts als eine Urform seines Bewußtsein-Werden-Könnens. Das Triebherz fasst sich in dieses Nichts, welches in es selbst hineinreicht und es berührt. Das Triebherz spürt die Berührung mit dem Nichts, das ihm durch die Medusa zugedacht ist. Dieses dem Triebherzen von der Intuition der Medusa zugedachte — nicht zugefügte — Nichts setzt aber zugleich einen Spiegel, das heißt einen Reflektionsgrund voraus, welcher von der Medusa dem „steinernen Tode" beigefügt wird. *Somit läßt sich sagen*: Mit der Intuition der Medusa wird dem Triebherzen nicht einfach nur die Negation seiner selbst zugedacht, sondern zugleich auch ein verborgener Reflexionsgrund, in welchem sich *a l l e* Ereignisse um die Begegnung des Triebherzens mit der Intuition der Medusa widerspiegeln. Es ist der Spiegel der universalen Bewußtseins-Ontogenese, die sich im Inneren des Triebherzens des limbalen Unbewußtseins einfindet. Dieser Spiegel bildet den Schlüssel für die geistige Erschließung des ontologischen Ursprungs des Bewußtseins im Selbst des limbalen Triebherzens angesichts des Blitzschlages der medusischen Intuition. Durch das sich Fassen des Triebherzens in dem Nichts seiner selbst wird das Triebherz sich seiner selbst bewußt als eines Ens im okkulten Reflektionsgrund, der in ihm selbst wohnt. Dieser a u t o k r y p t i s c h e R e f l e x i o n s g r u n d wohnt im Triebherzen, und dadurch weiß dieses s e i n G e w u ß t s e i n von d i e s e m a u t o k r y p t i s c h e n B e w u ß t s e i n s g r u n d.

Das heißt: Dem Triebherzen ist kein Subjekt-Sein zugeordnet, es ist ihm kein Subjekt-Sein zuzurechnen. Andernfalls müsste es in sich *absterben*. Denn sein Subjektsein wäre sein Nichts. Auf diese Einwohnung dieses autokryptischen Reflexionsgrundes (Spiegels) im Triebherzen durch das Hineinreichen der medusischen Intuition haben wir sorgfältig zu achten! Denn dieser Reflexionsgrund wurde dem Triebherzen zugedacht, damit es das Nichts seines Negiertseins in sich fasse und widerspiegele im transzendentalen Reflexionsgrund als Entwurf zu einem sich im Inneren des Triebherzens genetisch zu entwickeln habenden Bewußtseins-Selbst. Das Triebherz selbst jedoch ist nicht nur des Subjekt-Seins unfähig, es ist darüber hinaus subjektseins-sterblich. Subjekt-Sein würde für es den sicheren Tod bedeuten. Und in der Tat scheint der Mythos von einem solchen zu sprechen. Aber der Mythos ist mehr als die Ebene seiner bloßen Narration, die von der symbolischen Erkenntnisebene strikt getrennt werden muss. Wir müssen uns davor hüten, die Richtung der Narration für die Sinnebene des Mythos selbst zu halten. Sobald die okkulte Wissenschaft ins Spiel kommt, wird die Annahme, die Narration des Mythos sei selbst bereits irgendwie Form mythologischer Erkenntnis als irrig widerlegt. Wenn wir uns vor Augen halten, dass der Mythos die geheimen Ur-Erfahrungen der antiken Kulturen enthält, dann können die mythischen Darstellungen nicht selbst bereits die tiefsten Mysterien der Religion enthalten. Und die Unterscheidung von exoterischem und esoterischem Verständnis der Überlieferung wäre überflüssig. Das Narrativ mythischer Offenbarung führt nicht zur »Offenbarung selbst« des Mythischen.

Halten wir also fest: Das Triebherz des limbalen Unbewußtseins erfährt durch die Negation seiner selbst seitens des in es hineinreichenden intuitiven Blitzschlag-Blickes der Medusa ein $\{N - |Ichts\}$, in das es sich jedoch zu fassen vermag. Der *„steinerne Tod"* seiner selbst wird begleitet von einer abgespaltenen parallelen $\{N - |Ichts\}$Erfahrung, die darin endet, dass das Triebherz sich in dieser fassen kann, *das heißt* sich als Triebherz in einer neuen Wesens-Konfiguration formiert. Das Leben in ihm bricht durch den Tod. Das Triebherz bricht aus dem „steinernen Tod" seiner selbst hervor: $\{0|Selbst|\{N| \rightarrow Ichts\}\}$. Das ist die geheime Botschaft an das Triebherz, die dieses zur Wirklichkeit seines Seins aufgrund des ihm zugedachten autokryptischen Reflexionsgrundes, der in ihm Wohnung nimmt, erhebt. Dieser Spiegel der $\left\{bewußtseins \middle| \begin{matrix} ontologischen \\ ontogenetischen \end{matrix}\right\}$ Subjektivation wird damit zur Wesenheit des selbstnegierten Triebherzens. Wir haben es hier mit einer Wesens-Umwandlung durch Einwohnung des autokryptischen Spiegels zu tun, in welchem dem Triebherzen die Vision seines Subjektseins in einem Anderen erscheint. Dieses »Andere« ist natürlich nicht der Spiegel selbst! Nein, dieses »Andere« ist das Projektum, durch das sich das Triebherz in den *diesem einwohnenden* Reflexionsgrund entäußert. Das sich in seinem Genichtetsein selbst annehmende und begreifende Triebherz vermag aus seinem Tod hervorzubrechen, um emporzusteigen in die Sphäre des ätherischen Reflexionsgrundes seiner selbst, der ihm selbst verborgen ist, der Autokrypsis des Triebherzens in Bezug auf sich selbst im Spiegel des Reflexionsgrundes ist. Mit dem Blitzschlag des versteinernden Blickes der Medusa fährt die $\{Intuition|der|Negation|seiner |selbst\}$ in das Innere des Triebherzens, um dieses von innen aufzuspalten. Sehen wir uns diese Aufspaltung doch etwas näher an: Die Versteinerung angesichts des Blickes der Medusa, von welcher der Mythos berichtet, sie ist kataleptische Erstarrung im Inneren des limbalen Triebherzens.

Sie ist Zeichen, dass die $\{Intuition|der|Negation|seiner |selbst\}$ hineinreicht in den $\left\{bewußtseins \middle| \begin{matrix} ontologischen \\ ontogenetischen \end{matrix}\right\}$ Seinsgrund des Triebherzens. Der „steinerne Tod" aber ist nicht für sich zu verstehen, sondern in der wechselseitigen Vernetzung dessen, was die ins Innere des Triebherzens hineinreichende

{*Intuition*|*der*|*Negation*|*seiner* |*selbst*} darin durch Spaltung hervorbringt. Eigentlich handelt es sich um Setzung des Todes des Triebherzens durch Hineinreichung eben dieses Todes in das Innere des Triebherzens. Eben so hätten wir den Blitzschlag des medusischen Blickes zu beschreiben. Aber das Wesentliche an dieser Setzung des Todes im Inneren des Triebherzens ist, dass sie mit einer Selbstaufspaltung ihrer intuitiven Wesenheits-Momente einhergeht, die emporgetragen wird in den sich offenbarenden autokryptischen Reflexionsgrund des limbalen Triebherzens. Das Geschehen, von welchem wir gerade sprechen, ist von größter Bedeutung für die okkulte Wissenschaft. Um die Komplexität dieser Abläufe besser verstehen zu können, müssen wir die verschiedenen Momente unterscheiden in:

1. Die Setzung des „steinernen Todes" im Inneren des Triebherzens durch den Blitzschlag des medusischen Blickes. Aber dieser Tod des Triebherzens bleibt ein diesem äußerlicher, ein Tod, den das Triebherz »ereilte«. Dieser Tod beendet bzw. verhindert jede Form von Bewußtsein *für das Triebherz*. Diesem Tod des Triebherzens entspricht der objektive Schein des mythischen Narrativs. Bleiben wir auf dieser Ebene stehen, so bietet sich dem Betrachter nur die eigene allegorische Phantasie an, die mythischen Bilder mit „Sinn" zu erfüllen und auszudeuten. Aber eine solche Deutung bleibt ohne Bedeutung, weil sie kognitive Defragmentation der a b w e s e n d e n Wahrheit des Mythischen selbst ist.

2. Die Setzung des „steinernen Todes" im Inneren des Triebherzens wird zur {*Intuition*|*der*|*Negation*|*seiner*|*selbst*} in Bezug gesetzt, die als Blitzstrahl des medusischen Blickes in das Triebherz eindringt und hineinreicht, um sich darin ihren Wesensgrund zu suchen, ihre Bewußtseins-Mitte, den Ursprung ihrer Bewußtseinsmitte. Es berührt sich also etwas bei dem Hineinreichen der {*Intuition*|*der*|*Negation*|*seiner* |*selbst*} in das Innere des Triebherzens. Es geht um die $\left\{bewußtseins \middle| \begin{matrix} ontologische \\ ontogenetische \end{matrix}\right\}$ B e r ü h r u n g zwischen dem limbalen Triebherzen und der Medusa. Erst wo diese Berührung vorhanden ist, kann der „steinerne   Tod"   im   Lichte   der   offenbar   werdenden {*Intuition*|*der*|*Negation*|*seiner* |*selbst*}   erscheinen,   *das*   *heißt*   als $\left\{bewußtseins \middle| \begin{matrix} ontologisches \\ ontogenetisches \end{matrix}\right\}$ Element der s i c h o f f e n b a r e n d e n Intu i t i o n d e r M e d u s a. Die Intuition aber offenbart sich uns durch ihr Hineinreichen in das Innere des Triebherzens. Damit offenbart sie ihre Absicht, in diesem Inneren als Lebensmitte und Ursprung Wohnung zu nehmen. Das Hinabreichen der medusischen Intuition in die Abgründe des Triebherzens hat das Ziel einen B e r ü h r u n g s p u n k t im Inneren des Triebherzens zu schaffen, wo die innere Realität der {*Intuition*|*der*|*Negation*|*seiner* |*selbst*} a u f d a s T r i e b h e r z s e l b s t t r i f f t. Damit aber ist ein Blitz verbunden, der aus der unmittelbaren Berührung *beider* Sphären resultiert. *Wir bemerken*: Sobald wir erkennen, dass der Blitzschlag aus der Begegnung mit der Medusa seine innere

Erkenntnis-Konfiguration verändert, insofern wir ihn als in das Triebherz hineinreichende *{Intuition|der|Negation|seiner |selbst}* begreifen, die a u s d e m inneren $\left\{{Sinn \atop Sein}\right\}$ der Medusa selbst hervorgeht, ist die Voraussetzung geschaffen für ein okkultes Verständnis des Mythos. Das Eingehen der *{Intuition|der|Negation|seiner |selbst}* in den Berührungspunkt mit dem Triebherzen bedeutet die Grundlegung einer $\left\{bew\"u\beta tseins \,\middle|\, {ontologischen \atop ontogenetischen}\right\}$ Wirklichkeits-Struktur des Triebherzens durch ein diesem einwohnendes S e l b s t, das zugleich das »Ichts« des *{Nicht|Ich|seiner|selbst}* des Triebherzens ist. Damit aber sehen wir die anhypostatische Existenz des Triebherzens durch die *{Intuition|der|Negation|seiner|selbst}*-Strömung begründet. Durch diese a n h y p o s t a t i s c h e E x i s t e n z w e i s e wird das Triebherz von innen heraus durch sich selbst gefaßt als Spiegelbild des in ihm wohnenden Prinzips der medusischen Intuition. Worin besteht dieses Prinzip, das sich durch Hineinströmen der *{Intuition|der|Negation|seiner|selbst}* in den Wesenskern des limbalen Triebherzens an diesem als dessen $\left\{bew\"u\beta tseins \,\middle|\, {ontologische \atop ontogenetische}\right\}$ Wirklichkeits-Struktur offenbart? In der göttlichen Bestimmung seiner Negationskraft, welche am Triebherzen des limbalen Unbewußtseinsstromes auf wunderbare Weise sichtbar wird als primaterialer Stoff zu eigener $\left\{bew\"u\beta tseins \,\middle|\, {ontologischer \atop ontogenetischer}\right\}$ Wirklichkeit. Der Einschlags-Punkt des in das Innere des limbalen Triebherzens hineinreichenden Blitzes medusischer Erkenntnis-Konfiguration stellt zugleich d e n B e r ü h r u n g s p u n k t z w i - s c h e n d e m T r i e b h e r z e n u n d d e m i n n e r e n B i l d im geistigen Blick der sterblichen Gorgone dar. Dieser limbale Einschlags-Punkt ist mit einer ungeheuren Ambivalenz besetzt, *das heißt* mit dem „steinernen Tod" *und zugleich* mit der Ursprungs-Triebkraft einer $\left\{bew\"u\beta tseins \,\middle|\, {ontologischen \atop ontogenetischen}\right\}$ Bild-Projektion. Diese Projektion ist im Triebkraft-Ursprung des limbalen Triebherzens grundgelegt durch den in dieses hinabreichenden Blitzschlag der medusischen Erkenntnis-Konfiguration. Das aber heißt nichts anderes, als dass der Blitzschlag sich als etwas entpuppt, was er ausschließlich zu sein scheint, nämlich der „steinerne Tod" des kataleptischen Triebherzens. Nicht dass er nicht Tod für das Triebherz wäre, soll hier behauptet werden, sondern dass da etwas im Geistesblitz der Medusa vorhanden ist, das über seine eigene tödliche Wirkung weit hinausreicht und auch wirklich darüber hinausgeht. Denn der „steinerne Tod" des limbalen Triebherzens durch die Medusa *m u s s s e i n*. Er kann nicht vermieden werden. Denn er ist grundlegendes Element des $\left\{bew\"u\beta tseins \,\middle|\, {ontologischen \atop ontogenetischen}\right\}$ Prozesses des Triebherzens, das vom Lichte des medusischen Erkenntnisblitzes erleuchtet wird. Es ist der im Inneren des Triebherzens freigesetzte grelle Blitz, der das Triebherz von innen her erstarren lässt und »tötet«. Die Unbewußtseins-Natur des limbalen Triebherzens erhält einen tödlichen Schlag vom bewußtseins-ontogenetischen Lichtstrahl der Medusa. Dieser zum Leben erweckende Strahl ist zugleich ein »tötender«. Und er muss dies auch sein. Das Triebherz steckt also im Leben seines limbalen Unbewußtseins-Stromes. Es treibt diesen an und voran. Aber es kommt da an eine Grenze, wo es unterläßt, sich selbst in die Erkenntnisform seiner Selbstnegation zu fassen. Die Selbstnegation bildet die Grenzerfahrung des Triebherzens. Darum kann das Triebherz die Idee des {Nichts|seiner|selbst} nicht fassen. Das {Nichts|seiner|selbst} bleibt dem Triebherzen als Idee verschlossen. Warum? Weil das Triebherz, sobald es das {Nichts|seiner|selbst} zum Gedanken erheben würde, sich selbst in Frage stellen müßte. Die von ihm angenommene Gestalt seiner Unbewußtseins-Konfiguration lässt die Idee eines {Nichts|seiner|selbst} nicht aufkommen. Wir können von einer passiven Verdrängtheit der Idee des {Nichts|seiner|selbst} durch die natürliche Konfiguration des Unbewußtseins-Stromes im limbalen Triebherzen sprechen. Das Beharren (Trägheits-Prinzip) des Triebherzens ist *unbewußt* gerichtet auf die Verdrängung der Idee des {Nichts|seiner|selbst}. Der Unbewußtseinsfluss des Triebherzens will etwas in sich zurückhalten. Und dieses »Etwas« betrifft die ontogenetische Fortentwicklung des Unbewußtseins selbst. Es geht um nichts Geringeres als die

$$\left\{ bewußtseins \,\middle|\, {ontologische \atop ontogenetische} \right\} \text{Evolution des Unbewußtseinsstromes d u r c h}$$

d a s   l i m b a l e   T r i e b h e r z. Wir sprechen also von der inneren Evolutionsgeschichte des limbalen Unbewußtseins im Inneren des vom Geistes-Blitzschlag der Medusa getroffenen Triebherzens. Im Inneren des vom medusischen Lichtstrahl getroffenen und versteinerten Triebherzens entscheidet sich das S c h i c k - s a l   d e s   U n b e w u ß t s e i n s. Das göttliche Wesen des Unbewußtseins, über das ich mich an anderer Stelle ausgiebig erklärt habe, scheint in Gefahr, sobald die Idee des {Nichts|seiner|selbst} vom Triebherzen zugelassen würde. So jedenfalls sieht es das Triebherz und weist die Idee des {Nichts|seiner|selbst} von sich. Es verwirft diese Idee. Denn diese Idee ist ihm wider seine Natur. *Deshalb gilt*: Die Idee des {Nichts|seiner|selbst} ist eine vom Triebherz nicht zu denkende und nicht zu duldende. Sie ist selbst ein Nichts, denn sie vermag sich im Triebherzen nicht zu begründen. Das Triebherz erweist sich als u n f ä h i g, die Idee des {Nichts|seiner|selbst} in sich a u f z u n e h m e n. Das Triebherz zeigt sich als unfähig zur Imagination des {Nichts|seiner|selbst}. *Dies aber heißt*: Das Triebherz muss an der Idee des {Nichts|seiner|selbst} selbst scheitern. Woran aber liegt dieses Scheitern? An der Verleugnung der Kraft der Negation, auf der doch das Wesen des Unbewußtseins selbst beruht wegen seines Ursprungs im limbalen Untergang des »Verbum exinanitum ipsum«. Das Triebherz selbst beweist, dass es noch von der objektalen Natur seines limbalen Seins festgehalten und zurück-gehalten wird, die es nur von innen heraus selbst durchbrechen kann. Dieser Durchbruch des Triebherzens aus dem rein Objektalen seiner limbalen Selbst-Bestimmung zerstört diese natürlich nicht, verwandelt sie jedoch zum Element seiner $\left\{ bewußtseins \left| \begin{array}{l} ontologischen \\ ontogenetischen \end{array} \right. \right\}$ F o r t e n t w i c k l u n g. Und eben darum geht es im Mysterium des Mythos von der $\left\{ \begin{array}{c} t\ddot{o}dlichen \\ + \\ Leben\ erweckenden \end{array} \right\}$ Erkenntnis-Projektion des medusischen Blickes. Wir bemerken nun, wie sich ein Problem-bewußtsein regt, das empfänglich macht für die Tiefen des okkulten Sinnes vom Mythischen. Es wird deutlich, dass die narrative Ebene des Mythos nicht geeig-net ist, uns zu w a h r e r E r k e n n t n i s emporzuführen. Denn die okkulte Weis-heit des Mythos spricht sich nicht durch die Narration des Mythos aus. Eine Analogie zu dem Widerspruch zwischen der N a r r a t i o n und dem o k k u l t e n S i n n des Mythos finden wir in der Erkenntnis von der A p o r i e des limbalen Triebherzens a n g e s i c h t s d e r I d e e d e s {Nichts|seiner|selbst}. Wir können behaupten, dass das mythische Narrativ den okkulten Sinn selbst geradezu leug-net, der dem Mythos selbst zu eigen ist. Das Narrativ spaltet sich demnach von der Wahrheit, die der Mythos selbst darstellt, ab. Es muss diese leugnen. Das Narrativ ist M i t t e l d e r O k k u l t a t i o n d e s S i n n e s d e s M y t h o s. Dem Wesen des Mythischen liegt ein t ö d l i c h e r W i d e r s i n n zugrunde, der alle Versuche zunichte macht, die Wahrheit des Mythos ohne den Tiefenblick okkul-ter Theologie zu erfassen. Es ist deshalb am Platze, den Apostel zu zitieren aus dem *Ersten Brief an die Korinther*, wo es bezeichnerweise heißt: „Denn das Wort vom Kreuz ist eine Torheit denen, die verloren werden; uns aber, die wir selig werden ist's eine Gotteskraft. Denn es steht geschrieben: "Ich will zunichte ma-chen die Weisheit der Weisen, und den Verstand der Verständigen will ich ver-werfen." Wo sind die Klugen? Wo sind die Schriftgelehrten? Wo sind die Welt-weisen? Hat nicht Gott die Weisheit dieser Welt zur Torheit gemacht?"[41].

3. Wir begreifen, dass der okkulte Sinn des mythischen Geschehens uns auf einen entscheidenden Urkonflikt hinweisen will, der als Erkenntnisproblem des „stei-nernen Todes" für das limbale Triebherz zum Tragen kommt. Das natürliche Scheitern des limbalen Triebherzens, sich zur Idee des {Nichts|seiner|selbst} zu erheben, ist nicht so zu verstehen, als ob im Triebherzen schon ein Wille zur Er-fassung dieser Idee vorhanden gewesen wäre. Vielmehr ist es die Seinskonfigu-ration des limbalen Triebherzens, die von diesem selbst geleugnet wird durch ein Beharren auf sich selbst, durch die trägheitsgesetzliche Weigerung, eine Ne-gation an sich selbst zu erdulden. Ein solches Erdulden aber würde bedeuten, dass das Triebherz d i e N e g a t i o n s e i n e r s e l b s t a l s d a s P r i n z i p

---

41 1. Kor. 1, 18-20.

seiner eigenen Evolution erkennen würde. Aber eben diese sich selbst erkennende Negativität seiner selbst unterbindet das Triebherz an sich selbst. In diesem Sinne spreche ich von einem »Scheitern«. Das Triebherz *vor* seiner Begegnung mit der Medusa symbolisiert das Scheitern einer $\left\{ bewußtseins \middle| {ontologischen \atop ontogenetischen} \right\}$ Mission. Die mythische Begegnung mit der Medusa setzt einen magischen Kreis um die agierenden Gestalten, durch den der Bezugsrahmen abgesteckt wird, in dem die göttliche Idee sich in das symbolische Geschehen entäußert. Dieses ist die mythische Handlung nicht als Narrativ des Mythos, sondern als $\left\{ bewußtseins \middle| {ontologische \atop ontogenetische} \right\}$ Entfaltung des okkulten Sinnes des Mythos selbst. Die Handlung des Mythos, wie sie vom Narrativ geliefert wird, gilt es zu übertragen in den Unbewußtseins-Strom des limbalen Triebherzens. Denn nur dadurch kann der mythische Stoff in seiner gefaßt werden als Teilhabe an der $\left\{ bewußtseins \middle| {ontologischen \atop ontogenetischen} \right\}$ Ideation des Mythischen selbst. Diese Übertragung des mythischen Stoffes in symbolische Handlung innerhalb des magischen Kreises des Mythischen kann sich nur im limbalen Triebherzen des Unbewußtseinsstromes selbst ereignen. Die symbolische Handlung des Mythos ist nichts als die $\left\{ bewußtseins \middle| {ontologische \atop ontogenetische} \right\}$ Bewegung des göttlichen Unbewußtseins im magischen Bannkreis des Triebherzens. Die symbolische Handlung ist der Zerfall der übertragenen Idee in die Physik der bewegenden Kräfte der $\left\{ bewußtseins \middle| {ontologischen \atop ontogenetischen} \right\}$ Ideation des Mythos. Da die symbolische Handlung bereits Teil der Ideation des Mythischen ist, ist eine Unterscheidung nötig, nämlich die von dem mythischen Stoff und der Symbolhandlung. Es ist das Narrativ, welches uns den mythischen Stoff darbietet. Die symbolische Handlung hingegen muss der $\left\{ bewußtseins \middle| {ontologischen \atop ontogenetischen} \right\}$ Ideation des Mythos zugewiesen werden. *Das heißt*: Wir müssen die Übertragung *als zwischen beiden sich ereignend* uns vorstellen. Die Übertragung des mythischen Stoffes wandelt diesen zur primaterialen Grundlage für die symbolische Handlung der $\left\{ bewußtseins \middle| {ontologischen \atop ontogenetischen} \right\}$ Ideation des Mythos im limbalen Triebherzen. Mit der Übertragung geht die Umwandlung des Übertragenen einher.

4. *Wir erinnern uns*: Es war die Rede davon, dass das Triebherz vor seiner Begegnung mit der Medusa in einem Widerspruch mit sich selbst steckt, nämlich mit der Voraussetzung seines eigenen Wesens, das ja — aufgrund seines Ursprungs im limbalen Untergang des »Verbum exinanitum ipsum« — schon auf einer

Selbst-Negation beruht. Die Negation als Wesenszug des limbalen Unbewußtseins ist dessen o b j e k t a l e N a t u r , die diesem noch nicht zur s u b j e k t a l e n
E r k e n n t n i s f o r m s e i n e r s e l b s t geworden ist. Das Triebherz steckt deshalb selbst fest im r e i n O b j e k t a l e n der Seins-Negativität seiner Unbewußtseins-Natur. Es steckt in seiner *selbst negierten* Unbewußtseins-Natur, die auch
selbstnegiert ist, aber noch entbehrend der Selbsterkenntnis seiner
$\left\{ bewußtseins \left| \begin{matrix} ontologischen \\ ontogenetischen \end{matrix} \right. \right\}$ I d e a t i o n im Inneren des limbalen Triebherzens. Das Triebherz vor seiner Begegnung mit der Medusa s c h e i t e r t m i t
d e r F o r t f ü h r u n g d e s k e n o t i s c h b e g r ü n d e t e n P r i n z i p s d e r
N e g a t i o n a n s i c h s e l b s t . Denn eine F o r t f ü h r u n g würde den »Tod«
des Triebherzens und den Übergang des dem Triebherzen zugrunde liegenden
mythischen Urstoffes in das Innere der medusischen Intuition erfordern. Denn
nur so könnte dieser Urstoff ins Leben treten, als Teil des Projektionsgrundes des
medusischen Blickes. Die rettende Idee kann dem Triebherzen nur aufgehen, sobald der Blick der medusischen Projektion einen magischen Bannkreis um das
Triebherz und die Medusa gezogen hat. Denn der magische Kreis, der beide ver-
eint, der beide in einen magischen Rapport zueinander versetzt, er allein kann
das Triebherz von seinem $\left\{ bewußtseins \left| \begin{matrix} ontologischen \\ ontogenetischen \end{matrix} \right. \right\}$ »Scheitern« erlösen.
Das heißt, das Problem des Scheiterns kann dem Triebherzen erst zu Bewußtsein
kommen durch sein Hineintreten in den magischen Kreis der medusischen Intuition. Der Eintritt in den magischen Kreis bringt Erkenntnis mit sich, durch die
das Triebherz sich über sich selbst hinausführt, in eine neue Seinskonfiguration
der Negation von Bewußtsein. Dem Triebherzen wird die paradoxale Erkenntnis
eröffnet von einer $\left\{ bewußtseins \left| \begin{matrix} ontologischen \\ ontogenetischen \end{matrix} \right. \right\}$ Ideation des limbalen Unbe-
wußtseins als der äußersten kenotischen Selbstbestimmung der Bewußtseins-
Natur im Triebherzen. Damit aber wird die Selbstnegation des Bewußtseins im
limbalen Triebherzen des göttlichen Unbewußtseins-Stromes zur Erkenntnis-
form ihrer Selbstbestimmung. Dies ist das paradoxale Wesen des im magischen
Kreis der $\left\{ bewußtseins \left| \begin{matrix} ontologischen \\ ontogenetischen \end{matrix} \right. \right\}$ Ideation des Mythos [im Unbewußt-
seinsstrom der göttlichen Kenose] aus sich selbst hervorbrechenden Triebher-
zens. Das Hineintreten des Triebherzens in den magischen Kreis des medusischen Erkenntnis-Blitzstrahles ist ein Hineingehen in den „steinernen Tod". Dieser „steinerne Tod" des Triebherzens ist selbst bereits Gestalt symbolischer
Handlung und damit Element der $\left\{ bewußtseins \left| \begin{matrix} ontologischen \\ ontogenetischen \end{matrix} \right. \right\}$ Ideation des
Mythos. *Frage*: Was aber bedeutet diese »I d e a t i o n d e s M y t h o s «, die sich
am „steinernen Tod" des Triebherzens selbst i n t u i t i v ablesen läßt? Die Urre-

lation des Mythischen zum kenotischen Untergang des »Verbum exinanitum ipsum« im Abgrund des limbalen Unbewußtseins. Damit ist der Mythos in einen $\left\{bewußtseins\left|\begin{array}{l}ontologischen\\ontogenetischen\end{array}\right.\right\}$ Urbezug zur kenotischen Selbst-Reflektion des göttlichen Logos durch das Innere des limbalen Triebherzens gesetzt. Dieser okkulte Urbezug bildet den Projektionsgrund, wie er sich im magischen Kreis des medusischen Erkenntnisblickes verwirklicht. Und dieser Raum des o k k u l t e n U r b e z u g s d e s M y t h o s z u m L o g o s wird zurückgeworfen in das Innere des verwandelten Triebherzens. Denn indem das Triebherz in den magischen Kreis der Medusa tritt, wird der primateriale Urstoff der symbolischen Gesamthandlung, die das projizierte Innere des medusischen Blickes ausmacht, z u - r ü c k g e w o r f e n in das Innere des limbalen Triebherzens. Und dies ist der Durchbruch des Triebherzens aus sich selbst, aus seinem „steinernen Tod". Wir sehen deutlich, dass der „steinerne Tod" des Triebherzens erst möglich ist, nachdem dieses selbst Element der s y m b o l i s c h e n G e s a m t h a n d l u n g und damit der $\left\{bewußtseins\left|\begin{array}{l}ontologischen\\ontogenetischen\end{array}\right.\right\}$ Ideation des Mythos geworden ist. Das Triebherz erfährt hierdurch seine Bestimmung zum Erkenntnisgrund der bewußtseins-ontogenetischen Ideation des Mythos als des a n h y p o s t a t i - s c h e n B e w u ß t s e i n s g r u n d e s [der Schöpfungsgeschichte] des menschgewordenen »Verbum exinanitum ipsum«. Da leuchtet eine neue Erkenntnis auf am Horizont des Urbezuges des Mythos zur Kenose des »Verbum exinanitum ipsum«: Die $\left\{bewußtseins\left|\begin{array}{l}ontologische\\ontogenetische\end{array}\right.\right\}$ Ideation, die [aufgrund des Eingehens in den magischen Rapport mit dem Projektionsgrund des medusischen Erkenntnisblickes] im Triebherzen diesem selbst aufgeht, sie steht in geheimer Verbindung mit der ätherischen Bewußtseins-Materialität der schöpfungsgeschichtlichen Menschwerdung des Logos. Wir dürfen annehmen, dass der Ort dieses sich ankündigenden Ereignisses das limbale Triebherz ist. Was heißt dies anderes, als dass das verwandelte, m a g n e t i s i e r t e T r i e b h e r z nun selbst U r - s p r u n g e i n e r e i g e n e n P r o j e k t i o n ist.

5. Das Scheitern, an welchem das Triebherz — angesichts des bevorstehenden Treffens auf die Medusa — verborgen leidet, ist eine unbewußte Selbsteinschränkung, die die Fortentwicklung der Bewußtseins-Negativität im limbalen Unbewußtsein selbst aufhält, zurückhält. Dadurch erhält das organische Kontinuum des Unbewußtseins-Stromes einen Bruch in sich selbst, eine innere Differenz in seinem negativen Grundwesen. Diese innere Differenz eines Nicht-Unbewußten bildet einen 0-Punkts-Ursprung im Unbewußtseins-Strom, der sich gegen diesen selbst richtet. Dieser 0-Punkts-Ursprung zielt auf die Annullierung des negativen Bewußtseins-Kontinuums im limbalen Unbewußtsein. Denn er ist W i l -

lenszusammenfassung und Übertragung des limbalen Unbewußtseins-Stromes in die Extravasalität eines dämonischen Urwillens. Daraus erklärt sich auch der Bruch des negativen Bewußtseins-Kontinuums des limbalen Unbewußtseins mit sich selbst. Es entsteht ein Bruch inmitten des Kontinuums des limbalen Unbewußtseins. Dies ist der Ort, wo dieses Kontinuum in sich abbricht. Das in sich selbst abbrechende negative Bewußtseins-Kontinuum des Unbewußtseins bringt aus sich den 0-Punkts-Ursprung zu einer Willenskontraktion des in sich abbrechenden Kontinuums hervor und zieht es heraus aus den Bahnen seiner natürlichen Bewußtseins-Negativität. Es wird verschlungen von einem extravasalen Ursprungswillen, der *nicht* in der SelbstReflektion des »Verbum exinanitum ipsum« seinen Grund hat. Deshalb ist es nicht verwunderlich, wenn wir uns daran erinnern, dass der Mythos von dem versteinernden Anblick der Medusa spricht. Wir müssen diese Aussage zuerst in symbolische Handlung übersetzen, um überhaupt verstehen zu können, was damit gemeint ist. Der „steinerne Tod", der von der Medusa ausgeht, ihn müssen wir als Orakel aus dem magischen Kreis der symbolischen Handlung des Mythos selbst erkennen. Die prophetische Weisung der symbolischen Handlung des „steinernen Todes" besagt, dass das Triebherz eben diesen Tod erleidet infolge seines Eingetretenseins in den magischen Erkenntniskreis. Das Triebherz erleidet diesen Tod als Teil der symbolischen Gesamthandlung des Mythos. Das Triebherz ist vorzustellen als bereits in der symbolischen Totalreflexion des Mythos selbst stehend. Diese wurde herbeigerufen durch nichts anderes als durch das verborgene Leiden des Triebherzens. Dieses Leiden besteht in dem in sich Einbrechen des negativen Bewußtseins-Kontinuums des limbalen Unbewußtseins-Stromes. Angesichts dieser Herausforderung wird der magische Kreis der symbolischen Gesamthandlung vom Mythos gezogen, in welchem das Triebherz mit der Medusa zusammentrifft, auf diese trifft. Die Gefahr eines *in sich abreißenden* $\begin{Bmatrix} selbst|negierten \\ selbstnegierten \end{Bmatrix}$ Bewußtseins-Kontinuums lässt das Triebherz in den magischen Kreis des mythischen Projektionsgrundes der Gorgo Medusa treten, wo es an sich selbst den „steinernen Tod" erfährt, aber nicht um selbst ein für alle Mal tot zu sein, sondern um durch diesen Tod verwandelt zu werden gemäß dem okkulten Plan der medusischen Erkenntnis-Projektion. Der „steinerne Tod" des Triebherzens ist bereits Teil der symbolischen Gesamthandlung des magischen Kreises des Mythos. Und so kann der okkulte Plan der $\begin{Bmatrix} bewußtseins \end{Bmatrix}\begin{Bmatrix} ontologischen \\ ontogenetischen \end{Bmatrix}$ Ideation des Mythos in die Wiedergeburt des Triebherzens übergehen. In dem magischen Kreis der symbolischen Gesamthandlung des Mythos ereignet sich der „steinerne Tod" als ein Bild vom drohenden in sich Abreißen des negativen Bewußtseins-Kontinuums

im Triebherzen selbst. In diesem Bild verliert die drohende Gefahr nichts an Realität. Und dennoch vollzieht sich die Gefahr als in den magischen Kreis der
symbolischen Gesamthandlung ü b e r t r a g e n e Tatsache eines erleuchteten Bewußtseins, das die Bedrohung, der das Triebherz wirklich unterliegt, von diesem
selbst w e g n i m m t. Indem der „steinerne Tod" des Triebherzens zum Bild der
symbolischen Gesamthandlung im magischen Kreis des Mythos wird, wird er
beides: Er wird *r e a l* und zugleich vom »leidenden« Triebherzen *w e g g e n o m -
m e n*. Dadurch entsteht Raum für ein Fortleben des Triebherzens d u r c h E v o -
l u t i o n d e s n e g a t i v e n B e w u ß t s e i n s - K o n t i n u u m s i m l i m b a l e n
U n b e w u ß t s e i n s - S t r o m. Den „steinernen Tod" des Triebherzens haben
wir also zu fassen als Bild der symbolischen Gesamthandlung des Mythos. Die
Bildwerdung der symbolischen Handlung ist eins mit dem Bild selbst. Durch die
Entstehung des symbolischen Bildes offenbart sich das
$\left\{ bewußtseins \left| {ontologische \atop ontogenetische} \right. \right\}$ Wesen der symbolischen Gesamthandlung des
Mythos. Der Begriff des B i l d e s ist von zentraler Bedeutung für die Genese der
symbolischen Gesamthandlung im magischen Bewußtseinskreis der mythischen
Urprojektion. Das Bild ist zu verstehen als das formative Prinzip der
$\left\{ bewußtseins \left| {ontologischen \atop ontogenetischen} \right. \right\}$ Natur der symbolischen Gesamthandlung des
Mythos, durch das der Betrachter in den Strom des magischen Erkenntniskreises
des Mythischen selbst einbezogen wird. Der Mythos wird belebt durch das limbale Triebherz des Betrachters und setzt so seine Geheimnisse frei. Der Mythos
wird dadurch befreit von der Hülle des mythischen Narrativs, d a s n i c h t d e r
M y t h o s s e l b s t i s t. Denn Triebherz wie Mythos teilen dasselbe Schicksal,
wenn auch auf verschiedene Weise. E s i s t e i n g r o ß e s G e h e i m n i s u m
d a s W e s e n d e s M y t h o s. Die für das Triebherz drohende Gefahr eines in
sich Abreißens des negativen Bewußtseins-Kontinuums — und der damit ver-
bundenen Folgen einer extravasalen Willenszusammenziehung — muss *d u r c h
d a s B i l d* zum Bild der symbolischen Gesamthandlung des Mythos werden,
damit sich der $\left\{ bewußtseins \left| {ontologische \atop ontogenetische} \right. \right\}$ Projektionsgrund des Mythos
selbst offenbaren kann dem Triebherzen des limbalen Unbewußtseins. Wir er-
kennen somit, dass der Mythos selbst dasjenige darstellt, dessen das limbale
Triebherz bedarf, um dem negativen Bewußtseins-Kontinuum eine
$\left\{ bewußtseins \left| {ontologische \atop ontogenetische} \right. \right\}$ Evolutionsgeschichte in seinem Inneren zu si-
chern. Das limbale Unbewußtsein bedarf des $\left\{ bewußtseins \left| {ontologischen \atop ontogenetischen} \right. \right\}$
$\left\{ \left\{ {Projektions \atop Reflexions} \left| Grundes \right. \right\} \right\}$ des Mythos, um sein negatives Bewußtseins-Kontinuum im Inneren des Triebherzens selbst f o r t s e t z e n z u k ö n n e n. Es geht

um die teleologische Wesens-Bestimmung des Unbewußtseins, die erfüllt werden muß im Hinblick auf die s c h ö p f u n g s g e s c h i c h t l i c h e M e n s c h w e r d u n g des »Verbum exinanitum ipsum« im Limbus seiner kenotischen SelbstReflektion. *Wichtig*: Wir haben den Mythos erkannt als das Bindeglied zwischen dem Triebherzen des limbalen Unbewußtseins-Stromes und der schöpfungsgeschichtlichen Menschwerdung des »Verbum exinanitum ipsum«. *Denn es gilt*: A u c h w e n n d e r L o g o s i m L i m b u s s e i n e r k e n o t i s c h e n S e l b s t R e f l e k t i o n u n t e r g e g a n g e n i s t, s o b l e i b t e r d e m l i m b a l e n U n b e w u ß t s e i n s e l b s t d e n n o c h v e r b o r g e n. Über der Urrelation zwischen dem Untergang des Logos im Äther seiner kenotischen SelbstReflektion und dem Triebherzen des limbalen Unbewußtseins schwebt die Finsternis der Bewußtseinslosigkeit. Diese Finsternis verhindert einen Brückenbau zwischen beiden. Wer oder was vermag diese Brücke zu bauen, um beide miteinander zu verbinden, so dass das Triebherz sich durch die $\begin{Bmatrix} bewußtseins \end{Bmatrix} \begin{vmatrix} ontologische \\ ontogenetische \end{vmatrix}$ Fortentwicklung des negativen Bewußtseins-Kontinuums i m a n h y p o s t a t i s c h e n T r i e b g r u n d d e s m e n s c h g e w o r d e n e n L o g o s selbst vollenden kann. Der okkulte Sinn des $\begin{Bmatrix} bewußtseins \end{Bmatrix} \begin{vmatrix} ontologischen \\ ontogenetischen \end{vmatrix}$ Projektionsgrundes des Mythos stellt dieses b r ü c k e n b a u e n d e D e s i d e r a t d e r T h e o l o g i e dar. Er verkörpert d u r c h d i e s y m b o l i s c h e G e s a m t h a n d l u n g die Beseitigung eines grundlegenden Mangels, der die Begründungsbedürftigkeit der Theologie d u r c h d i e O f f e n b a r u n g s e l b s t betrifft. Erst die ätherische Bildwerdung des mythischen Projektionsgrundes im Triebherzen schließt das $\begin{Bmatrix} bewußtseins \end{Bmatrix} \begin{vmatrix} ontologische \\ ontogenetische \end{vmatrix}$ Loch, durch das die okkulte Begründung der Theologie durch die »Offenbarung selbst« verhindert wird. Es gibt eine Erfahrung des Mythos, die dem Glauben an den menschgewordenen Gott nicht nur *nicht widerspricht*, sondern die dem Glauben selbst nötig ist, um d e n m e n s c h g e w o r d e n e n L o g o s i n s i c h s e l b s t e r f a h r e n z u k ö n n e n.

6. D i e E r z e u g u n g d e s B i l d e s a l s S y m b o l kann sich nur im magischen Kreis symbolischer Anschauung vollziehen. Die Entstehung des mythischen Symbols aber geht zurück auf dessen Ursprung im magischen Kreis der $\begin{Bmatrix} bewußtseins \end{Bmatrix} \begin{vmatrix} ontologischen \\ ontogenetischen \end{vmatrix}$ V e r n u n f t d e s M y t h o s, die sich durch den Blitzschlag ihrer Erkenntniskraft im limbalen Triebherzen offenbart. Das Ziehen des magischen Kreises setzt nicht nur das Triebherz voraus, es erfordert vielmehr, dass dieses den magischen Rapport betrete. Das Betreten des magischen Rapportes ist verbunden mit einer Umwandlung im inneren Verhältnis

des Triebherzens *z u s i c h s e l b s t*. Es erfährt eine Selbstaufspaltung in sich, wodurch das Triebherz mit sich selbst in einen Bewußtseins-Bezug treten kann. Das Triebherz *t r i t t s i c h s e l b s t g e g e n ü b e r*. Dieses {*sich|selbst|Gegenüber|Treten*} des limbalen Triebherzens wird erst ermöglicht durch die Tatsache, dass es den magischen Kreis der $\left\{bewußtseins \left|\begin{array}{l} ontologischen \\ ontogenetischen \end{array}\right.\right\}$ Vernunft des Mythos bereits betreten haben *muss*. Das {*sich|selbst|Gegenüber|Treten*} des Triebherzens ist Frucht seines magischen Rapportes. Das Triebherz betritt den magischen Bezirk des Mythos nicht aufgrund des Erleidens des „steinernen Todes", sondern es erleidet diesen aufgrund seines Eingehens in den magischen Bezug mit dem Mythischen durch den Geistesblitzschlag des medusischen Blickes. Der „steinerne Tod" ist gleichsam der Anfang der Passage des Triebherzens durch den magischen Bezirk der $\left\{bewußtseins \left|\begin{array}{l} ontologischen \\ ontogenetischen \end{array}\right.\right\}$ Geisteskraft des Mythos. Der „steinerne Tod" ist das, worauf alle weitere Initiation beruht. Er ist Grundlegung der Einweihung im Triebherzen. Diese ist nur möglich durch Negation, aber eine, die vom Negierten selbst angenommen sein muss. Denn nur wenn dies der Fall ist, kann der magische Rapport in das Innere des Triebherzens übertragen werden. Diese Übertragung bildet die Bedingung dafür, dass das Triebherz seine Passage durch das Innere der $\left\{bewußtseins \left|\begin{array}{l} ontologischen \\ ontogenetischen \end{array}\right.\right\}$ Geisteskraft des Mythos antreten und durchlaufen kann. Denn diese Passage ist die *eigentliche* Einweihung des Triebherzen durch die o f f e n b a r e n d e V e r n u n f t d e s M y t h o s. Wir ersehen daraus, dass das Triebherz seine Passage durch die generative Vernunft des Mythos nur durchlaufen kann, wenn diese Teil seines inneren Wesens geworden ist durch selbstgewollte Negation seiner selbst. Der Grund aller Initiation des Triebherzens besteht also darin, dass es die Negation seiner selbst will und durch sein »Wollen« diese in sich eingehen lässt. Denn diese Negation besteht auf einem »Willen«, der ja nicht der des Triebherzens ist. Die Existenzweise des Triebherzens angesichts der Einweihung durch die $\left\{bewußtseins \left|\begin{array}{l} ontologische \\ ontogenetische \end{array}\right.\right\}$ Vernunft des Mythos habe ich gekennzeichnet als »Willen« des Triebherzens zu dessen eigener Negation. Dieser »Wille« stellt ein erkenntnis-theoretisches Problem dar, insofern er gar kein Wille ist. Ihm fehlen alle ontologischen Kennzeichen, welche ihn als Willen bezeichnen könnten. Denn der Wille erfordert Natur. Deshalb kommt dem Triebherzen kein *eigener* Wille zu, weil es weder auf göttliche noch auf menschliche Natur sich bezieht. Dies schließt jedoch nicht aus, dass das Triebherz durchaus einem »Willen« folgt. Dieser »Wille« kommt dem Triebherzen zu nicht gemäß seiner Natur, sondern aufgrund seiner Existenzweise als Grundlage von Initiation durch seinen magischen Rapport mit der $\left\{bewußtseins \left| \begin{array}{l} ontologischen \\ ontogenetischen \end{array} \right. \right\}$ Vernunft des Mythos. Das heißt aber, der Initiation des Triebherzens muss etwas vorausgehen, das dieses selbst bewußtseins-ontologisch verändert. Der »Wille«, durch den das Triebherz die Negation seiner selbst durch den Blitzschlag des $\left\{bewußtseins \left| \begin{array}{l} ontologischen \\ ontogenetischen \end{array} \right. \right\}$ Blicks der Medusa in sich eingehen lässt, bildet die existentielle Voraussetzung für die Wanderung des limbalen Triebherzens durch die $\left\{bewußtseins \left| \begin{array}{l} ontologische \\ ontogenetische \end{array} \right. \right\}$ Evolution des eigenen Inneren. Wir können gar nicht genug auf die Bedeutung verweisen, welche dem Mysterium des »Willens« des Triebherzens zur Negation seiner selbst zukommt. Dieser »Wille« stellt in der Tat den Schlüssel dar für das Verständnis der Grundlegung des bewußtseins-ontogenetischen Prozesses des Mythos im Triebherzen durch dessen mystagogischen »Willen« zur Negation seiner selbst, *das heißt* durch den „steinernen Tod". Dieser »Wille« des Triebherzens ist Schein-Gestalt des Willens. Nur wenn er dieser Schein ist, kann sich durch ihn die Entstehung des Bildes als symbolische Gesamthandlung der $\left\{bewußtseins \left| \begin{array}{l} ontologischen \\ ontogenetischen \end{array} \right. \right\}$ Vernunft des Mythos vollziehen. Die Entstehung des Bildes verweist auf den Ursprung der Symbolhandlung, durch die sich der magische Kreis der mythischen Vernunft im Inneren des limbalen Triebherzens schließt. Mit der Schließung des magischen Zirkels im Inneren des Triebherzens, wird dieses von sich selbst abgespalten durch den »Willen« zur Negation seiner selbst. Somit erkennen wir, dass die Ziehung des magischen Kreises nichts anderes als der »Wille« des limbalen Triebherzens zur Negation seiner selbst — oder der „steinerne Tod" durch den medusischen Blick — ist. Der mystagogische »Wille« des limbalen Triebherzens bildet den eigentlichen Ursprung der $\left\{bewußtseins \left| \begin{array}{l} ontologischen \\ ontogenetischen \end{array} \right. \right\}$ Geisteskraft des Mythos, die das verborgene Innere des medusischen Blitzschlag-Blickes ausmacht. Allein durch den mystagogischen »Willen« kann die Übertragung der $\left\{bewußtseins \left| \begin{array}{l} ontologischen \\ ontogenetischen \end{array} \right. \right\}$ Geisteskraft in das Innere des Triebherzens stattfinden, durch die dieses sich selbst in der symbolischen Handlung des mythischen Bildes wiederfinden kann als das darin treibende Agens der $\left\{bewußtseins \left| \begin{array}{l} ontologischen \\ ontogenetischen \end{array} \right. \right\}$ Evolution seiner selbst. Die symbolische Bildwerdung des Mythos erfordert also den mystagogischen »Willen«, der sich im „steinernen Tod" des Triebherzens verkörpert. Die Entstehung des Bildes als symbolische Handlung des Mythos setzt voraus, dass das limbale Triebherz sein

Leben dafür h e r g i b t, damit das $\left\{bewußtseins \left| \begin{array}{c} ontologische \\ ontogenetische \end{array} \right.\right\}$ Innenleben des Mythos als medusischer Geistes-Blitzschlag einfließt, um das »s e l b s t g e t ö t e t e« Triebherz von innen zur Wiedergeburt a n z u t r e i b e n. Der »Wille« des limbalen Triebherzens z u r N e g a t i o n s e i n e r s e l b s t und der in das Triebherz hineinfahrende und es treffende medusische Erkenntnis-Blitzschlag müssen demnach i d e n t i s c h sein. Denn nur wenn dies der Fall ist, kann es für das Triebherz des limbalen Unbewußtseins-Stromes *neues* Leben im magischen Kreise der $\left\{bewußtseins \left| \begin{array}{c} ontologischen \\ ontogenetischen \end{array} \right.\right\}$ Erkenntniskraft des Mythos geben. Mit der Entstehung des mystagogischen »Willens« des Mythos im »s e l b s t g e t ö t e t e n« Triebherzen des limbalen Unbewußtseins-Stromes verbunden ist die Entstehung des Bildes als Ursprung von S y m b o l h a n d l u n g. Der Mythos a l s S y m b o l h a n d l u n g entspringt mit der Entstehung des Bildes durch den »Willen« des »s e l b s t g e t ö t e t e n« Triebherzens. Denn durch den »Willen« des Triebherzens zur Negation seiner selbst wird etwas anderes Ursprung der symbolischen Handlung im Inneren des »s e l b s t g e t ö t e t e n« Triebherzens. Die Genese des Symbols beruht folglich auf dem Hervorgang aus dem »selbstgetöteten« Inneren des Triebherzens, weil die »Selbsttötung« nicht Wille des Triebherzens selbst, sondern W i l l e e i n e s A n d e r e n ist, das sich im Tode des Triebherzens durch dieses selbst ausspricht als das »Gewolltsein« eines anderen Willensgrundes. Das Triebherz spaltet sich in sich selbst auf und tritt sich selbst gegenüber. Dies heißt aber nichts anderes, als dass es durch sich selbst sich Bewußtsein verschafft, den Grund von Bewußtsein. Diese Willensgrund-Vertiefung des Anderen im »selbstgetöteten« Triebherzen des limbalen Unbewußtseins, sie spaltet das Triebherz auf und versetzt es in einen Selbstbezug. Dieses $\{sich|selbst|Gegen\"uber|Treten\}$ des Triebherzens ist nur möglich, insofern es Tat oder Vollzug der Willensgrund-Vertiefung des Anderen im »Willen« des Triebherzens zur Negation seiner selbst ist. Diese Willensgrund-Präsenz des Anderen im »Willen« des Triebherzens zur » S e l b s t t ö t u n g« ist es, die das Triebherz zur Selbstaufspaltung antreibt. Durch dieses sich Aufspalten seiner selbst im *a n d e r e n* Willensgrund seiner selbst entsteht das Bild a l s S y m b o l h a n d l u n g d e s M y t h o s. Das Bild erwächst aus der Willensgrund-Vertiefung des Anderen im »s e l b s t g e t ö t e t e n« Inneren des limbalen Triebherzens. Die Willensgrund-Vertiefung des Anderen im selbstgetöteten Inneren des Triebherzen bedeutet eine Willensbeiwohnung, die nur deshalb zustande kommt, weil es sich auf der Seite des Triebherzens um einen »Willen« zur Negation seiner selbst handelt, der die Reduktion des Triebherzens zu einer ätherischen $\{N - |Ichts|Urstofflichkeits|Form\}$ enthält. Wir müssen den »Willen« des Triebherzens zur Negation seiner selbst in seinem ganzen okkulten Sinn erfassen. Diese »Selbsttötung« durch einen »gewollten« Willen ist nicht Tod im einfachen Sinne des Wortes, sondern bezeichnet die Reduktion des limbalen Unbewußtseins im Triebherzen auf eine ätherische $\{N - |Ichts|Urstofflichkeits|Form\}$. Man kann somit sagen, dass das Unbewußtsein dem Triebherzen entschwindet. Es entschwindet dem Triebherzen mit der Willensgrund-Vertiefung des dem Inneren des Triebherzens beiwohnenden »Anderen«. Dass dem Triebherzen das Unbewußtsein entschwindet, dies bedeutet den Tod, den „steinernen Tod" des Triebherzens. Da ist aber noch ein weiterer Aspekt, auf den wir zu achten haben. Wir erinnern uns, dass der »Wille« des Triebherzens zur Negation seiner selbst ein »gewollter Wille« zur Selbsttötung des Triebherzens ist. Und wir wissen auch, dass jener Wille durch Willensgrund-Vertiefung im Inneren des »selbstgetöteten« Triebherzens gegenwärtig ist. Daraus läßt sich ersehen, dass die Selbstaufspaltung des Triebherzens [aufgrund der »Selbsttötung«, die mit dem Entschwundensein des Unbewußtseins in seinem eigenen Trieb-Inneren zu tun hat,] übergeht auf jenes A n d e r e, das durch seine Willensgrund-Vertiefung in das Triebherz selbst eingedrungen ist, um diesem b e i z u w o h n e n. Dieses »Andere« wohnt dem Triebherzen nicht inne, da dieses genichtet ist, da dieses durch den »gewollten Willen« zur Negation seiner selbst zugrunde gegangen ist. Denn dem Triebherzen ist der eigene limbale Unbewußtseins-Strom entschwunden. Diese Beiwohnung der Willensgrund-Vertiefung des Anderen wird ermöglicht dadurch, dass das Triebherz eine Nullpunkts-Reduktion des Unbewußtseins-Stromes an sich erfährt, *das heißt* dass es zur $\{N - |Ichts|Urstofflichkeits|Form\}$ zurückgeführt wird. Dadurch wird das Triebherz zum Ursprung dieser Nullpunkts-Funktion des limbalen Unbewußtseins bestimmt. Nun wird klarer, warum der »Wille« des Triebherzens zur Negation seiner selbst nicht das Triebherz selbst auslöscht. Denn der Tod der »Selbsttötung« des Triebherzens ergibt sich aus dessen Selbstaufspaltung durch das Entschwinden des Unbewußtseins im Inneren des Triebherzens selbst. Diese Selbstaufspaltung im Inneren, die zur gegenseitigen Nullpunkts-Reduktion von Triebherz und Unbewußtseins-Strom führt, bringt beide erst wieder zusammen durch den Übergang beider in die Willensgrund-Vertiefung d e s »A n d e - r e n«, wodurch diese wiederum beiden b e i w o h n e n kann als der beide vereinigende Ursprungspunkt der Substantiation. Die Beiwohnung der Willensgrund-Vertiefung des »Anderen« im Inneren des »selbstgetöteten« Triebherzens setzt aber die gegenseitige Nullpunkts-Reduktion von Triebherz und Unbewußtsein voraus, weil nur so beide zur Gegenwart des »Anderen« in sich selbst gelangen können. Das gegenseitige sich Aufspalten beider gegen ihre Einheit führt zur Schaffung a) des Nullpunkts-Ursprungs des limbalen Triebherzens und b) der ätherischen $\{N - |Ichts|Urstofflichkeits|Form\}$ des Unbewußtseins-Stromes. Dieser duale Prozeß erst schafft die Voraussetzung für den Übergang zur Selbst-Beiwohnung des *anderen* Willensgrundes im Trieb-Ursprung seiner ätherischen Verleiblichung. Der sich vertiefende Willensgrund des »Anderen« kann sich nur verwirklichen, wenn er aus dem Ursprung des toten Triebherzens selbst das Gewand seiner leiblichen Existenz entnimmt, um in dieser $\{N - |Ichts|Urstofflichkeit\}$ des limbalen Unbewußtseins sich als $\left\{bewußtseins \; \middle| \begin{array}{l} ontologisches \\ ontogenetisches \end{array} \right\}$ Geistprinzip des Mythos beizuwohnen. Dieses Prinzip der $\left\{bewußtseins \; \middle| \begin{array}{l} ontologischen \\ ontogenetischen \end{array} \right\}$ Selbstbeiwohnung des mythischen Wortes im z u n i c h t s gewordenen Triebherzen des Unbewußtseins verweist uns auf den abgründigen Sinn des »Willens zur Negation seiner selbst«, den wir mit dem Begriff der m y t h i s c h e n S e l b s t t ö t u n g des limbalen Triebherzens bezeichnen wollen. Es wurden die Bedingungen für die Selbstbeiwohnung der bewußtseins-ontologischen Selbstaufspaltung des Triebherzens und für die wechselseitige Nullpunkts-Reduktion des Triebherzens und des limbalen Unbewußtseinsstromes in d e r W i l l e n s g r u n d - V e r t i e f u n g d e s » A n d e r e n « von mir dargelegt. Die Selbstbeiwohnung des anderen Willensgrund im genichteten Triebherzen macht aus diesem ein v o m A n d e r e n g e w o l l t e s »Willens«-Prinzip einer $\left\{bewußtseins \; \middle| \begin{array}{l} ontologischen \\ ontogenetischen \end{array} \right\}$ F o r t e n t w i c k l u n g des limbalen Unbewußtseins-Stromes, die auf das Triebherz als dessen künftiges Leben übertragbar ist. Das Triebherz wird — nach seinem „steinernen Tode" — zum Lebensprinzip der schöpfungsgeschichtlichen Grundlegung des menschgewordenen »Verbum exinanitum ipsum« aus dem Inneren des offenbarenden Mythos.

7. Der »Tod« des Triebherzens durch die versteinernde Erfahrung des medusischen Geistes-Blitzschlages bildet den entscheidenden Ursprungspunkt für die Bestimmung des Triebherzens zum limbalen Prinzip der $\left\{bewußtseins \; \middle| \begin{array}{l} ontologischen \\ ontogenetischen \end{array} \right\}$ Grundlegung der Schöpfungsgeschichte durch Offenbarung des menschgewordenen Logos i m a n h y p o s t a t i s c h e n B i l d d e r m e n s c h l i c h e n N a t u r. Und um die Entstehung dieses Bildes geht es im Mysterium des medusischen »Todes« im geheimnisvollen Inneren des limbalen Triebherzens. Damit aber ist es ausgesprochen, dass e s d e m W e s e n d e s M y t h o s u m d i e w a h r e n G e g e n s t ä n d e o k k u l t e r W i s s e n s c h a f t z u t u n i s t. Dies gilt es sich klarzumachen. Denn dies bildet gleichsam die Rechtfertigung unserer Tätigkeit auf dem Gebiet des Mythos. Der Mythos ist Gegenstand okkulter Lehre, da er die theosophischen Grundprinzipien der $\left\{bewußtseins \; \middle| \begin{array}{l} ontologischen \\ ontogenetischen \end{array} \right\}$ Wesensbestimmung des limbalen Triebherzens enthält, durch die die schöpfungsgeschichtliche Menschwerdung des Logos i m a n h y p o s t a t i s c h e n W e s e n s b i l d d e r m e n s c h l i c h e n N a t u r geoffenbart werden kann. Dies heißt aber auch, dass die Wahrheit der

Theologie nur auf dem Wege der okkulten Begründung der Menschwerdung des »Verbum exinanitum ipsum« erwiesen werden kann, und zwar anhand des anhypostatischen Bildes der menschlichen Natur, in dem der inkarnierte Logos sich seiner selbst bewußt wird. Dies aber heißt, dass er im äonischen Seelenbild der menschlichen Natur *wirklich Mensch geworden* zu B e w u ß t s e i n wird, das er nur durch das $\{Nicht|Ich|seiner|selbst\}$ des limbalen Triebherzens von sich selbst erlangen kann. Es gibt *k e i n e   p o s i t i v e* Verknüpfung bei der Einwohnung des selbstentäußerten Logos im anhypostatischen Bild der menschlichen Natur. Wenn wir vom mythischen Tod des limbalen Triebherzens als des entscheidenden Wendepunkts der $\left\{ bewußtseins \left| \begin{array}{l} ontologischen \\ ontogenetischen \end{array} \right. \right\}$ Entwicklungsgeschichte des Unbewußtseins sprechen, so soll das heißen, dass sich im Inneren dieses Triebherzens die ganze Geschichte der Äonenwanderung des selbstentäußerten göttlichen Logos w i d e r s p i e g e l t. Denn das Innere des limbalen Triebherzens ist zu verstehen als das Herz des limbalen »Unterganges« des Logos in der SelbstReflektion seiner Kenose. Das Triebherz des Unbewußtseins ist das Schatzkästlein der limbalen Geheimnisse des »Verbum exinanitum ipsum«. Und wir können mit gutem Recht sagen, dass das dem Triebherzen widerfahrende mythische Geschehen den Urstoff zu seiner $\left\{ bewußtseins \left| \begin{array}{l} ontologischen \\ ontogenetischen \end{array} \right. \right\}$ Wesensbestimmung hergibt. Der Mythos selbst liefert den Stoff zu seiner $\left\{ bewußtseins \left| \begin{array}{l} ontologischen \\ ontogenetischen \end{array} \right. \right\}$ Manifestationskraft im anhypostatischen Bild der menschlichen Natur. Der Mythos muss, um wirksam zu werden, sich entäußern im Inneren des Triebherzens, denn nur so wird die Selbstentäußerung am Mythos Wirklichkeit, *das heißt* äonengeschichtlich und $\left\{ bewußtseins \left| \begin{array}{l} ontologisch \\ ontogenetisch \end{array} \right. \right\}$ wirksam *f ü r* die schöpfungsgeschichtliche Menschwerdung des »Verbum exinanitum ipsum«. Wir haben hier das W i r k l i c h k e i t s p r i n z i p   d e s   M y t h o s leibhaftig vor uns. Und dieses lehrt uns, dass es keine göttliche Offenbarung gibt ohne dieses $\left\{ bewußtseins \left| \begin{array}{l} ontologische \\ ontogenetische \end{array} \right. \right\}$ U r p r i n z i p   d e s   M y t h o s. Der medusische »Tod« des limbalen Triebherzens ist es, der uns in das okkulte Wesen des mythischen Prinzips göttlicher Offenbarung einführt. Dieses mythische Prinzip des limbalen Unbewußtseins hängt notwendig zusammen mit der apophatischen Natur der »Offenbarung selbst«. Und wir können den kühnen Satz wagen, dass da, wo dem Mythos die Offenbarung — dogmatisch gesprochen — e n t g e g e n - g e s e t z t wird, von der »O f f e n b a r u n g   s e l b s t« nicht mehr die Rede sein kann. Dies ist eine harte Wahrheit, an der jede an einem kanonischen Offenbarungs-Glauben ausgerichtete Theologie Schiffbruch erleiden muss. Der Mythos ist Voraussetzung *w a h r e r* Theologie, das heißt i n s o f e r n   d i e s e   o k k u l t e

Wissenschaft ist. Der Mythos, *das heißt* das Wesen des Mythos bricht am limbalen Triebherzen aus sich selbst hervor. Er bricht aus sich hervor, um sich durch seine Selbstentäußerung in seinem okkulten Wesen als dem $\left\{bewußtseins \middle| {ontologischen \atop ontogenetischen}\right\}$ Bestimmungsgrund des Triebherzens zu offenbaren. Die Einheit der symbolischen Gesamthandlung ist der magische Kreis der okkulten Einweihung in die $\left\{bewußtseins \middle| {ontologische \atop ontogenetische}\right\}$ Bestimmung des Unbewußtseins im Triebherzen. Der Mythos selbst ist unzugänglich. Er bedarf der Selbstentäußerung, um zum $\left\{bewußtseins \middle| {ontologischen \atop ontogenetischen}\right\}$ Bestimmungsgrund des Unbewußtseins-Stromes im Inneren des limbalen Triebherzens zu werden. Damit teilt er mit dem »Verbum exinanitum ipsum« dessen kenotische Wesensbestimmung. Dem Mythos als dem bewußtseins-ontogenetischen Grundprinzip des limbalen Triebherzens kommt eine logosförmige Bestimmung zu. Den Mythos zeichnet seine Logos-Ähnlichkeit aus. Der Mythos ist logosförmiger Bestimmungsgrund des Unbewußtseins-Stromes im Inneren des [vom Blitzschlag der intuitiven Einsicht der Medusa] »getöteten« Triebherzens. Dass der Mythos selbst Teil der symbolischen Gesamthandlung im magischen Kreise ist, dies sehen wir daran, dass wir an ihm eine Wandlung feststellen können, durch die er übertragen wird in ein logosförmiges Fluidum, das sich in Beziehung setzt zu seiner Willensgrunds-Vertiefung im »getöteten« Inneren des limbalen Triebherzens. Die Selbstentäußerung ist die logosförmige Fluidum des Mythos zum apophatischen Willensgrund-Vertiefungs-Ens des Triebherzens. Denn nur in diesem als in dieser Form treffen Mythos und Triebherz aufeinander und finden zusammen, um sich auf ein ihnen beiden Höheres zu beziehen, das durch das Aufeinandertreffen erst manifest wird. Und dieses manifest Werdende ihres ineinander Eingehens ist die Entstehung des Bildes, die Erzeugung des Bildes als Bild. Die Entstehung des Bildes aus der okkulten Natur der symbolischen Handlung im magischen Kreis des Mythischen. Die Selbstentäußerung des Mythos haben wir zu verstehen als die Ziehung des magischen Kreises, der die Einheit der symbolischen Gesamthandlung des Mythos darstellt. Und diese Einheit steht in Urrelation zum Bilde, das die Gesamtheit der symbolischen Handlung des Mythos vergegenwärtigt. Die Bildfläche des gezogenen mythischen Kreises verortet das »tote« Innere des Triebherzen selbst wieder als außer diesem im Inneren eines noch Höheren. Und dieses Höhere ist die $\left\{bewußtseins \middle| {ontologische \atop ontogenetische}\right\}$ Wesensbestimmung des limbalen Triebherzens, die eine Projektion voraussetzt, die dem Triebherzen zugedacht ist. Aber was ist dasjenige, welches dem Triebherzen überhaupt etwas zugedacht haben kann? Der intuitive Gesamt-Einblick des

Mythos. Vom $\left\{bewußtseins \,\middle|\, {ontologischen \atop ontogenetischen}\right\}$ Erkenntnisblitz des Mythos geht die Grenz-Ziehung des magischen Kreises aus, denn von ihm stammt der Wille zur Negation des Triebherzens, der selbst in die Grenzen des von ihm gezogenen Kreises eingeht, um sich innerhalb dieses magischen Rapportes selbst in die Negation seiner selbst einzuführen. Die Grenzziehung des magischen Kreises durch den medusischen Willen der Negation stellt zugleich die Gesamtheit aller symbolischen Handlung des Mythos dar. Dieser medusische Wille des mythischen Erkenntnisblitzes muss den »Tod« des Triebherzens wollen, denn nur so kann er sich auf dieses als »Wille zur Selbstnegation« übertragen und als $\{Nicht|Ich|seiner|selbst\}$ in es eingehen, *das heißt* als $\left\{bewußtseins \,\middle|\, {ontologische \atop ontogenetische}\right\}$ Fortentwicklung des limbalen Triebherzens jenseits des „steinernen Todes". Der medusische Wille der Negation schafft sich den magischen Kreis der symbolischen Gesamthandlung, um sich darin seiner selbst zu entäußern. Der intuitive Erkenntnisblitz der Medusa ist der Mythos selbst in der Unzugänglichkeit seines apophatischen Grundzuges. Ihm zu begegnen bedeutet, vor ihm zu erstarren. Der „steinerne Tod" *als Symbol* verkörpert das primordiale Verhältnis des Menschen zum Mythos. Der Mythos läßt sich nicht nur nicht fassen, er »tötet« vielmehr. Dies heißt aber nichts anderes, als dass ihm ein W i l l e   z u r   N e g a t i o n innewohnt. Im Mittelpunkt der Aufmerksamkeit des mythischen W i l l e n s   z u r   N e g a t i o n steht das Triebherz als Quelle der äonischen Geschlossenheit des limbalen Unbewußtseins-Stromes. Auf diese Quelle nun richtet sich die Negations-Lust des Willens des Mythos. Der Zugriff des Mythos auf das Triebherz ist somit zu verstehen als ein universaler Akt, durch den der magische Kreis der symbolischen Gesamthandlung gezogen wird. Damit aber wird all das ausgeschlossen, was nicht durch die symbolische Handlung des Mythos grundgelegt ist. Der mythische »Wille zur Negation« schließt damit d a s   T r i e b h e r z   s e l b s t aus, um dieses von Grund auf neu zu begründen durch sich selbst. Der Wille zur Negation, der vom intuitiven Erkenntnisblitz des Mythos ausgeht, wird durch die Grenz-Ziehung des magischen Kreises der symbolischen Gesamthandlung zum Willen des Mythos zur Selbstentäußerung seiner intuitiven Erkenntniskraft. Dieser aber liegt ein logosförmiges Erkenntnis-Ich zugrunde, das allein durch seine Selbstentäußerung *i m Willen   zur   Negation   des   limbalen   Triebherzens* dem Denken selbst zugänglich wird. Der vom Subjekt des Mythischen ausgehende Wille zur Negation wird selbst in seinem apophatischen Wesen sichtbar. *Das heißt*, nur als selbst apophatischer Natur kann er Quelle von mitgeteilter intuitiver Erkenntnis sein. Es hat den Anschein, dass sich am Mythos etwas vollzieht, das ursprünglich allein dem göttlichen Logos in der SelbstReflektion seiner Kenose vorbehalten ist. Wir wundern uns, und dies mit Recht! Der Mythos erscheint mit seinem Willen zur Negation wie in einem Spiegel als Bild des kenotischen Mysteriums des Logos. Und noch ein weiterer Gesichtspunkt ist zu nennen, welcher uns erstaunen läßt: Die logosförmige Analogie des Mythos zur Kenose des »Verbum exinanitum ipsum« erstreckt sich auch auf die Tatsache, dass der Mythos diese Ähnlichkeit erst durch sein aus sich Heraustreten offenbart. Der Mythos offenbart »etwas«, indem er aus sich hervorbricht und sich seiner selbst entäußert. Er offenbart sich *nicht* als das, was er ist. Er offenbart sich vielmehr als negative Kraft eines intuitiven Erkenntnisblitzes, der hervorschießt und sein Ziel draußen sucht und findet. Er dringt ein in das Innere des Triebherzens, um dieses von innen her zu »töten«, innerlich erstarren zu lassen. Was geschieht hier? Die Negation des Triebherzens, insofern dieses d e r S e l b s t e n t ä u ß e r u n g u n f ä h i g ist. Warum ist es das? Weil es die Lebensmitte des in sich geschlossenen Unbewußtseins der *vor*-schöpfungsgeschichtlichen Äonenwanderung des »Verbum exinanitum ipsum« ist. Jetzt erkennen wir den wahren Grund, warum der intuitive Blitzstrahl der Medusa *m y t h i s c h* »tötet«, den Schauenden in Erstarrung versetzt: Der „steinerne Tod" ist das zur $\left\{ bewußtseins \left| {ontologischen \atop ontogenetischen} \right. \right\}$ Selbstentäußerung u n f ä h i g e Triebherz selbst. Durch den „steinernen Tod" wird die Notwendigkeit der $\left\{ bewußtseins \left| {ontologischen \atop ontogenetischen} \right. \right\}$ Evolution des Triebherzens an diesem selbst offenbar. Dieses Offenbarwerden aber setzt voraus, dass der Blitzstrahl der intuitiven Geisteskraft des Mythos als Wille zur Negation aus den logosförmigen Tiefen des Mythos selbst hervorbricht. Wir erkennen den Ort der symbolischen Gesamthandlung, die aus dem Zugriff des Mythos auf das Triebherz des Unbewußtseins-Stromes hervorgeht. Der Wille zur Negation, welcher dem Mythos entspringt, bildet den magischen Kreis der symbolischen Gesamthandlung, in welchem der Mythos zur $\left\{ bewußtseins \left| {ontologischen \atop ontogenetischen} \right. \right\}$ Stofflichkeit des limbalen Triebherzens wird und sich durch diese manifestiert. Dies geschieht, um das Triebherz der Selbstentäußerung zum anhypostatischen Bild der menschlichen Natur zu befähigen, welches als transzendentales Ich das »Verbum exinanitum ipsum« in sich trägt[42]. Denn die Einwohnung des kenotischen Logos im Menschen muss a n h y p o s t a t i s c h e s I c h sein, das sich als $\left\{ bewußtseins \left| {ontologische \atop ontogenetische} \right. \right\}$ Grundlegung der schöpfungsgeschichtlichen Menschwerdung des Logos selbst begreift. Das anhypostatische Bild bezeichnet

---

[42] Das »Verbum exinanitum ipsum« wird vom transzendentalen Ich seiner selbst im anhypostatischen Bild der menschlichen Natur getragen. Damit findet keine direkte Einwohnung des Logos im Menschen statt, da die $\left\{ bewußtseins \left| {ontologische \atop ontogenetische} \right. \right\}$ Evolution des Triebherzens die Verbindung des im Limbus »untergegangenen« Logos mit dem von diesem hervorgebrachten limbalen Unbewußtsein suspendiert und durch sich selbst vermittelt.

die Bedingung, unter der sich die Natur des Menschen in der $\left\{bewußtseins \begin{vmatrix} ontologischen \\ ontogenetischen \end{vmatrix}\right\}$ Trägerschaft des »Verbum exinanitum ipsum« als transzendentales Ich selbst erfährt. Damit aber ist das Theologumenon von der „Einwohnung Christi im Gläubigen" aus der Sicht der okkulten Theologie ein vergeblicher Versuch, die Kenosis des Logos völlig unabhängig vom Untergang des »Verbum exinanitum ipsum« im limbalen Unbewußtseinsstrom, der die Quelle der äonischen Natur des [*vor*-schöpfungsgeschichtlichen] Menschen darstellt, zu betrachten und zu dogmatisieren.

8. Der „steinerne Tod" des Triebherzens bekommt angesichts seines Zusammentreffens mit dem Blitzstrahl der intuitiven Geisteskraft des logosförmigen Mythos eine unerwartete Bedeutung, die vom bloßen Narrativ des mythischen Stoffes mehr als weit entfernt liegt. Aber genau so verhalten sich Narrativ und okkulter Sinn des Mythos zueinander. Das Narrativ hat mit dem mythischen Sinn so viel zu tun wie das limbale Triebherz mit seinem „steinernen Tod" durch den medusischen Blick des Mythos. Das Narrativ ist nicht der Tod des Mythos, sondern der Tod des Exegeten beim Versuch, für sich den Sinn des Mythos »herauszufinden«. Aber gerade solches *den Mythos verstehen Wollen* ist unmöglich. Es ist von der symbolbildenden Intention des Mythos selbst ausgeschlossen. Der Versuch, den Mythos „verstehen zu wollen", endet selbst in einer toten Allegorese. Dem Mythos darf man eben nicht mit der sogenannten »wissenschaftlichen Vernunft« der Moderne kommen!

9. Der Wille zur Negation, welcher vom Mythos selbst ausgeht, von dessen logosförmiger oder $\left\{bewußtseins \begin{vmatrix} ontologischer \\ ontogenetischer \end{vmatrix}\right\}$ Intuition, äußert sich als Zugriff auf das Triebherz durch Ziehung des magischen Kreises. Dieser magische Kreis ist χώρα der mythischen Selbstübertragung, *das heißt* der Übertragung des Mythos in die Raumbildung der symbolischen Gesamthandlung. Die Erfüllung dieser Gesamthandlung bedarf des Raumes, der Raumentstehung. Und diese ist die Bildwerdung der symbolischen Gesamthandlung, zu welcher sich die $\left\{bewußtseins \begin{vmatrix} ontologische \\ ontogenetische \end{vmatrix}\right\}$ Intuition des Mythos entäußert. Diese χώρα der symbolischen Gesamthandlung des Mythos muss uns aber als primateriales Grundelement der symbolischen Umsetzung der $\left\{bewußtseins \begin{vmatrix} ontologischen \\ ontogenetischen \end{vmatrix}\right\}$ Intuition des Mythos gelten. Die χώρα erhebt den magischen Kreis zum Gefäß, in welchem die $\left\{bewußtseins \begin{vmatrix} ontologische \\ ontogenetische \end{vmatrix}\right\}$ Wirkkraft der mythischen Intuition fließen und sich in den Gestalten der sym-

bolischen Gesamthandlung verkörpern kann. Die Verkörperung der symbolischen Gestalten des Mythos setzt voraus, dass sich der magische Kreis zum ätherischen Raum erweitert. Und die Verkörperung der symbolischen Erkenntniskräfte des Mythos ist die Gesamtheit der symbolischen Handlung im Raume $\left\{bewußtseins \begin{vmatrix} ontologischer \\ ontogenetischer \end{vmatrix}\right\}$ Intention, die vom »Willen zur Negation« des Mythos ausgeht. Denn dieser ist Zugriff auf das Triebherz des limbalen Unbewußtseins durch Ziehung des magischen Kreises. Die Symbole sind $\left\{bewußtseins \begin{vmatrix} ontologische \\ ontogenetische \end{vmatrix}\right\}$ Verkörperungen im ätherischen Raum. *Oder anders ausgedrückt*: Der ätherische Raum ist Entstehung des Gesamtbildes von der $\left\{bewußtseins \begin{vmatrix} ontologischen \\ ontogenetischen \end{vmatrix}\right\}$ Wesensbestimmung des limbalen Triebherzens. Und dieses genetische Gesamtbild des Triebherzens stellt die symbolische Handlung der mythischen χώρα dar. Das handelnde Symbol geht also aus von der χώρα. Durch diese tritt die symbolische Gesamthandlung als Verkörperung aller genetischen Elemente der $\left\{bewußtseins \begin{vmatrix} ontologischen \\ ontogenetischen \end{vmatrix}\right\}$ Wesensbestimmung des limbalen Triebherzens in E r s c h e i n u n g . Die χώρα verfügt demnach über die Kraft, etwas zur Erscheinung zu bringen. Sie treibt etwas voran und stellt es ins Licht. Die χώρα ist selbst eine offenbarende Kraft, bleibt aber selbst im Dunkel des Unbewußten. Dieses Doppelwesen der χώρα gilt es sich zu merken. Sie hat teil an beiden Bewußtseinswelten. Sie schafft eigene Einheit und nimmt zugleich zwei Welten in sich auf, um sie miteinander zu versöhnen. Diese Eigenschaften der ätherischen χώρα sind von großer Bedeutung für die Umsetzung der $\left\{bewußtseins \begin{vmatrix} ontologischen \\ ontogenetischen \end{vmatrix}\right\}$ Intention des Mythos im Triebherzen des limbalen Unbewußtseins-Stromes. Und wir gehen nicht fehl in der Annahme, dass die symbolbildende χώρα der mythischen Intuition sehr wohl etwas zu tun hat mit dem „steinernen Tod" des limbalen Triebherzens im Blitzstrahl des medusischen Blickes. Das tiefe Getroffensein des Triebherzens vom Blitzschlag der Erkenntnis der in Medusa sich verkörpernden $\left\{bewußtseins \begin{vmatrix} ontologischen \\ ontogenetischen \end{vmatrix}\right\}$ Intuition des Mythos markiert den Ursprung der symbolbildenden χώρα des Bewußtseins-Licht-Äthers. Mit dem „steinernen Tod" bricht im Inneren des Triebherzens der ätherische Raum mit den Verkörperungen seiner symbolischen Gesamthandlung auf. *Das heißt*, die symbolbildende χώρα des Mythos verkörpert damit die Grundlegung der $\left\{bewußtseins \begin{vmatrix} ontologischen \\ ontogenetischen \end{vmatrix}\right\}$ Wesensbestimmung des limbalen Triebherzens in diesem selbst. Dies ist aber nur möglich aufgrund des „steinernen Todes". *Das heißt*, der „steinerne Tod" stellt die Bedingung dar für die

$\begin{Bmatrix} \textit{bewußtseins} \end{Bmatrix} \begin{vmatrix} \textit{ontologische} \\ \textit{ontogenetische} \end{vmatrix}$ Formation des Triebherzens durch die symbol-bildende χώρα der mythischen Intuition. Der im „steinernen Tod" erfolgende Zugriff der mythischen Intention auf das Triebherz »tötet« dieses im Inneren, um es von innen in seiner $\begin{Bmatrix} \textit{bewußtseins} \end{Bmatrix} \begin{vmatrix} \textit{ontologischen} \\ \textit{ontogenetischen} \end{vmatrix}$ Wesensbestimmung neu zu begründen. Daraus aber folgt eine weitere wichtige Betrachtung: Das lim-bale Triebherz nimmt selbst teil an diesem Akt seiner Erstarrung, denn der „stei-nerne Tod", welcher ihm widerfährt, ist selbst bereits Teil der symbolbildenden χώρα des sich ins Triebherz übertragenden Mythos. Der „steinerne Tod" durch den Blick der Medusa darf deshalb nicht in einem rein objektalen Sinn verstan-den werden. Wenn auch der „steinerne Tod" vom Triebherzen erlitten wird, so setzt das Triebherz nach seinem Tode sein Leben in einer $\begin{Bmatrix} \textit{bewußtseins} \end{Bmatrix} \begin{vmatrix} \textit{ontologischen} \\ \textit{ontogenetischen} \end{vmatrix}$ Wesensbestimmung seiner selbst fort. Es geht um das transzendentale Fortleben des limbalen Triebherzens. Es geht also um nichts anderes als um die transzendentale Fortentwicklung des Unbewußtseins-Stromes durch die $\begin{Bmatrix} \textit{bewußtseins} \end{Bmatrix} \begin{vmatrix} \textit{ontologische} \\ \textit{ontogenetische} \end{vmatrix}$ Wesensbestimmung des lim-balen Triebherzens durch die ätherische χώρα der mythischen Intuition. Die symbolische Gesamthandlung nimmt wie in einer Spiegelung das Innere des Triebherzens selbst ein. Sie wird mit diesem identisch in der Spiegelung, welche aus dem Bewußtseins-Äther der symbolbildenden χώρα hervorgeht. Und wie-der haben wir eine Erkenntnis gewonnen, die nämlich, dass die ätherische χώρα mit ihrer magischen Raumbildung und Vernetzung der symbolischen Verkörpe-rungen nach dem Prinzip eines $\begin{Bmatrix} \textit{bewußtseins} \end{Bmatrix} \begin{vmatrix} \textit{ontologischen} \\ \textit{ontogenetischen} \end{vmatrix}$ Spiegels arbei-tet. Aus dieser Einsicht aber ergibt sich, dass der „steinerne Tod" des Triebher-zens diesem selbst zur primaterialen Grundlage seiner $\begin{Bmatrix} \textit{bewußtseins} \end{Bmatrix} \begin{vmatrix} \textit{ontologischen} \\ \textit{ontogenetischen} \end{vmatrix}$ Wesensbestimmung wird, die er ganz in sich zu fassen, ganz in sich aufzunehmen hat. Das Triebherz hat sich ganz in sein »getötetes« Inneres zu vertiefen. Es muss den limbalen Unbewußtseins-Strom ganz in sich zum Versiegen bringen. Es muss in sich das Entschwinden des Unbewußtseins-Stromes vorantreiben. Sein »Tod« ist das Entschwinden des Unbewußtseins in seinem Inneren. Deshalb ist das Entschwinden des Unbe-wußtseins-Stromes in seinem Inneren der »Tod« dieses seines Inneren, der vom Triebherzen selbst »gewollt« sein muss. Der „steinerne Tod" des Triebherzen muss ein Tod der Selbstnegation sein. Nur als ein solcher kann er in das Innere des Triebherzens eindringen, um dieses in die χώρα des ätherischen Bewußt-seins zu versetzen und darin grundzulegen als im anhypostatischen Grunde sei-ner negativen (apophatischen) Wesens-Selbst-Bestimmung durch die

$\left\{bewußtseins\;\begin{array}{l}ontologische\\ontogenetische\end{array}\right\}$ Intuition der mythischen Vernunft. *Wir sehen*: Die symbolbildende χώϱα ist ein okkultes Geschehen, das sich aus zwei Quellen speist, *das heißt* aus dem Zugriff der mythischen Intuition auf das Triebherz und aus der Selbstnegation des Triebherzens, wodurch dieses in sich und für sich selbst zur χώϱα der symbolischen Gesamthandlung wird. Durch Annahme des {Nichts|seiner|selbst} wird das Triebherz sich selbst zum apophatischen Willensgrund eines {*Nicht|Ich|seiner|selbst*}, wodurch es sich die Selbstmacht über die ätherische χώϱα der Verkörperungen seiner okkulten $\left\{bewußtseins\;\begin{array}{l}ontologischen\\ontogenetischen\end{array}\right\}$ Wesensbestimmung zurechnen darf. Die Selbstmacht über die in der ätherischen χώϱα vor sich gehenden symbolischen Verkörperungen der $\left\{bewußtseins\;\begin{array}{l}ontologischen\\ontogenetischen\end{array}\right\}$ Wesensbestimmung des Triebherzens macht den okkulten Sinn des vom Triebherzen erlittenen Todes aus.

10. Die mächtige $\left\{bewußtseins\;\begin{array}{l}ontologische\\ontogenetische\end{array}\right\}$ Intuition der mythischen Vernunft dringt ein in das Innere des Triebherzens, um es zu dessen eigenem {N − |Ichts} zu machen, das jedoch durch das {N − |Ichts|seiner|selbst} mit sich selbst vermittelt ist. Das Triebherz erfährt also durch seinen »Tod« die Vermittlung seiner mit sich selbst d u r c h   e i n   A n d e r e s , durch die Einwirkung der Medusa. Das heißt aber, dass die von der medusischen Intuition der mythischen Vernunft ausgehende $\left\{bewußtseins\;\begin{array}{l}ontologische\\ontogenetische\end{array}\right\}$ Evolution des limbalen Unbewußtseins von einer primaterialen Intentionalität im »toten« Inneren des Triebherzens ausgeht, die als die Frucht des »tödlichen« Blitzstrahls der Medusa selbst zu verstehen ist. Diese feinstoffliche, *vorbewußte* Intentions-Kraft im Triebherzen des limbalen Unbewußtseins stellt den ätherischen Raum der symbolbildenden χώϱα der mythischen Vernunft dar. Wir müssen uns klarmachen, dass mit der ätherischen Raumentstehung der mythischen Symbolhandlung, die wir in der χώϱα beobachten können, das durch den intuitiven Geistes-Blitzschlag der Medusa in das Triebherz eingedrungene {N − |Ichts|seiner|selbst} den leeren Raum des »toten« Inneren im Triebherzen umbesetzt und umgestaltet. Und diese Verwandlung setzt einen Spiegel voraus, in welchem das »tote« oder leere Innere des Triebherzens sich selbst schaut. *Wir bemerken*: Die Wesens-Spiegelung des »toten« Triebherzens im {N − |Ichts|seiner|selbst} gleicht einem Wunder. Der »Tod« des Triebherzens fasst in sich die SelbstReflektion in dem Spiegel, welchen der medusische Blitzstrahl mit dem »Tode« des Triebherzens in dieses selbst einführt. Der Spiegel der SelbstReflektion wird durch den »Tod« des Triebherzens in diesem selbst gesetzt und in diesem wesenhaft verankert. Durch

den „steinernen Tod" allein kann der Spiegel der Selbst-Reflektion Teil des Wesens des »toten« Triebherzens werden. *Wir sehen*: Diese Antinomie ist nicht zu überbieten. Der in das Triebherz fahrende Blitzschlag der medusischen Intuition, er »tötet« es und macht es zugleich zum ätherischen Raum einer $\left\{ bewußtseins \left| {ontologischen \atop ontogenetischen} \right. \right\}$ Symbolhandlung, durch welche sich die intuitive Geistesmacht des Mythos verkörpert und Leib wird in dem, was sich als das anhypostatische Bild der menschlichen Natur zu erkennen gibt. Denn nur durch dieses kann der menschgewordene Logos sich selbst offenbaren. Wovon wir reden? Von der unentrinnbaren Schicksalsgemeinschaft von mythischer Vernunft und der Offenbarung des menschgewordenen Gottes. Auch die mythische Vernunft hat sich ihrer selbst zu entäußern. Hierin tut sie es dem göttlichen Logos gleich. Aber *sie* entlädt sich, anders als dieser, in einem Blitze, der in das Triebherz des limbalen Unbewußtseins fährt, um es von innen her zu »töten« und durch den selbstreflexiven »Tod« des $\{N - |Ichts|seiner|selbst\}$ s e h e n d z u m a c h e n . Das »tote« Triebherz lernt in sich die Spuren seiner $\left\{ bewußtseins \left| {ontologischen \atop ontogenetischen} \right. \right\}$ Symbolbildung zu lesen, das heißt *w i e d e r - z u e r k e n n e n*. Das »tote« Triebherz ist *sich selbst* erzeugender Raum der ätherischen Verkörperun*gen* der $\left\{ bewußtseins \left| {ontologischen \atop ontogenetischen} \right. \right\}$ Intuition der mythischen Vernunft. Diese Intuition ist selbst als im eigenen Untergang begriffen zu erkennen. Sie durchläuft diesen Untergang im limbalen Unbewußtseins-Strom a l s i m T r i e b h e r z e n s e l b s t . Im Triebherzen gestaltet sich das limbale Unbewußtsein in der Offenbarungsgeschichte seiner eigenen $\left\{ bewußtseins \left| {ontologischen \atop ontogenetischen} \right. \right\}$ Evolution und Bildlichkeit. Das »tote« Triebherz wird durch den intuitiven Blitzstrahl der mythischen Vernunft zur χώρα des $\left\{ bewußtseins \left| {ontologischen \atop ontogenetischen} \right. \right\}$ Äther-Raumes des sich durch die Verkörperungen seiner symbolischen Gesamthandlung offenbarenden o k k u l t e n S i n n e s d e s M y t h o s . *Halten wir fest*: Die Vernunft des Mythos kann sich nur in die Symbolbildung ihres okkulten Sinnes entladen, wenn sie in das Innere des Triebherzens eindringt und sich in diesem zum W i l l e n s - S e l b s t v e r t i e - f u n g s - G r u n d des Triebherzens entäußert. Dies heißt aber auch, dass mit dem »Tod« des Triebherzens durch den Blitzstrahl mythischer Intuition das $\{N - |Ichts|seiner|selbst\}$ in das Innere des Triebherzens hineinfährt, um dieses in die SelbstReflektion seines »Todes« zu versetzen. Das in das Triebherz fahrende $\{N - |Ichts|seiner|selbst\}$ bildet einen Keil zwischen das Triebherz und dessen eigenen »Tod« und vermittelt beide miteinander durch den Spiegel einer ätherischen Bewußtseins-Materialität.

11. Dieser sich im Inneren des »toten« Triebherzens manifestierende Spiegel der $\left\{bewußtseins \begin{array}{c} ontologischen \\ ontogenetischen \end{array}\right\}$ Evolution mythischer Symbolbildung und die χώϱα der sich selbst entäußernden mythischen Intuition sind ein und dasselbe. Und die Spiegelung, die im Spiegel des anhypostatischen {N − |Ichts|seiner|selbst} des »toten« [= leeren] Triebherzens erscheint, ist wiederum eine zweifache. Sie ist Spiegelung des sich seiner selbst bewußt werdenden Triebherzens, Morgenröte des transzendentalen Ich im Herzensgrund des limbalen Unbewußtseins selbst. Und sie ist die im Spiegel Bild werdende Erscheinung des »Todes« der Medusa selbst. Denn auch dieser ist ein »gewollter«, ein gewollt sein müssender, wenn wir uns der $\left\{bewußtseins \begin{array}{c} ontologischen \\ ontogenetischen \end{array}\right\}$ Evolution des Triebherzens erinnern. Der »Tod« der Medusa muss ein von dieser selbst »gewollter« sein, denn die von ihr getragene Intuition muss von der Selbstreflektion des »toten« Triebherzens im Spiegel des medusischen Blitzschlages selbst aufgehoben werden. Diese Aufhebung aber setzt den » T o d « d e r M e d u s a voraus, der in das Fortleben des limbalen Triebherzens im $\left\{bewußtseins \begin{array}{c} ontologischen \\ ontogenetischen \end{array}\right\}$ Äther-Raum der symbolbildenden χώϱα übergeht. Die χώϱα der mythischen Symbolhandlung ist das Innere des limbalen Triebherzens selbst, das durch den intuitiven Blitz-Einschlag der Medusa zum leeren Raum und zum {N − |Ichts|seiner|selbst} wird. Und dennoch ist dieses limbale {N − |Ichts|seiner|selbst} ein ä t h e r i s c h e s I c h t s v o n d e r S e l b s t a b w e s e n h e i t des Triebherzens im {Nicht|Ich|seiner|selbst}. Die χώϱα ist magischer Kreis eines ätherischen {Nicht|Ich|seiner|selbst} des »getöteten« Triebherzens. Den $\left\{bewußtseins \begin{array}{c} ontologischen \\ ontogenetischen \end{array}\right\}$ »Tod« des limbalen Triebherzens gilt es zu fassen als einen magischen Energiekreis, in welchem sich die medusische Negation des Triebherzens a l s v o n e i n e r h ö h e r e n B e - s t i m m u n g ü b e r r a g t erweist. Der magische Kreis der reinen Negation beschreibt das Innere des »getöteten« Triebherzens. Und dieser erweist sich als Ursprung der $\left\{bewußtseins \begin{array}{c} ontologischen \\ ontogenetischen \end{array}\right\}$ I c h t s - B i l d u n g der χώϱα der mythischen Symbolhandlung. Die Negation des Triebherzens durch den intuitiven Blitzstrahl der Medusa erkennen wir als Akt der Reflektion, als sich in Spiegelung vollziehende Handlung des Symbols. Die N e g a t i o n ist also zu verstehen als Akt der medusischen Reflektion des »getöteten« Triebherzens. Und da dieser »Tod« ein mythischer ist, so können wir daraus schließen, dass der Mythos selbst Gegenstand $\left\{bewußtseins \begin{array}{c} ontologischer \\ ontogenetischer \end{array}\right\}$ Vorgänge im Inneren des limbalen Triebherzens ist. Erst wenn wir die Negation des Triebherzens zusammen mit dem Spiegel der medusischen Reflektion schauen, erst wenn wir

erkennen, dass das eine nicht ohne das andere ist, erlangen wir Einsicht in die ätherische Ichts-Bildung der mythischen Symbolhandlung, welche sich in der magischen Kreisbildung der χώρα zuträgt. Wir erkennen auch, dass das Element der Reflektion (Spiegel) unabänderlich verbunden ist mit der Negation des Triebherzens, *das heißt* mit dessen »Tod« durch den Blitzschlag der medusischen Intuition. Der Spiegel stellt das Wesen der $\left\{ bewußtseins \left| \begin{matrix} ontologischen \\ ontogenetischen \end{matrix} \right. \right\}$ Intuition des Mythos dar. Er erinnert uns daran, dass die Intuition, auf welcher der Mythos basiert, zu verstehen ist als sich im Inneren des limbalen Triebherzens vollziehende Reflektion ihrer selbst. Nun haben wir gesehen, dass das »getötete« Innere des Triebherzens zur ätherischen χώρα der $\left\{ bewußtseins \left| \begin{matrix} ontologischen \\ ontogenetischen \end{matrix} \right. \right\}$ Ichts-Bildung der mythischen Symbolhandlung wird. Die ätherische χώρα der mythischen Symbolhandlung, die aus dem »Tode«, *das heißt* aus der Negation durch den medusischen Blitzschlag hervorgeht, sie gründet selbst in dem Willens-Selbstvertiefungs-Grund der mythischen Intuition des medusischen Blickes. Es ist dieser Selbstvertiefungsgrund des Willens der Medusa in der ätherischen χώρα des Triebherzens, in welchem der Spiegel der okkulten Erkenntnis des Mythos seinen Ursprung hat. *Wenn man so will*: Indem das »getötete« Innere des Triebherzens zur symbolbildenden χώρα der medusischen Intuition wird, findet in ihm eine Übertragung des Ursprungs der Reflektion der medusischen Intuition des Mythos auf das {Nicht|Ich|seiner|selbst} des Triebherzens statt. Dieses {Nicht|Ich|seiner|selbst} gründet in nichts anderem als der Willens-Selbstvertiefung des Triebherzens im Reflektionsgrunde der medusischen Intuition. Der medusische Reflektionsgrund als in die χώρα des limbalen Triebherzens übertragener bezeichnet den Ursprung der $\left\{ bewußtseins \left| \begin{matrix} ontologischen \\ ontogenetischen \end{matrix} \right. \right\}$ Willens-Selbstvertiefung des Triebherzens in das transzendentale {Nicht|Ich|seiner|selbst}. Das in sich »getötete« Triebherz wird also zum Ursprung der sich in ihm reflektierenden $\left\{ bewußtseins \left| \begin{matrix} ontologischen \\ ontogenetischen \end{matrix} \right. \right\}$ Intuition der Medusa vom limbalen Unbewußtseins-Strome. Diese Intuition lässt sich nur verwirklichen, indem ihr medusischer Reflektionsgrund auf ein {Nicht|Ich|seiner|selbst} des »getöteten« Triebherzens übergeht. Nun aber berichtet der Mythos von der Medusa als von der einzigen s t e r b l i c h e n Gorgonen-Schwester. Was aber bedeutet diese mythische Aussage von der Sterblichkeit der Medusa für die okkulte Wissenschaft? Ihre »Sterblichkeit« müssen wir in Bezug setzen zur $\left\{ bewußtseins \left| \begin{matrix} ontologischen \\ ontogenetischen \end{matrix} \right. \right\}$ Bestimmung der Medusa im Lichte der Reflektion ihrer mythischen Intuition vom Ursprung der Offenbarung. Die Sterblichkeit der Medusa müssen wir in Zusammenhang sehen mit dem »Tod« des limbalen Triebherzens durch den Blitzschlag der medusischen Intuition. Beide Aspekte stehen in einer perichoretischen Durchdringung. Mit dem Hervorgang des {*Nicht|Ich|seiner|selbst*} des limbalen Triebherzens vollzieht sich dessen Selbstvertiefung in den selbstübertragenen Willens-Wesens-Grund der medusischen Intuition von der Offenbarung. Diese Intuition a l s v o n d e r O f f e n b a r u n g würde ewig verborgen und uneingelöst bleiben, wenn die Gorgo Medusa unsterblich wäre wie ihre beiden Schwestern. Das Todbringende an der Medusa enthält zugleich das Heilbringende. Denn beide Aspekte sind Teil der Reflektion der medusischen Intuition von der Offenbarung. Wie am mythischen »Tod« des limbalen Triebherzens durch den Blitzschlag des medusischen Blickes gezeigt wurde, ist der von der Medusa bewirkte Tod zugleich die Voraussetzung der magischen Kreis-Ziehung der symbolbildenden χώϱα, die als im Inneren des Triebherzens entstehend gedacht werden muss.

Die ätherische χώϱα ist das $\left\{bewußtseins \middle| \begin{array}{l} ontologische \\ ontogenetische \end{array} \right\}$ Innere des »getöteten« Triebherzens. Da haben wir den anderen Aspekt der Medusa, ihren heilbringenden und Leben schaffenden. Analog zu dieser inneren Polarität verhält sich das innere Leben der Medusa selbst. S i e h ö r t n i c h t a u f z u l e b e n , w e n n s i e s t i r b t. U n d s i e h ö r t n i c h t a u f , s t e r b l i c h z u s e i n , w e n n s i e d a s T r i e b h e r z d e s U n b e w u ß t s e i n s d u r c h i h r e n A n - b l i c k i n S t e i n v e r w a n d e l t. Denn es ist ihre innere Wesensbestimmung, in dem Triebherzen des limbalen Unbewußtseins-Stromes selbst unterzugehen. Sie muss dort untergehen, um ihre innere Bestimmung im Triebherzen finden zu können. Denn im Triebherzen des limbalen Unbewußtseins schlägt das Herz des intuitiven Lebens der Gorgo Medusa fort. Die mythische Symbolhandlung treibt die Intuition des Mythos von der Offenbarung in der $\left\{bewußtseins \middle| \begin{array}{l} ontologischen \\ ontogenetischen \end{array} \right\}$ Ichts-Bildung des limbalen Triebherzens voran, *das heißt* dem Lichte des »Verbum exinanitum ipsum« entgegen, das durch das anhypostatische Seelen-Bild der menschlichen Natur dem Menschen sich offenbart. Der $\left\{bewußtseins \middle| \begin{array}{l} ontologische \\ ontogenetische \end{array} \right\}$ Trieb des Mythos steht dem Herzen des limbalen Unbewußtseins-Stromes *entgegen*. Der Mythos ist heilsamer Trieb zur $\left\{bewußtseins \middle| \begin{array}{l} ontologischen \\ ontogenetischen \end{array} \right\}$ Evolution des Triebherzens, das damit zum anhypostatischen Seelen-Bild der menschlichen Natur wird, das die O f f e n b a r u n g d e s s e l b s t e n t ä u ß e r t e n L o g o s a l s s e i n G e h e i m n i s i n s i c h t r ä g t.[43] Ohne diesen lebenschaffenden Gegentrieb des Mythos bliebe das limbale Triebherz im rein äonischen Unbewußtseins-Leben verschlossen und würde nicht zur Offenbarung des menschgewordenen

---

[43] In dieser Weise ist das okkulte Verhältnis von M y t h o s und O f f e n b a r u n g zu fassen.

Logos im anhypostatischen Bild der menschlichen Natur durchdringen. Wir haben somit im Mythischen eine vorwärts treibende i n t u i t i v e G e i s t e s k r a f t zu erkennen, d i e d a s P r i n z i p d e r O f f e n b a r u n g s e l b s t n ö t i g m a c h t. Der Mythos ist ein unverzichtbares Bindeglied in der B e w u ß t s e i n s - K o n s t r u k t i o n d e r g ö t t l i c h e n O f f e n b a r u n g. Er stellt die $\left\{ bewußtseins \middle| \begin{array}{l} ontologische \\ ontogenetische \end{array} \right\}$ Brücke dar zwischen dem ä o n i s c h e n L e - ben und der s c h ö p f u n g s g e s c h i c h t l i c h e n M e n s c h w e r d u n g d e s Logos. Diese Brücke macht die spezifische Funktion des Mythos f ü r d a s O f - f e n b a r w e r d e n d e r O f f e n b a r u n g s e l b s t im Inneren des Triebherzens des limbalen Unbewußtseins-Stromes aus. Ohne den $\left\{ bewußtseins \middle| \begin{array}{l} ontologischen \\ ontogenetischen \end{array} \right\}$ Gegentrieb der mythischen Intuition bliebe das limbale Triebherz im rein äonischen Leben des Unbewußtseins zurück. Damit sich das »Verbum exinanitum ipsum« jedoch im Geheimnis seiner schöpfungs-geschichtlichen Menschwerdung offenbaren kann, bedarf es der $\left\{ bewußtseins \middle| \begin{array}{l} ontologischen \\ ontogenetischen \end{array} \right\}$ Negation des Triebherzens durch die intuitive Gegentriebs-Kraft des Mythos.

12. Vom Mythos, *das heißt* von der $\left\{ bewußtseins \middle| \begin{array}{l} ontologischen \\ ontogenetischen \end{array} \right\}$ Gegentriebs-kraft der mythischen Intuition gehen zwei eng miteinander verflochtene Wirk-weisen aus, unter denen das limbale Triebherz steht, Wirkungen, die das mythi-sche Narrativ[44] mit dem vom abgetrennten Haupte der [von Perseus getöteten] Medusa herabtropfenden Blut andeutet[45]. Das Blut ruft — je nach seiner Her-kunft innerhalb des medusischen Blutkreislaufes[46] — völlig Entgegengesetztes hervor, das Blut aus den Adern der linken Seite bringt den Tod, das aus den Adern der rechten Seite vermag zu heilen, ja sogar vom Tode zu erwecken und neues Leben zu geben. Der mythische Bericht von der »Sterblichkeit« der Me-dusa — im Gegensatz zur Unsterblichkeit ihrer beiden Schwestern — verweist

[44] Apollodorus, The Library, with an English translation by Sir James George Frazer, vol. 2, London – New York 1921, S. 16: παρὰ γὰρ Ἀθηνᾶς λαβὼν τὸ ἐκ τῶν φλεβῶν τῆς Γοργόνος ῥυὲν αἷμα, τῷ μὲν ἐκ τῶν ἀριστερῶν ῥυέντι πρὸς φθορὰν ἀνθρώπων ἐξ ἐχρῆτο, τῷ δὲ ἐκ τῶν δεξιῶν πρὸς, σωτηρίαν, καὶ διὰ τούτου τοὺς τεθνηκότας ἀνήγειρεν.

[45] Christian Gottlob Moser, Apollodor's Mythologische Bibliothek, Zweites Bändchen, Stuttgart 1828, S. 171: „Er [Asklepios] hatte nämlich von Athene das aus den Adern der Gorgo geflossene Blut bekom-men, wovon er das aus den linken Blutadern geflossene zum Verderben, das aus den rechten zum Heile der Menschen anwandte. Und durch das letztere weckte er die Todten auf."

[46] Der Mythograph unterscheidet offensichtlich zwischen dem *arteriellen* und *venösen* Blut der Medusa und weist dieser Unterscheidung die entsprechenden Wirkweisen zu, die wir zu übertragen haben in die symbolische Gesamthandlung des Mythos von der »Tötung« der Medusa durch Perseus, durch die die okkulte Evolutionsgeschichte des transzendentalen Bewußtseins von der Offenbarung im In-neren des limbalen Triebherzens bezeichnet wird.

uns auf das *vor-schöpfungsgeschichtliche* Schicksal des limbalen Triebherzens. Wir können in Analogie zu dem limbalen Untergang des »Verbum exinanitum ipsum« durchaus von einem *eigenen* Untergang der $\left\{ bewußtseins \left| \begin{array}{l} ontologischen \\ ontogenetischen \end{array} \right\} \right.$ Intuition der Medusa im Willens-Selbstvertiefungs-Grund des in sich »toten« [oder leeren] Inneren des limbalen Triebherzens sprechen. Bestimmung dieses sich in das Innere des Triebherzens hinabstürzenden intuitiven Blitzstrahles der Medusa ist es, das limbale Sein des Unbewußtseins in seiner alten Gestalt zu zerschlagen, um es in sich neu zu konfigurieren. Die medusische Intuition von der $\left\{ bewußtseins \left| \begin{array}{l} ontologischen \\ ontogenetischen \end{array} \right\} \right.$ Transformation des Unbewußtseins ist »tödlicher« Blitzschlag, der das Triebherz von innen her zersprengt und aufbricht und zur Selbstentäußerung drängt. Dieses Drängen ist Trieb, das heißt G e g e n t r i e b, der sich im leeren Inneren des Triebherzens ausbreitet und auslebt. Und dieser Gegentrieb bezieht das Innere des Triebherzens auf sich selbst zurück. Deshalb spreche ich von W i l l e n s - S e l b s t v e r - t i e f u n g s - G r u n d. Aus diesem schöpft das Triebherz sein neues Leben, das ein Leben durch Selbstentäußerung ist. Diese Selbstentäußerung ist — nach dem inneren medusischen »Tod« des Triebherzens — nur möglich, weil das Triebherz durch seinen »Tod« zugleich zum {*Nicht|Ich|seiner|selbst*} wird. Dieses ist die okkulte Formel für die $\left\{ bewußtseins \left| \begin{array}{l} ontologische \\ ontogenetische \end{array} \right\} \right.$ Morphologie seines »Todes«. Nur aus der Gestalt des {*Nicht|Ich|seiner|selbst*} heraus vermag das Triebherz sich in seinem Willens-Selbstvertiefungs-Grund zu erfahren, um sich seiner selbst zu entäußern in ein $\left\{ bewußtseins \left| \begin{array}{l} ontologisches \\ ontogenetisches \end{array} \right\} \right.$ Wesen, ohne die A p o p h a t i e d e r W i l l e n s - u n d B e w u ß t s e i n s - S t r u k t u r in sich selbst zu gefährden. Das Triebherz beruht auf der völligen Negativität des Seins von Wille und Bewußtsein. Beide liegen dem Triebherzen in wesenschaffender Negativität zugrunde in Gestalt des $\left\{ \left\{ bewußtseins \left| \begin{array}{l} ontologischen \\ ontogenetischen \end{array} \right\} \right. \{\textit{Nicht|Ich|seiner|selbst}\} \right\}$. Denn das Triebherz, *das ist der entscheidende Punkt*, verfügt selbst über keinen Willen und über kein Bewußtsein, sonst wäre es nicht das schlagende Herz des limbalen Unbewußtseins-Stromes. Das Triebherz beruht auf dem Getriebensein durch einen sich ihm entziehenden Willen, der nun aber durch den $\left\{ bewußtseins \left| \begin{array}{l} ontologischen \\ ontogenetischen \end{array} \right\} \right.$ Blitzschlag der medusischen Intuition von der Offenbarung den W i l l e n s - S e l b s t v e r t i e f u n g s - G r u n d dem »toten« Triebherzen einpflanzt, damit dieses sich in die Gestalt des {*Nicht|Ich|seiner|selbst*} begeben kann, aus welchem neues Leben dem Triebherzen hervorquillt. Durch das {*Nicht|Ich|seiner|selbst*} erfährt das Triebherz in sich den Willens-Selbstvertiefungs-Grund als den limbalen Untergang der medusischen Intuition von dem $\left\{bewußtseins \middle| {ontologischen \atop ontogenetischen}\right\}$ Ursprung göttlicher Offenbarung. Der »Tod« der Medusa ist Teil des Schicksals des limbalen Triebherzens. Das Blut, das Leben spendende, muss eingehen in das limbale Triebherz und darin untergehen, um diesem selbst zum Willens-Selbstvertiefungs-Grund der $\left\{bewußtseins \middle| {ontologischen \atop ontogenetischen}\right\}$ Intuition von der Offenbarung zu werden. Durch den »Untergang« der Medusa entsteht der limbale Willens-Selbstvertiefungs-Grund, der mit dem {Nicht|Ich|seiner|selbst} des Triebherzens identisch ist. Wir sehen, wie sich das Triebherz als das transzendentale {Nicht|Ich|seiner|selbst} konstruiert, und dies allein aufgrund des Unterganges des Blutes der $\left\{bewußtseins \middle| {ontologischen \atop ontogenetischen}\right\}$ Intuition im Inneren des zum {Nicht|Ich|seiner|selbst} gewordenen Triebherzens. Mit der Manifestation des {Nicht|Ich|seiner|selbst} — als des W i l l e n s S e l b s t v e r t i e f u n g s G r u n d e s des Triebherzens im Inneren der medusischen Intuition von der göttlichen Offenbarung — betreten wir die $\left\{bewußtseins \middle| {ontologischen \atop ontogenetischen}\right\}$ Grundlagen der schöpfungsgeschichtlichen Menschwerdung des Logos i m a n h y p o s t a t i s c h e n B i l d d e r m e n s c h l i c h e n N a t u r.

13. Das {Nicht|Ich|seiner|selbst} ist somit zu verstehen als die uns durch die mythische Symbolhandlung des Triebherzens geoffenbarte Wesensgestalt der transzendentalen Bewußtseins-Struktur des limbalen Unbewußtseins. Angesichts dieser Erkenntnis erscheint das Diktum Nietzsches, dass „das Bewußtsein nicht eigentlich zur Individual-Existenz des Menschen gehört"[47], in ganz neuem Lichte.

14. Es wurde bereits von mir zum Ausdruck gebracht, dass der »Tod« oder die innere Leere des vom Blitzschlag der medusischen Intuition getroffenen limbalen Triebherzens den magischen Kreis der χώρα bezeichnet, welcher sich als das neue Innere im Triebherzen selbst manifestiert. Hier begegnen uns der Zwillings-Aspekt des medusischen Blutes, der Aspekt der T ö d l i c h k e i t und der der l e b e n s c h a f f e n d e n H e i l u n g. Heilung meint hier nicht die Wiederherstellung des Eingebüßten, sondern die Versetzung in ein Anderes, in die Fortentwicklung seiner selbst. Im magischen Raum der mythischen Symbolhandlung werden diese Gesichtspunkte des medusischen Blutes zu Quanten der

---

[47] Friedrich Nietzsche, Fröhliche Wissenschaft, Aph. 354: „Mein Gedanke ist, wie man sieht: dass das Bewusstsein nicht eigentlich zur Individual-Existenz des Menschen gehört, vielmehr zu dem, was an ihm Gemeinschafts- und Heerden-Natur ist;"

$\left\{bewußtseins \Big| {ontologischen \atop ontogenetischen}\right\}$ Evolution des limbalen Unbewußtseins-Stromes im Inneren des Triebherzens. Der durch das Ziehen des magischen Kreises
der χώρα im Inneren des Triebherzens entstehende ätherische Raum geht zurück
auf den Ursprungspunkt, den der Blitzeinschlag der medusischen Intuition im
Triebherzen verursacht. Dieser intuitive Einschlagspunkt ist somit als Ursprung
der $\left\{bewußtseins \Big| {ontologischen \atop ontogenetischen}\right\}$ Evolution des limbalen Unbewußtseins im
Inneren des Triebherzens zu begreifen. Aus diesem Einschlagspunkt entwickelt
sich die mythische Symbolhandlung der $\left\{bewußtseins \Big| {ontologischen \atop ontogenetischen}\right\}$ Fort-
entwicklung des Unbewußtseins. *Wir sehen also*, dass Bewußtsein nicht das Un-
bewußtsein selbst aufhebt, sondern dass dieses durch die Symbolhandlung der
im leeren Triebherzen untergehenden $\left\{bewußtseins \Big| {ontologischen \atop ontogenetischen}\right\}$ Intuition
des Mythos sich neues Leben verschafft. Das Triebherz bliebe sonst selbst zurück
im rein äonischen Sein des limbalen Unbewußtseinsflusses. Es würde einer
$\left\{bewußtseins \Big| {ontologischen \atop ontogenetischen}\right\}$ Evolution ermangeln. Das Triebherz begegnet
dem »Tod« durch den einschlagenden Blitz der medusischen Intuition. Das Ge-
troffensein durch die Intuition bringt den Tod in das Innere des Triebherzens und
macht dieses zur magischen Leere, in der die mythische Symbolhandlung sich
bildet, *das heißt* s e l b s t R a u m f i n d e t . Der ätherische Raum, in dem die mythische   Intuition   sich   zum   handelnden   Symbol   der
$\left\{bewußtseins \Big| {ontologischen \atop ontogenetischen}\right\}$ Evolution des limbalen Triebherzens entäußern
kann, er will selbst gefunden sein in der magischen Leere, die der intuitive Blitz-
schlag im limbalen Triebherzen hinterlässt. Diese magische Bewußtseins-Leere
ist der vom limbalen Triebherzen selbst angenommene „steinerne Tod", der
dadurch Ursprung des {Nicht|Ich|seiner|selbst} des Triebherzens selbst ist.
Diese magische Leere bildet den Urgrund für die ätherische Raumentstehung, für
die Selbstfindung des Raumes des primaterialen Äthers, in welchem sich die my-
thische Symbolhandlung zu Gestalten der $\left\{bewußtseins \Big| {ontologischen \atop ontogenetischen}\right\}$ Evo-
lution des limbalen Triebherzens entfaltet. Das Geheimnis des „steinernen To-
des" wirkt im Triebherzen die χώρα der magischen Leere aus dem Einschlagspunkt der medusischen Intuition. Dieser magische Punkt dehnt sich aus zum
Kreis und vom Kreis zum Raum, der sich in seiner ätherischen Stofflichkeit selbst
finden will und muss, um in sich die Symbole der mythischen Intuition zu ewi-
gen Gestalten der $\left\{bewußtseins \Big| {ontologischen \atop ontogenetischen}\right\}$ Evolution des limbalen Trieb-
herzens zu ektoplasmieren. Die magische Leere, die durch den einschlagenden
Blitz der medusischen Intuition im Triebherzen hervorgerufen wird, ist nicht das

Nichts des Triebherzens, sondern es ist ein sich Zusammenziehen des Triebherzens zu einem Nichts, das vom Triebherzen selbst angenommen werden kann als Gestalt seiner Bewußtseins-Leere, der die Fülle der $\left\{bewußtseins \middle| {ontologischen \atop ontogenetischen}\right\}$ Fortentwicklung des limbalen Unbewußtseins-Stromes anvertraut ist. Das vom Blitzschlag der medusischen Intuition getroffene Triebherz empfängt mit seinem „steinernen Tode" den Ursprung seiner eigenen $\left\{bewußtseins \middle| {ontologischen \atop ontogenetischen}\right\}$ Fortentwicklung, die aber nichts anderes als die in ihm und durch es selbst vollzogene Projektion des intuitiven Offenbarungslichtes in die ätherische Raumbildung ihrer symbolischen Wesens-Gestaltungen ist. Die magische Leere nimmt ihren Ursprung vom Bewußtseins-Leerpunkt des eingeschlagenen intuitiven Blitzes, der den inneren Unbewußtseins-Strom zum Nullpunkt zusammenführt und dadurch die Leere imaginiert und magisch macht für das Triebherz. Denn dadurch wird das Triebherz in einen anderen Bezug zu sich selbst gesetzt. Dies ist hier das Entscheidende. Die Nullpunkts-Reduktion des Unbewußtseins-Stromes in das Innere des Triebherzens macht damit das Nichts [oder die Leere] magisch. Denn durch diese Imagination der magischen Leere erfährt das Triebherz in sich selbst seinen W i l l e n s - S e l b s t v e r - t i e f u n g s - G r u n d , durch den das limbale Unbewußte auf seine $\left\{bewußtseins \middle| {ontologische \atop ontogenetische}\right\}$ Evolution hin gedacht werden kann. Von wem? Vom »getöteten« Triebherzen, das seinen „steinernen Tod" durch die i h m z u - k o m m e n d e Imaginationskraft seines W i l l e n s - S e l b s t v e r t i e f u n g s - G r u n d e s an sich selbst erfährt. Dem Triebherzen aber kommt diese Imagination nur zu durch die sich in ihm verkörpernde magische Leere, durch die es in eine $\left\{bewußtseins \middle| {ontologische \atop ontogenetische}\right\}$ Urrelation $z u \ s i c h \ s e l b s t$ versetzt wird, die als A n h y p o s t a s i e des t r a n s z e n d e n t a l e n I c h bezeichnet werden kann. Die $\left\{bewußtseins \middle| {ontologische \atop ontogenetische}\right\}$ Evolution des limbalen Unbewußt-seins-Stromes erfordert, dass sie als in Bezug gesetzt gedacht wird zum anhypostatischen Bewußtseinsgrund der transzendentalen Daseinsform des limbalen Triebherzens. Das Triebherz kann nur zum Ursprung seiner $\left\{bewußtseins \middle| {ontologischen \atop ontogenetischen}\right\}$ Evolution werden, wenn es sich durch seinen magischen W i l l e n s - S e l b s t v e r t i e f u n g s - G r u n d in einen völlig neuen Wesensbezug zum limbalen Unbewußtsein versetzt findet.

15. Diese Versetzung des Triebherzens in eine U r r e l a t i o n seiner zu sich s e l b s t durch den anhypostatischen Willens-Selbstvertiefungs-Grund seines transzendentalen {Nicht|Ich|seiner|selbst} ist Frucht jener Nullpunkts-Reduktion [des Inneren des limbalen Triebherzens], die vom einschlagenden Blitz der

mythischen Intuition der Medusa bewirkt wird. Diese V e r s e t z u n g bedeutet nicht, dass das Triebherz aufhört, die Lebensmitte des limbalen Unbewußtseins-Stromes des »Verbum exinanitum ipsum« zu sein. Denn das Herz trägt das Zeugnis in sich von dem im limbalen Unbewußtsein »untergegangenen« göttlichen Logos. Das Triebherz kann sich nicht selbst extravasieren, da ihm selbst kein eigener Wille zu eigen ist.

16. Der Wille bleibt beim »Tod« des limbalen Triebgrundes durch den Blitzschlag der medusischen Intuition von der $\left\{ bewußtseins \left| \begin{array}{l} ontologischen \\ ontogenetischen \end{array} \right. \right\}$ Evolution d r a u ß e n . Denn weder das limbale Unbewußte noch dessen Triebgrund beruhen auf *e i n e m   W i l l e n   z u o r d e n b a r e r* Bewußtseins-Struktur. Dem Unbewußtseins-Strom kann w e d e r   v o r   n o c h   n a c h   d e m   » T o d «   d e s   T r i e b -h e r z e n s irgendeine Form von Bewußtsein zugesprochen werden, die auf einen Willen zurückgeht. Die Gründe dafür habe ich bereits anderenorts gründlich erläutert. Der Zugriff der medusischen Intuition auf das Triebherz durch den in dieses eindringenden Blitzstrahl ist die limbale Nullpunkts-Reduktion des ganzen Unbewußtseins-Stromes auf den Einschlagspunkts im Inneren des Triebgrundes. *Das heißt*, das Unbewußtsein wird selbst zum nullpunkt-reduzierten Inneren des limbalen Triebgrundes. Es fließt in diesen ein und geht darin unter. Es fließt zurück zum Ursprungspunkt seiner Reduktion als $\{\{Nicht|Ich|seiner|selbst\} = 0\}$. Das Verhältnis des Unbewußtseins zu seinem limbalen Triebherzensgrund wird aufgehoben durch die vom medusischen Blitzstrahl bewirkte Nullpunkts-Reduktion. Der Blitz durchzuckt das Unbewußtsein des versteinernden Todes, was die zu Null Werdung des alten Selbstbezugs des limbalen Unbewußten zum Triebherzen bezeichnet. Der „steinerne Tod" besagt nicht die Faktizität des Getöteten, sondern er ist Symbol, *das heißt*, er ist Symbol-handlung des Mythos im magischen Raum der $\left\{ bewußtseins \left| \begin{array}{l} ontologischen \\ ontogenetischen \end{array} \right. \right\}$ Evolution des limbalen Triebgrundes. Das Unbewußtsein *e n t w i n d e t   s i c h* in seiner Nullpunkts-Reduktion durch den Blitzstrahl der medusischen Eingebung *s e i n e r   s e l b s t* . Es häutet sich. Es geht über sich selbst hinaus. Aber wohin? In den W i l l e n s - S e l b s t v e r t i e f u n g s - G r u n d des »toten« und in sich leeren Triebherzens. Es geht in den Grund der $\left\{ bewußtseins \left| \begin{array}{l} ontologischen \\ ontogenetischen \end{array} \right. \right\}$ Wesensbestimmung im $\{Nicht|Ich|seiner|selbst\}$ des limbalen Triebherzens über. Durch sein Einfließen in diesen Bestimmungsgrund erfährt der Unbewußtseins-Strom den Wandel seiner inneren Bestimmung im $\left\{ bewußtseins \left| \begin{array}{l} ontologischen \\ ontogenetischen \end{array} \right. \right\}$ Ursprung des $\{Nicht|Ich|seiner|selbst\}$. In diesem Nullpunkts-Ursprung findet das übergehende Unbewußtsein den ersehnten Raum zu seiner $\left\{ bewußtseins \left| \begin{array}{l} ontologischen \\ ontogenetischen \end{array} \right. \right\}$ Evolution. In seiner Häutung

stößt das Unbewußtsein die Hülle seiner Nullpunkts-Reduktion von sich ab. Und diese Hülle ist die abgestreifte Hülle des „steinernen Todes", die das Unbewußtsein los wird, um sich in den W i l l e n s - S e l b s t v e r t i e f u n g s - G r u n d des Triebherzens zu stürzen. *Das heißt*, der Unbewußtseins-Strom muss ganz untergehen wollen, muss ganz Nachahmung seines limbalen Triebgrundes werden, um in das {*Nicht*|*Ich*|*seiner*|*selbst*} des Triebherzens einfließen zu können mit neuer Wesensbestimmung. Das Unbewußtsein folgt den Vorgängen, welche in Folge des Blitzschlages der medusischen Intuition im Inneren des Triebherzens ablaufen. Das Unbewußtsein wird bewegt von den Ereignissen im Inneren des Triebherzens, es wird vom Blitzeinschlag im Triebherzen erfasst und kontrahiert in den Nullpunkts-Ursprung des Triebgrundes, *das heißt* in das {*Nicht*|*Ich*|*seiner*|*selbst*}. Dies ist der W i l l e n s - S e l b s t v e r t i e f u n g s - G r u n d , in den sich der übergehende Unbewußtseins-Strom hinabstürzen muss, um gemeinsamen Anteil an der Wesensbestimmung durch die $\left\{ bewußtseins \left| \begin{array}{c} ontologische \\ ontogenetische \end{array} \right\} \right.$ Evolution zu empfangen. Der limbale Unbewußtseins-Strom ist Nachahmer des „steinernen Todes" seines Triebgrundes. Das Unbewußtsein legt den Mangel als Schein von sich selbst ab. Dieser scheinbare Mangel ist die {$N - |Ichts|Identit$ät} des $\left\{ \left\{ \begin{array}{c} selbstnegierten \\ selbst\ negierten \end{array} \right\} Bewußtseins \right\}$.

Der »Tod« des limbalen Triebherzens erzeugt den S c h e i n v o m E n d e d e r N e g a t i v i t ä t d e s B e w u ß t s e i n s , v o m E n d e d e s U n b e w u ß t s e i n s s e l b s t . Dieser S c h e i n v o m E n d e d e s U n b e w u ß t s e i n s entsteht dadurch, dass dieses vom Triebherzen abgespalten wird durch dessen »Tod«. Dies aber ist der Schein von der {$N - |Ichts|Identit$ät} des limbalen Unbewußtseins mit sich selbst. Es taucht der *S c h e i n v o m N i c h t - B e w u ß t s e i n - S e i n* des Unbewußtseins auf. Es ist der Schein von bewußtseins-ontologischen Bruch, der das Wesen des Unbewußten selbst zu beherrschen trachtet. Und wir sehen, dass diesem Trachten ein okkulter Wille zugrunde liegt, der sich diesen Bruch zunutze zu machen gedenkt. Dieser bewußtseins-ontologische Bruch als r e i n e r S c h e i n bildet das Element, aus welchem der W i l l e z u r M a c h t seine imaginäre Selbstformation bezieht. Wir sehen jedoch am Übergang des Unbewußtseins-Stromes zum Nullpunkts-Reduktions-Ursprung im {*Nicht*|*Ich*|*seiner*|*selbst*} des limbalen Triebherzens, dass der Schein vom bewußtseins-ontologischen Bruch des Unbewußtseins durch dessen Nachahmung des »Todes« des limbalen Triebherzens selbst widerlegt wird. Der Unbewußtseins-Strom folgt somit dem Mysterium des »steinernen Todes«, von welchem das Triebherz vollkommen bestimmt wird. *Wir sehen*: Es gibt nichts, was einen Keil zwischen den Unbewußtseins-Strom und das Triebherz treiben könnte.

17. Die Nullpunkts-Reduktion des Unbewußtseins durch den blitzschlagartigen »Tod« des limbalen Triebherzens spaltet das Unbewußte nicht von der Negativität seines Wesens ab, sondern von dem Mangel einer irrigen Vorstellung von der $\left\{bewußtseins \middle| {ontologischen \atop ontogenetischen}\right\}$ Mission des Triebherzens, die vorgäbe, als sei das Unbewußte *n u r   b l o ß e   N e g a t i o n*, durch die das Bewußtsein zurückgehalten und an der Manifestation gehindert werde. *Dagegen*: Vielmehr bedeutet die Selbsthäutung des Unbewußtseins [im Schlage seiner NullpunktsReduktion in das *{Nicht|Ich|seiner|selbst}* des Triebherzens] d i e   a p o p h a t i s c h e N a t u r   d e s   B e w u ß t s e i n s   s e l b s t. Die Natur der Negation erst macht Bewußtsein, macht es zu Bewußtsein, d a s   n i c h t   a u s   d e m   W i l l e n   z u r M a c h t   s t a m m t. Eben dies ist das Kriterium für die Wahrheit des Bewußtseins selbst. Die $\left\{unbewußtseins \middle| {ontologische \atop ontogenetische}\right\}$ Genealogie des Bewußten ist nämlich die Kehrseite der aus der medusischen Intuition hervorbrechenden $\left\{bewußtseins \middle| {ontologischen \atop ontogenetischen}\right\}$ Evolution des limbalen Triebherzens. Wir haben es mit zwei sich ineinander in Umkehrung spiegelnden und miteinander verbindenden Teil-Prozessen innerhalb der bewußtseins-ontologischen Genese des limbalen Triebherzens zu tun. Der Vorgang, den es am Unbewußtsein zu beobachten gilt, verweist auf die apophatische Natur des Bewußtseins, die d u r c h g ä n g i g ist. *Das heißt*: Sie geht durch die blitzschlagartige Nullpunkts-Reduktion des Unbewußtseins und geht über in das *{Nicht|Ich|seiner|selbst}* des Triebherzens. *Wir sehen*: Das Unbewußtsein g e h t   u n g e b r o c h e n   e i n   i n d e n   W i l l e n s - S e l b s t v e r t i e f u n g s - G r u n d   d e s   l i m b a l e n   T r i e b - h e r z e n s, in die magische Raumentstehung eines Ich, das nicht das Ich des limbalen Triebherzens selbst ist oder sein kann. Der Raum der magischen Symbolhandlung, in der sich die Intuition von der $\left\{bewußtseins \middle| {ontologischen \atop ontogenetischen}\right\}$ Evolution des limbalen Triebherzens materialisiert, in ihn fließt das auf 0 reduzierte Unbewußtsein ein, da der Nullpunkt seiner Reduktion zugleich der Ursprung seiner Evolution im Inneren des limbalen Triebherzens ist. Die Entstehung des magischen Raumes der mythischen Symbolhandlung bildet die unerläßliche Grundlage für die Ektoplasmation der $\left\{bewußtseins \middle| {ontologischen \atop ontogenetischen}\right\}$ Entwicklung des Triebherzens im kosmischen Äther-Leib der Schöpfung. Das Materialisations-Prinzip der Schöpfung setzt die dargestellten okkulten Vorgänge im limbalen Triebherzen voraus. Angesichts des mythischen Geschehens, das im Inneren des Triebherzen zur s y m b o l i s c h e n   G e s a m t h a n d l u n g der $\left\{bewußtseins \middle| {ontologischen \atop ontogenetischen}\right\}$ Evolution des Unbewußtseins wird, erken-

nen wir das K o n t i n u u m   d e r   a p o p h a t i s c h e n   N a t u r   d e s   B e w u ß t - s e i n s . Mit dem intuitiven Blitzschlag, von dem das Triebherz im Inneren ge- troffen wird, erstarrt das vom Unbewußtsein selbst Abzuwerfende. Nicht die apophatische Natur des Bewußtseins fällt dem »steinernen Tode« zum Opfer, wie man das Narrativ des Mythos leicht mißdeuten könnte, sondern das Verstei- nerte am Unbewußtsein ist das von diesem selbst durch Häutung abgeworfene W i l l e n s - P h a n t a s m a . Es geht um die Ausschließung des Scheins der apophatischen Selbstaufspaltbarkeit angesichts des Einfließens des 0-reduzier- ten Unbewußtseins in den W i l l e n s - S e l b s t v e r t i e f u n g s - G r u n d , *das heißt* in den magischen Innenraum des *{Nicht|Ich|seiner|selbst}* des limbalen Triebherzens. Das, was das Unbewußtsein als Erstarrtes von sich abwirft, ist die

Idee von einer $\left\{ bewußtseins \left| \begin{array}{l} ontologischen \\ ontogenetischen \end{array} \right. \right\}$ Evolution des Triebherzens, die

das K o n t i n u u m   d e r   a p o p h a t i s c h e n   N a t u r   d e s   U n b e w u ß t s e i n s   i m *{Nicht|Ich|seiner|selbst}* des limbalen Triebherzens l e u g n e t . Der Blitzstrahl der Medusa erweist sich somit durch die Nullpunkts-Reduktion des Unbewußt- seins-Stromes als Intuition vom apophatischen Wesen der

$\left\{ bewußtseins \left| \begin{array}{l} ontologischen \\ ontogenetischen \end{array} \right. \right\}$ Evolution des limbalen Triebherzens. Was das

Triebherz im Innersten erstarren läßt beim Eindringen der medusischen Intui- tion ist die Vision des Willens vom Tod der Idee einer

$\left\{ bewußtseins \left| \begin{array}{l} ontologischen \\ ontogenetischen \end{array} \right. \right\}$ Evolutionsgeschichte des limbalen Triebher-

zen, die sich der Wille zur Macht zunutze machen könnte. Was da am Unbe- wußtsein bei dessen Nullpunkts-Reduktion zu Tode erstarrt, ist nicht das Unbe- wußtsein selbst, sondern die Macht-Vorstellung eines Willens, die die a p o p h a t i s c h e   N a t u r   j e g l i c h e n   B e w u ß t s e i n s   zu einer

$\left\{ willens \left| \begin{array}{l} ontologischen \\ ontogenetischen \end{array} \right. \right\}$ Genealogie der Natur des Triebherzens verfälscht.

18. Die $\left\{ bewußtseins \left| \begin{array}{l} ontologische \\ ontogenetische \end{array} \right. \right\}$ Evolution des Triebherzens, die aus der my-

thischen Intuition der Medusa hervorgeht, setzt, wie dargelegt, das K o n t i - n u u m   d e r   a p o p h a t i s c h e n   N a t u r   v o n   B e w u ß t s e i n   voraus. Sie kann demnach nur eine mit diesem Kontinuum verknüpfte Vision von der

$\left\{ bewußtseins \left| \begin{array}{l} ontologischen \\ ontogenetischen \end{array} \right. \right\}$ Evolution des Triebherzens sein. Dieses Konti-

nuum vermag über sich hinauszugehen aufgrund der Intuition der

$\left\{ bewußtseins \left| \begin{array}{l} ontologischen \\ ontogenetischen \end{array} \right. \right\}$ Evolution im W i l l e n s - S e l b s t v e r t i e -

f u n g s - G r u n d des *{Nicht|Ich|seiner|selbst}* des Triebherzens. Wir stellen ei- nen Willen fest, den wir jedoch nicht zuordnen können. Wir sprechen somit von einer okkulten Nichtzuordenbarkeit von Willen. Der 0-Punkts-reduzierte Unbewußtseins-Strom erfährt seinen Übergang in das vom limbalen Triebherzen angenommene {Nicht|Ich|seiner|selbst} und fließt darin ein. *Das heißt*: Das limbale Unbewußtsein findet seine Passage in den Willens-Selbstvertiefungs-Grund des Triebherzens, um dieses durch die unvergängliche und durchgängige Kontinuität der apophatischen Bewußtseins-Natur zu beleben. Denn das {Nicht|Ich|seiner|selbst} ist die Affirmation der vom medusischen Blitzstrahl bewirkten Negation des Triebherzens durch das »Nicht-Ich« des Triebherzens selbst. Was aber bedeutet diese magische Affirmation eines {Nicht|Ich|seiner|selbst} durch das limbale Triebherz? Die Affirmation eines nicht zuordenbaren Ich, welches das »Nicht-Ich« des Triebherzens selbst weder ist noch sein kann. Der Blitzschlag der medusischen Intuition, durch den das Triebherz »getötet« wird, ist unter diesem Gesichtspunkt als eine $\left\{ bewußtseins \middle| \begin{array}{c} ontologische \\ ontogenetische \end{array} \right\}$ Spaltung des Triebherzens vom Unbewußtseins-Strom zu verstehen. Beide sind zueinander in eine andere ontologische Urrelation versetzt. Sie werden auseinander gesetzt, damit das Kontinuum der apophatischen Natur durch die Passage des Unbewußtseinsstromes in den Willens-Selbstvertiefungs-Grund des limbalen Triebherzens, welcher das {Nicht|Ich|seiner|selbst} ist, eine $\left\{ bewußtseins \middle| \begin{array}{c} ontologische \\ ontogenetische \end{array} \right\}$ Orbital-Bahn annimmt. Das Kontinuum der negativen Bewußtseins-Natur des limbalen Unbewußtseins-Stromes erfährt an sich die Hinüberführung in die orbitale Räumlichkeit seiner $\left\{ bewußtseins \middle| \begin{array}{c} ontologischen \\ ontogenetischen \end{array} \right\}$ Konfiguration.

19. Wir können somit sagen, dass der intuitive Blitzschlag der Medusa das in sich verschlossene Identitätsprinzip des limbalen Unbewußtseins-Stromes zerbricht, zerschmettert. Und aus diesem Bruch kommen zwei gesonderte Elemente zum Vorschein, von denen ein jedes ein Eigenleben beansprucht. Aber eben dieses Eigenleben stellt die Frage nach der Form der Einheit. Die Einheit ist nichts Gegebenes mehr, etwas Vorgegebenes, sondern es ist nun etwas, das gesucht, das erforscht werden will. Die Einheit ist nun nur zu haben unter der Voraussetzung eines $\left\{ bewußtseins \middle| \begin{array}{c} ontologischen \\ ontogenetischen \end{array} \right\}$ Gesamtprozesses. In diesem allein ist die Einheit des Triebherzens und des limbalen Unbewußtseins-Stromes möglich. Und eben hier kommt die Intuition ins Spiel, durch die die Gestalten der mythischen Symbolhandlung zu Verkörperungen okkulter $\left\{ bewußtseins \middle| \begin{array}{c} ontologischer \\ ontogenetischer \end{array} \right\}$ Vorgänge in der Orbitalbahn des limbalen Unbewußtseins-Stromes werden. Die Aufspaltung des inneren Kontinuums der Natur in a) das Triebherz und b) den nullpunkts-reduzierten Unbewußtseins-Strom,

welche der intuitive Blitzstrahl der Medusa zur Folge hat, versetzt dieses Kontinuum in eine bewußtseins-ontologische Konfiguration mit sich selbst. Es erscheint uns ganz so, als erlebe das limbale Unbewußtsein seine Wiedergeburt durch Ergründung seiner $\left\{bewußtseins \left|\begin{array}{c}ontologischen\\ontogenetischen\end{array}\right.\right\}$ W i l l e n s - S e l b s t -
v e r t i e f u n g im »Verbum exinanitum ipsum«, das als Willens-Subjekt dem Triebherzen selbst t r a n s z e n d e n t bleibt. *Das heißt*, das Triebherz bleibt von jeglicher Willens-Urheberschaft ausgeschlossen. Wäre es dieses nicht, so müßte es der Versuchung eines eigenen Willens zur Macht verfallen. Der intuitive Blitzschlag bringt insofern Erlösung, als er das Unbewußtsein von seinem in sich verschlossenen Einheitsprinzip befreit, um dieses selbst in das Licht der $\left\{bewußtseins \left|\begin{array}{c}ontologischen\\ontogenetischen\end{array}\right.\right\}$ Evolution des limbalen Triebherzens zu versetzen. Damit aber offenbart sich etwas am Wesen des limbalen Unbewußtseins, nämlich dessen W e s e n s b e s t i m m u n g s - G r u n d im anhypostatischen Bild der $\left\{bewußtseins \left|\begin{array}{c}ontologischen\\ontogenetischen\end{array}\right.\right\}$ Evolution. Dieses Bild besagt, dass das »Verbum exinanitum ipsum« sich durch seine s c h ö p f u n g s g e s c h i c h t l i c h e A b w e s e n h e i t manifestiert. Anwesend ist es hingegen a l s a n h y p o s t a t i -
s c h e s Willens-Subjekt des Triebherzens in diesem selbst. Dies ist der $\left\{bewußtseins \left|\begin{array}{c}ontologische\\ontogenetische\end{array}\right.\right\}$ Wesensbestimmungsgrund des Triebherzens. Da haben wir das anhypostatische Willens- und Bewußtseinsprinzip, welches das Triebherz in sich entdeckt als den Bestimmungsgrund seiner $\left\{bewußtseins \left|\begin{array}{c}ontologischen\\ontogenetischen\end{array}\right.\right\}$ Evolution.

20. Das {Nicht|Ich|seiner|selbst}, das das limbale Triebherz aufgrund seiner intuitiven Erleuchtung vom medusischen Blitzstrahl empfängt, steht in tiefstem Zusammenhang mit dem anhypostatischen Bild des selbstentäußerten Logos. Es stellt den W i l l e n s - S e l b s t v e r t i e f u n g s - G r u n d dar, aus welchem dieses Bildes durch Projektion hervorgeht. Bei gründlicher Betrachtung können wir feststellen, dass das {Nicht|Ich|seiner|selbst} durchaus eine Identität affirmiert, aber eben eine, die dem Triebherzen *nicht* zugerechnet werden kann. Es ist also von einer Identität die Rede, die die Selbstmacht des Triebherzens verneint. Es handelt sich um eine »Selbheit«, die zwar vom Triebherz ausgesagt werden kann, die aber die Abwesenheit einer Zugriffs(möglichkeit) auf diese eigene Identität einschließt. Das {Nicht|Ich|seiner|selbst} bezieht sich auf ein *a n h y p o s t a t i s c h* in der $\left\{bewußtseins \left|\begin{array}{c}ontologischen\\ontogenetischen\end{array}\right.\right\}$ Orbitalbahn sich befindendes Ich, das dem Triebherzen selbst aber nicht zugerechnet werden kann. Dieses in ätherischer Orbitalbahn des Triebherzens sich befindende Ich besagt das {Nicht|Ich|seiner|selbst} des limbalen Unbewußtseins als dessen bewußtseins-

ontologischen Daseinsgrund. Denn ein {Ich|seiner|selbst} ist auf die Natur des Unbewußtseins nicht anwendbar. Aufgrund seiner apophatischen Natur ist das limbale Unbewußtsein unfähig, sich als ein I c h t s s e i n e r s e l b s t zu bestimmen. Denn dies würde voraussetzen, dass es selbst über einen Bestimmungsgrund verfügt.

21. Der limbale Unbewußtseins-Strom steht unter seiner Nullpunkts-Reduktion durch den ihn erleuchtenden intuitiven Blitzstrahl der Medusa. Und wir können zwei zueinander gehörende Vorgänge beobachten: Das hyletische sich Zusammenziehen und Erstarren der aufgebrochenen Identitäts-Haut des Unbewußtseins. Das, was ich die »Häutung des limbalen Unbewußtseins« nenne, beruht auf einer Kontraktion der abzustreifenden Identitäts-Haut. Diesem Geschehen korrespondiert ein anderer Vorgang: Das Unbewußtsein wird dieser erstarrenden »Identitäts-Haut« *entzogen* und vom {*Nicht|Ich|seiner|selbst*} *an*gezogen, um sich in dieses einzuleben und in es einzuströmen als in den Grund seiner Wesensbestimmung. Die abgestreifte und erstarrte »Identitäts-Haut« des Unbewußtseins ist das P h a n t a s m a d e s U n b e w u ß t s e i n s, welches dieses von sich selbst zurücklässt in der Nullpunkts-Reduktion. In diesem l i m b a l e n P h a n t a s m a spiegelt sich das intuitive Gesamtgeschehen der medusischen Begegnung wider, aber in dessen verdrängungsgeschichtlichem Gegensinn. Das Phantasma bildet den Entstehungspunkt von limbaler Verdrängungsgeschichte a n d e r N a h t s t e l l e des immanenten äonischen Lebens und der schöpfungsgeschichtlichen Menschwerdung des Logos. Wir wollen nun das Geschehen in Richtung auf die göttliche Mission einer $\left\{ bewußtseins \middle| {ontologischen \atop ontogenetischen} \right\}$ Evolution des Triebherzens weiterverfolgen. *Wir sehen*: Die apophatische Natur des limbalen Unbewußtseins-Stromes erfährt ihre Nullpunkts-Kontraktion durch das vom Triebherzen angenommene {*Nicht|Ich|seiner|selbst*}. Das Unbewußtsein vertieft sich durch den Verzicht des Triebherzens auf einen eigenen Willens-Bestimmungsgrund in sein apophatisches Grundwesen. Der Verzicht auf Wille, der d i e A n n a h m e d e r e i g e n e n a p o p h a t i s c h e n N a t u r zum Willens-SelbstvertiefungsGrund des eigenen Triebherzens bestimmt, ist das Geheimnis, das der Begegnung mit der $\left\{ bewußtseins \middle| {ontologischen \atop ontogenetischen} \right\}$ Intuition der Medusa zugrunde liegt. Das aber setzt voraus, dass jener $\left\{ bewußtseins \middle| {ontologische \atop ontogenetische} \right\}$ Bestimmungsgrund in das Innere des limbalen Triebherzens eingeht und sich darin seine Identität sucht und diese findet in der A f f i r m a t i o n d e r a p o p h a t i s c h e n N a t u r j e g l i c h e n B e w u ß ts e i n s durch die $\left\{ bewußtseins \middle| {ontologische \atop ontogenetische} \right\}$ Evolution des Triebherzens.

Wie ist dies möglich? Durch die Versetzung des nullpunkts-reduzierten Unbewußtseins-Stromes in den a f f i r m a t i v e n W i l l e n s - S e l b s t v e r t i e f u n g s -
G r u n d des {Nicht|Ich|seiner|selbst} des limbalen Triebherzens. Denn die me-
dusische Intuition liefert den W i l l e n und die N e g a t i o n. Und indem sie in
das leere Innere des Triebherzens eindringt, erfüllt sie dieses Innere mit einem
W i l l e n, der die apophatische Natur des Triebherzens negiert, ohne dass dies
zurückginge auf einen dem Triebherzen selbst zuordenbaren und zurechenbaren
Willen. *Das heißt*: Das Triebherz weiß selbst nichts von einem in ihm tätigen Willen, der die Negation seiner apophatischen Bewußtseins-Natur zum Ziele hätte.
Das heißt: Das Triebherz stimmt nicht einem Willen zu, der seine negative Bewußtseins-Natur aufheben möchte, sondern der ganz in seinem Sinne d i e A u f -
h e b u n g des P h a n t a s m a s s e i n e s E i n s s e i n s m i t d e r e i g e n e n n e -
g a t i v e n B e w u ß t s e i n s - N a t u r vollzieht. Das Triebherz willigt also in die
in ihm wirksame Tätigkeit eines Willens ein, der d i e N e g a t i o n d e s P h a n -
t a s m a s e i n e r I d e n t i t ä t d e s T r i e b h e r z e n s m i t d e s s e n n e g a t i -
v e r B e w u ß t s e i n s - N a t u r zum Zweck hat. Am »toten« Triebherzen kommt
ein o k k u l t e r W i l l e zum Vorschein, der ganz im Sinne einer
$\left\{bewußtseins \left| \begin{matrix} ontologischen \\ ontogenetischen \end{matrix} \right.\right\}$ Evolution handelt. Und dieser W i l l e kommt
nur dadurch zustande, dass das limbale Triebherz diesen Willen, der ihm selbst
nicht als Bestimmungsgrund zuordenbar und zurechenbar ist, i n s i c h a f f i r -
m i e r t. Dies ist aber keine Affirmation der negativen Bewußtseins-Natur des
Triebherzens durch dieses selbst. Denn ein solcher Wille, der dies vermöchte, ist
»tot«. Vielmehr ist dieser »Tod« des Willens jene Affirmation, die die
$\left\{bewußtseins \left| \begin{matrix} ontologische \\ ontogenetische \end{matrix} \right.\right\}$ Intuition der Medusa vom Triebherzen fordert.
Und da dieser Wille, der die Negation will, k e i n W i l l e z u r M a c h t ist, nicht
aus dem Phantasma des „steinernen Todes" des Triebherzens stammt, so muss
er etwas zu tun haben mit der Manifestationskraft des im limbalen Unbewußtseins-Strom untergegangenen »Verbum exinanitum ipsum«. Das, was die medusische Intuition am Triebherzen »tötet«, ist der S c h e i n, so als fiele mit der
n e g a t i v e n N a t u r j e g l i c h e n B e w u ß t s e i n s die Möglichkeit einer
$\left\{bewußtseins \left| \begin{matrix} ontologischen \\ ontogenetischen \end{matrix} \right.\right\}$ Evolution des Triebgrundes einfach weg. *Wir*
sehen, dass es hier um einen mächtigen Schein geht, der ausgeräumt werden
muss. Der Schein kann nur beseitigt werden, indem d a s K o n t i n u u m d e s
l i m b a l e n U n b e w u ß t s e i n s - S t r o m e s a b b r i c h t, u m s i c h d e r
I d e n t i t ä t m i t s i c h s e l b s t e n t ä u ß e r n z u k ö n n e n. Und eben dies
geschieht durch das vom Triebherzen angenommene {Nicht|Ich|seiner|selbst}.
Der Unbewußtseins-Strom muss sich vom P h a n t a s m a s e i n e r I d e n t i t ä t
trennen. D a s G e s e t z d e r d u r c h g ä n g i g e n N e g a t i v i t ä t j e g l i c h e n

B e w u ß t s e i n s gilt selbst dort, wo das limbale Triebherz unter dem Einfluss der medusischen Intuition die Negation der eigenen apophatischen Natur bejaht, um als {*Nicht|Ich|seiner|selbst*} die reduzierte Quintessenz des limbalen Unbewußtseins-Stromes in sich selbst aufzunehmen und sie auf den in ihm tätigen Willen zu beziehen und zurückzuführen. Die Offenbarungs-Funktion des limbalen Unbewußtseins hängt wesentlich davon ab, dass es sich selbst die Form einer $\left\{bewußtseins \middle| \begin{matrix} ontologischen \\ ontogenetischen \end{matrix} \right\}$ Evolution zu geben vermag durch das vom Triebherzen angenommene {*Nicht|Ich|seiner|selbst*}. Dieses erforderliche Vermögen steht im Zusammenhang mit dem Geheimnis der »Identitäts-Häutung« des limbalen Unbewußtseins, wie es sich in der Symbolhandlung des „steinernen Todes" am Phantasma eines dem Unbewußten unzugänglichen Willens niederschlägt. Die vom limbalen Unbewußtsein abgestoßene erstarrte »Identitäts-Haut« widerlegt den Schein von der Willens-Unverträglichkeit des limbalen Unbewußtseins.

22. Die Annahme des {*Nicht|Ich|seiner|selbst*} durch das vom intuitiven Blitzschlag der Medusa »getötete« Triebherz meint das anhypostatische Eindringen des von der $\left\{bewußtseins \middle| \begin{matrix} ontologischen \\ ontogenetischen \end{matrix} \right\}$ Evolution ausgehenden W i l l e n s   z u r N e g a t i o n . Aber dieser medusische Wille kann sich nur in das Triebherz eingehen, wenn er als lebenschaffender W i l l e   z u r   S e l b s t n e g a t i o n die Wiedergeburt aus dem Inneren des Triebherzens selbst bewirkt. Was aber besagt dieser Wille? Meint er die Negation der eigenen negativen Bewußtseins-Natur des Triebherzens durch dieses selbst? Wohl kaum. Das Eindringen der medusischen Intuition in das Innere des untätigen Triebherzens beruht auf einem Freitod der »sterblichen« Gorgo Medusa. Die Medusa ist sterblich, weil sie sich blitzartig hinabstürzt in das Innere des Triebherzens, um in diesem unterzugehen und es so mit neuem Leben und neuer Identität zu beseelen. Es ist folglich *nicht* die negative Bewußtseins-Natur, welche beim „steinernen Tod" des Triebherzens zugrunde geht, sondern der innere [göttliche] Bestimmungsgrund des limbalen Unbewußtseins-Stromes. Das Opfer durch den intuitiven Untergang im untätigen Inneren des Triebherzens bezeichnet s y m b o l i s c h die »Sterblichkeit« der Gorgo Medusa und zugleich das bleibend göttliche Wesen der gorgonischen Natur des $\left\{ \begin{matrix} Un \\ [U\!n] \end{matrix} \right\}$Bewußtseins. Nur weil Medusa auch sterblich ist, vermag sie ihr Werk am limbalen Triebherzen zu verrichten. Es muss dem „steinernen Tod" des Triebherzens ein *a n d e r e r* Tod korrespondieren, den die Medusa einbringt zum Zwecke der Wiedergeburt des limbalen Triebherzens in einem *a n d e r e n* limbalen Bestimmungsgrund. Sie kann in das Innere des Triebherzens nur eingehen und sich darin begründen, wenn sie durch ihr Selbst-Opfer e i n e   N e g a t i o n   a n   s i c h

selbst vollzieht: Die Negation, dass ihr »Wille zur Negation« sich auf die negative Bewußtseins-Natur des Triebherzens bezieht. Sie negiert, dass durch ihre Intuition von der $\left\{ bewußtseins \left| \begin{matrix} ontologischen \\ ontogenetischen \end{matrix} \right. \right\}$ Evolution die negative Bewußtseins-Natur des Triebherzens selbst Schaden nimmt. In diesem Sinne müssen wir sagen, dass die Medusa *n o t w e n d i g   s t i r b t*, dass sie vom Mythos nicht ohne guten Grund als »sterblich« bezeichnet wird.

23. Der $\left\{ bewußtseins \left| \begin{matrix} ontologische \\ ontogenetische \end{matrix} \right. \right\}$ Bestimmungsgrund der medusischen Intuition muss sich in das untätige Triebherz des limbalen Unbewußtseinsstromes fassen, um s i c h   s e l b s t   a l s   W i l l e n   z u r   N e g a t i o n   d e r   n e g a t i v e n   B e w u ß t s e i n s - N a t u r im limbalen Triebherzen zu entkräften.

24. Das O p f e r   der $\left\{ bewußtseins \left| \begin{matrix} ontologischen \\ ontogenetischen \end{matrix} \right. \right\}$ Intuition der sterblichen Medusa ist als jene Kraft anzusehen, welche Triebherz und limbalen Unbewußtseins-Strom voneinander trennt und in zwei gesonderte Quanten aufspaltet. Denn jedes von beiden muss einen eigenen Prozess durchlaufen, damit die $\left\{ bewußtseins \left| \begin{matrix} ontologische \\ ontogenetische \end{matrix} \right. \right\}$ Intuition im Triebherzen ätherische Gestalt annehmen kann.

25. Mit dem Blitzschlag der medusischen Intuition erfolgt die Aufspaltung von a) d e m   T r i e b h e r z e n und b) d e m   l i m b a l e n   U n b e w u ß t s e i n s - S t r o m in zwei separate Quanten. Und damit unmittelbar zusammenhängend erfolgt eine weitere Aufspaltung, die in die Nullpunkts-Reduktion des Unbewußtseins und in die Manifestation der phantasmatischen »Identitäts-Häutung«. Wir beobachten somit eine Aufspaltungs-4ung, durch die sich das Opfer des intuitiven Blitzstrahles der »sterblichen« Medusa symbolisch zu erkennen gibt.

26. Durch das symbolische Verhältnis des intuitiven Opfers im Inneren des untätigen Triebherzens zur $\left\{ bewußtseins \left| \begin{matrix} ontologischen \\ ontogenetischen \end{matrix} \right. \right\}$ Aufspaltungs-4ung des limbalen Unbewußtseins manifestiert sich uns zugleich das a p o p h a t i s c h e   W e s e n   d e s   S y m b o l s, das durch Setzung sich negiert, um dadurch auf seinen transzendentalen Bestimmungsgrund zu verweisen, von welchem es $\left\{ bewußtseins \left| \begin{matrix} ontologisch \\ ontogenetisch \end{matrix} \right. \right\}$ getragen wird. Dem Wesen des Symbols eignet das apophatische Paradoxon der medusischen Intuition von der $\left\{ bewußtseins \left| \begin{matrix} ontologischen \\ ontogenetischen \end{matrix} \right. \right\}$ Evolution des limbalen Triebherzens. Diese u n b e w u ß t s e i n s - u r g e s c h i c h t l i c h e   G e n e a l o g i e   d e s   S y m b o l i s c h e n spricht sich auf beeindruckende Weise im Mysterium des Selbstopfers der »sterblichen« Gorgo Medusa im Inneren des limbalen Triebherzens aus.

27. *Wir erinnern uns*: Wir sprachen von der χώρα als der magischen ÄtherRaum-Entstehung. Sie ist Gestaltwerdung der mythischen Symbolhandlung durch die $\left\{bewußtseins \middle| {ontologische \atop ontogenetische}\right\}$ Intuition der »sterblichen« Medusa im leeren oder untätigen Inneren des Triebherzens. Diese χώρα bildet den Ort, wo die Aufspaltungs-Vierung stattfindet, die als Symbol auf ihren transzendentalen Bestimmungsgrund im Opfer der sterblichen Medusa hinweist. Dieses intuitive [Selbst-]Opfer wird durch seine symbolische Verkörperung in der χώρα des Triebherzens wirklich, ohne je Gegenstand eines *v e r f a l l s w e l t - g e s c h i c h t l i c h e n* „Bewußtseins" sein zu können. In der χώρα spiegelt sich das G e s i c h t der medusischen Eingebung als s y m b o l i s c h e G e s a m t h a n d l u n g wider und verkörpert sich in $\left\{bewußtseins \middle| {ontologischen \atop ontogenetischen}\right\}$ Ektoplasmationen, die den ätherischen Raum der χώρα als das Innere des limbalen Triebherzens erfüllen und beseelen. Das Gesicht der $\left\{bewußtseins \middle| {ontologischen \atop ontogenetischen}\right\}$ Intuition der Medusa schauen, dies bedeutet, sich selbst zum Projektum dieser Eingebung zu machen, in ein Bild vom Bilde, das in das Wesen des Projizierten selbst einzieht und sich darin einführt als übertragener W i l l e n s - S e l b s t v e r t i e f u n g s - G r u n d eines Ich, das {*Nicht|Ich|seiner|selbst*} des limbalen Triebherzens ist. So gilt es zu erkennen, dass eine Negation des Triebherzens durch den Willensgrund der in dieses einfließenden medusischen Intuition stattfindet, o h n e dass dabei die negative Bewußtseins-Natur, auf der das Triebherz selbst basiert, zunichte würde. *Wir sehen also*: Die N e g a t i o n, welche ausgehend von der medusischen Intuition sich am limbalen Triebherzen realisiert, sie bringt mit sich die Aufspaltung in das T r i e b h e r z und in den n u l l p u n k t s - r e d u z i e r t e n U n b e w u ß t s e i n s - S t r o m.

28. Wir können aber noch andere Dinge im Zusammenhang mit der Negation des Triebherzens durch die $\left\{bewußtseins \middle| {ontologische \atop ontogenetische}\right\}$ Intuition der Medusa feststellen. Die Annahme des {*Nicht|Ich|seiner|selbst*} durch das Triebherz, wodurch dieses seine S e l b s t n e g a t i o n bejaht. Dass dies überhaupt möglich ist, hängt allein von der Tatsache ab, dass die native n e g a t i v e B e w u ß t - s e i n s - N a t u r des Triebherzens selbst dabei u n a n g e t a s t e t bleibt. Und nun verstehen wir auch die Auswirkungen auf den Vorgang der Nullpunkts-Reduktion des Unbewußtseins-Stromes, denn diese ist nicht Negation, sondern K o n - t r a k t i o n d e r n e g a t i v e n B e w u ß t s e i n s - N a t u r zum Ursprung des {*Nicht|Ich|seiner|selbst*} im Innenraum der limbalen χώρα des Triebherzens. Das nullpunkts-reduzierte Unbewußtsein fließt ein in den W i l l e n s - S e l b s t - v e r t i e f u n g s - G r u n d des Triebherzens, der als {*Nicht|Ich|seiner|selbst*} die

Selbstnegation des Triebherzens enthält, ohne dass die native negative Bewußtseins-Natur dabei in irgendeiner Weise beeinträchtigt würde. Wir können daraus
ableiten, dass die Bejahung des {*Nicht|Ich|seiner|selbst*} durch das Triebherz
das Wissen um die darin enthaltene Bejahung der u n a n g e t a s t e t b l e i b e n -
d e n eigenen n e g a t i v e n B e w u ß t s e i n s - N a t u r einschließt.

29. Aus den genannten Gründen läßt sich unschwer erkennen, dass das Schauen in
den Willens-Bestimmungsgrund der medusischen Intuition zu einer Bild-vom-
Bilde-Werdung des limbalen Triebherzens führt. Aber dieses Geschehen setzt
den „steinernen Tod" auf Seiten des Triebherzens voraus. Die Passage in die Er-
fahrungswirklichkeit der Intuition von der $\left\{bewußtseins\left|{ontologischen \atop ontogenetischen}\right.\right\}$ Evo-
lution des limbalen Triebherzens führt für dieses durch den Tod der Erstarrung,
das Schicksal des nullpunkts-reduzierten Unbewußtseins-Stromes, der die phan-
tasmatische »Identitäts-Häutung« durchläuft. Es ist der vom Triebherzen angenommene Tod, durch den dieses sich des Phantasmas seiner Selbstverschlossen-
heit entledigt, um durch das intuitive Licht der eigenen
$\left\{bewußtseins\left|{ontologischen \atop ontogenetischen}\right.\right\}$ Evolution wiedergeboren zu werden. Somit
ergibt sich für uns ein deutliches Bild von den okkulten
$\left\{bewußtseins\left|{ontologischen \atop ontogenetischen}\right.\right\}$ Vorgängen in der s y m b o l b i l d e n d e n χώρα
des limbalen Triebherzens, das wir als den mystischen Mittelpunkt des gesamten
göttlichen Lebens des limbalen Unbewußtseins-Stromes zu verstehen haben. Das
Wort χώρα verweist uns unter anderem auch auf die Bedeutung von »Leere«. Es
ist kein Zufall, das diese Konnotation uns an das erinnert, was ich über den limbalen Untergang des »Verbum exinanitum ipsum« andernorts ausgeführt habe.
Die L e e r e stellt eine Reflektion dar jener kenotischen Leere, die der göttliche
Logos limbal durchwandert, indem er sie mit dem Äther seiner limbalen Gegenwart erfüllt. Die Leere selbst kann nicht angeschaut werden, da sie nur a l s b e -
r e i t s v o n e t w a s e r f ü l l t e gedacht werden kann. Vielmehr ist sie als das
zu denken, welches die Grundlage des ätherischen Kontinuums der limbalen Kenose des Logos bildet. Die Leere ist die ungedachte Voraussetzung für die Ent-
stehung des $\left\{bewußtseins\left|{ontologischen \atop ontogenetischen}\right.\right\}$ Raumes im Inneren des limbalen
Triebherzens. Dieses Innere ist selbst die χώρα der symbolischen Gestaltwer-
dung des $\left\{bewußtseins\left|{ontologischen \atop ontogenetischen}\right.\right\}$ Bestimmungsgrundes des Mythos.
Der Sinn des Mythos beschreibt durch seine intuitive Passage im Inneren des lim-
balen Triebherzens den Ursprung der symbolischen Gesamthandlung als L e i b -
b i l d u n g d e r a p o p h a t i s c h e n V e r n u n f t d e r » O f f e n b a r u n g
s e l b s t « im Triebgrund des limbalen Unbewußtseins. Der Mythos offenbart sich
als die apophatische Grundlage einer Vernunft, welche das »Verbum exinanitum

ipsum« auf seiner Wanderung durch seine kenotische SelbstReflektion begleitet und anhypostatisch mit sich führt. Denn was besagt diese anhypostatische Natur des Mythos anderes, als dass eine offenbarungsgeschichtliche Vernunft möglich ist, insofern diese weder der Logos selbst ist noch sich anmaßt, ihn — aufgrund eines extravasalen »Willens zur Macht« — zu repräsentieren. Die anhypostatische Vernunft des Mythos zeichnet eine zweifache Apophatie aus, als deren Lebens-Mitte wir ihre offenbarungsgeschichtliche Bedeutung zu verstehen haben. Und damit wird die anhypostatische Vernunft des Mythos zum Spiegelbild der kenotischen SelbstReflektion des »Verbum exinanitum ipsum« im Inneren der symbolbildenden $\chi\omega\rho\alpha$ des limbalen Triebgrundes. Dieses Geschehen folgt, wie wir sehen können, dem Gesetz der Hermetik: *„Wie oben, so unten."*

30. Die anhypostatische Vernunft des Mythos kann nur beseelen, indem sie durch den intuitiven Blitzstrahl die innere Leere des limbalen Triebherzens durchdringt und den ätherischen Raum hervorbringt, um in diesem die symbolische Gesamthandlung in Erscheinung treten zu lassen, durch die das Triebherz sich in das okkulte Leben seiner inneren Gestaltungen fasst und diese zu seinem $\left\{ bewußtseins \middle| {ontologischen \atop ontogenetischen} \right\}$ Leben erhebt. Die anhypostatische Vernunft des limbalen Triebherzens ist das Ungedachte und Undenkbare, weil es das Denken selbst in den »Tod« der medusischen Intuition des Mythos schickt. Das Denken muss selbst diesen »Tod« geschmeckt haben! Es muss die inneren Abgründe des „steinernen Todes" an sich selbst erfahren, um ihn sich zunutze machen zu können, um ihn zu überwinden. Es muss sich selbst negieren wollen! Denn ein anderer Wille kann in ihm nicht sein. Es muss sich im Willens-Selbstvertiefungs-Grund des {Nicht|Ich|seiner|selbst} *aufheben wollen*. Dies ist der okkulte Sinn der magischen $\chi\omega\rho\alpha$, wie er sich durch die $\left\{ bewußtseins \middle| {ontologische \atop ontogenetische} \right\}$ Symbolhandlung des Mythos im Leben des limbalen Triebherzens selbst verkörpert. Die anhypostatische Vernunft wird in der magischen $\chi\omega\rho\alpha$ des {Nicht|Ich|seiner|selbst} des limbalen Triebherzens geboren. Die $\chi\omega\rho\alpha$ ist die Verkörperung der mythischen Gesamthandlung, sie ist die Vernunftwerdung des Mythos im Triebherzen des limbalen Unbewußtseins-Stromes. Die $\chi\omega\rho\alpha$ der symbolischen Gesamthandlung ist als die metaphysische Urform der $\left\{ bewußtseins \middle| {ontologischen \atop ontogenetischen} \right\}$ Evolution des Triebherzens zu begreifen, als der ätherische Willens-Selbstvertiefungs-Grund, in dem die $\left\{ bewußtseins \middle| {ontologische \atop ontogenetische} \right\}$ Ektoplasmation

des Triebherzens sich ereignet. Denn wie sonst könnte das Triebherz der Vernichtung seiner n e g a t i v e n B e w u ß t s e i n s - N a t u r durch den Blitzschlag der medusischen Intuition entkommen?

31. Damit das limbale Triebherz durch Anschauung der Medusa in seine intuitive B i l d - v o m - B i l d e - W e r d u n g treten kann, muss *eines* vorausgesetzt werden: Die Reflektion der äonischen Wirklichkeit, auf welcher der limbale Untergang des »Verbum exinanitum ipsum« steht. Wir müssen das innere Leben des Triebherzens angesichts der Medusa als spiegelbildlichen Blitzstrahl der äonischen Realität der Logos-Kenose begreifen.

32. Ex praemissis patet etiam quinta ratio, quod intellectus sit praestantior quam voluntas. Omne enim vivum praestantius est omni non vivo. Sed intellectus ex sui ratione vivus est, non autem voluntas. Igitur etc. Maior autem patet, et ipsam scribit A u g u s t i n u s. Minor probatur: vivum enim est — quod distinguitur a non vivo — quod habet ex se ipso et in se ipso et ab intra motum, non ab alio extra. Intellectus iuxta nomen [suum] intus, in se ipso rem legit; hoc enim est intelligere, id est intus legere."[48]

33. Die etymologische Erklärung des lateinischen Wortes »intellectus« von Meister Eckhart spielt in gewisser Weise eine Schlüsselrolle für die A n a m n e s e d e r o f f e n b a r e n d e n V e r n u n f t d e s M y t h o s, wie sie anhand der Intuition von der $\left\{ bewußtseins \left| \begin{matrix} ontologischen \\ ontogenetischen \end{matrix} \right. \right\}$ Evolution des limbalen Triebherzens erkennbar wird. Der Intellekt ist demnach etwas, das l e b t; er ist etwas, das a u s s i c h , i n s i c h u n d v o n i n n e n h e r a u s Bewegung h a t. Wenn wir genau Acht geben, so können wir aus den Worten Meister Eckharts das » h e r - a u s l e s e n «, was die okkulte Theologie über die o f f e n b a r e n d e V e r - n u n f t d e s M y t h o s und die symbolische Gesamthandlung in der inneren χώρα des limbalen Triebherzens lehrt. Die zentrale Aussage, von der wir auszugehen haben, sie lautet: „I n t e l l e c t u s i u x t a n o m e n [s u u m] i n t u s , i n s e i p s o r e m l e g i t . " Der Intellekt ist gemäß seinem Namen, der ja durch symbolische Handlung sein okkultes Wesen im Inneren des Unbewußtseins hinterlegt und offenbart, ein Lesen des von ihm erkannten Gegenstandes aus dem Inneren seines eigenen limbalen Triebherzens. Der Intellekt findet das, was er erkennen soll, nur in sich selbst vor, weil dieses Selbst Teil der $\left\{ bewußtseins \left| \begin{matrix} ontologischen \\ ontogenetischen \end{matrix} \right. \right\}$ Evolution ist, durch die das limbale Triebherz seine Bild-vom-Bilde-Werdung, *das heißt* seine »intellectus«-Werdung $\left\{ \begin{matrix} an \\ in \end{matrix} \right\}$ sich selbst erfährt. Diese innere Bewegung, die den Intellekt zu etwas Lebendigem macht und die das Kriterium dieses Lebens selbst ist, sie ist nichts anderes als

---

[48] Meister Eckhart, Liber parabolarum Genesis, in: Die lateinischen Werke, Erster Band, hrsg. und übers. von Konrad Weiss, Stuttgart 1964, S. 544.

die Bild-vom-Bilde-Werdung des Intellekts, die als $\left\{bewußtseins \middle| \begin{array}{l} ontologische \\ ontogenetische \end{array}\right\}$ Evolution des Triebherzens a u s d e r I n t u i - tion des Bestimmungsgrundes des Mythos hervorgeht. Der Logos ist überall da, wo er aufgrund seines kenotischen Seins und Wirkens nicht sein kann, in den symbolischen Gestalten der mythischen Ver- nunft des limbalen Unbewußtseins gegenwärtig. Dies ist die symbolische Ektoplasmie der mythischen Vernunft im *abwesenden* Logos des limbalen Unbewußtseins-Stromes. Und diese Ektoplasmie hat ihren angemesse- nen Ort im magischen Innenraum oder der χώρα des limbalen Triebherzens. Und hier ereignet sich die B i l d - v o m - B i l d e - W e r d u n g des Intellekts, des- sen innere Bewegung seine Genese im intuitiven Lichte seiner Selbsttätigkeit ist. Der Intellekt ist die Konstruktion des limbalen Triebherzens im Lichte seiner $\left\{bewußtseins \middle| \begin{array}{l} ontologischen \\ ontogenetischen \end{array}\right\}$ Evolution durch die offenbarende Vernunft des Mythos. Was aber bedeutet das *„in se ipso rem legere"* der offenbarenden Ver- nunft? Was liest diese in sich selbst? Die Gegenstände einer durch die Sinne wahrgenommenen Außenwelt? Wohl nicht. Das lateinische Wort »res« kann hier nicht irgendeinen Gegenstand, irgendeine Sache bezeichnen. Es bedeutet vielmehr das, was im Inneren der Bild-vom-Bilde-Werdung des limbalen Trieb- herzens sich zuträgt, das heißt die $\left\{bewußtseins \middle| \begin{array}{l} ontologische \\ ontogenetische \end{array}\right\}$ Evolution des Triebherzens durch dessen selbstformative Tätigkeit im Lichte der offenbaren- den Vernunft des Mythos. Denn nur eine mythische Vernunft kann auf das lim- bale Unbewusstsein, kann auf das Triebherz selbst einwirken. Die »res« bezeich- net somit die $\left\{bewußtseins \middle| \begin{array}{l} ontologische \\ ontogenetische \end{array}\right\}$ Evolution, die das limbale Trieb- herz durch seine B i l d - v o m - B i l d e - W e r d u n g aus der Intuition der mythi- schen Vernunft herausliest und zu symbolischen Handlungen sei- ner eigenen Natur macht. Die »res« ist jener intuitive Keim, welcher dem magischen Inneren des {Nicht|Ich|seiner|selbst} des Triebherzens zu- grunde liegt. Das Triebherz liest die dem {Nicht|Ich|seiner|selbst} von der intu- itiven Eingebung eingepflanzten Hieroglyphen seiner Bild-vom-Bilde-Werdung im Lichte der anhypostatischen Gegenwart des Logos aus dem hyletischen We- sensgrund seines limbalen Unterganges. Denn durch diesen Untergang ist dieser Stoff b e z e i c h n e t, versehen mit dem Zeichen der Kenose. Denn sein ganzes Wesen steht im Zeichen seines Werdens durch die mythische Vernunft. So trägt der limbale Urstoff zwar das Zeichen des »untergegangenen« Logos, aber dieses Zeichen verweist nicht auf die Gegenwart des Logos im hyletischen Wesens- grund der Kenose. So ist der Zeichen tragende Stoff nicht bar des Logos, aber *in sich selbst* bar der hyletischen Einwohnung des Logos. Denn es ist der Stoff, der durch das Symbol die Gegenwart des Logos in sich trägt. Dies ist die stoffliche Autonomie des Symbols, die dennoch auf dem magnetischen Rapport zwischen dem symbolisch handelnden Stoff und dem durch das Symbol bewirkten Göttlichen beruht.

34. Das eckhartsche Diktum vom „in se ipso rem legere" umfasst die Bild-vom-Bilde-Werdung als die $\left\{bewußtseins \left| {ontologische \atop ontogenetische} \right. \right\}$ Evolution des Triebherzens zum Wesen des theophoren Intellekts. Betrachten wir die oben dargebotene Textstelle in ihrem gedanklichen Zusammenhang, so können wir zunächst ein paar grundlegende Gesichtspunkte daraus gewinnen. Der Intellekt ist B e w e g u n g . Und diese findet allein im Intellekt statt und geht von diesem selbst aus. Und wir werden darauf hingewiesen, dass der Intellekt diese Bewegung aus seinem Inneren hervorbringt.   Und schließlich wird betont, dass die B e w e g u n g d e s G e i s t e s nicht von einem Anderen außerhalb herrührt. Aus der Menge des Aufgezählten können wir leicht ersehen, dass der Intellekt auf einer inneren und autonomen Tätigkeit basiert, die jeden äußeren Bestimmungsgrund *a priori* ausschließt. Und noch etwas anderes können wir den Worten Meister Eckharts entnehmen: Das „ab intra motum habere" des Intellekts besagt nicht nur, dass die Energie des Intellekts aus dessen Innerem kommt, es deutet zugleich hin auf das, was dieses erst zum Inneren der $\left\{bewußtseins \left| {ontologischen \atop ontogenetischen} \right. \right\}$ E v o l u t i o n des limbalen Triebherzens, das heißt z u m I n t e l l e k t m a c h t . Mit der eckhartschen Definition ist etwas ausgesprochen, das in das Licht seiner Fortentwicklung gestellt erscheint als das $\left\{bewußtseins \left| {ontologische \atop ontogenetische} \right. \right\}$ Wesen des Intellekts. Das ist das Proprium der eckhartschen Aussage über den Intellekt. Das, was aussieht wie eine prägnante Definition des Intellekts, erweist sich schließlich als ein Symbol, das hinweist auf ein okkultes Geschehen, in welchem sich die $\left\{bewußtseins \left| {ontologische \atop ontogenetische} \right. \right\}$ Entstehung des Intellekts als offenbarungsgeschichtliche Evolution des limbalen Triebherzens ereignet. Wenn wir in diesem Kontext vom Inneren des Triebherzens sprechen, so meinen wir das zur χώϱα der symbolischen Gesamthandlung gewordene Innere des {Nicht|Ich|seiner|selbst}. Die eckhartsche Wesensergründung des Intellekts passt aufs genaueste zum Formationsstreit der offenbarenden Vernunft des Mythos, wie er von der okkulten Wissenschaft dargelegt wird.

35. Das „in se ipso rem legere" bezieht sich auf das limbale Triebherz, welches mitten im Lichte der medusischen Intuition von der offenbarenden Vernunft des Mythos steht. Denn es streift von sich die erstarrte Haut ihrer früheren Identität ab, die es an seiner $\left\{bewußtseins \left| {ontologischen \atop ontogenetischen} \right. \right\}$ Evolution hindert, die ihm diese Ent-

wicklung versperrt. Der „steinerne Tod" ist also eine Schranke, welche durchbrochen werden muss. Er bezeichnet die Trennwand zwischen der Immanenz des limbalen Unbewußtseins-Stromes und der $\left\{bewußtseins \left| \begin{array}{c} ontologischen \\ ontogenetischen \end{array} \right. \right\}$ Fortentwicklung des Triebherzens. Die Durchbrechung des „steinernen Todes" macht b e i d e S p h ä r e n des limbalen Unbewußtseins miteinander vereinbar. Sie hebt den Formationsstreit zwischen beiden auf. Aber dieses ist nur möglich durch ein Drittes. Das heißt, das Triebherz muss durch sein Heraustreten aus sich selbst [ἔκστασις] jene Schranke seiner selbst überwinden. Allein in dieser Ekstasis ist es dem limbalen Triebherzen möglich, intuitiv hinein- und hinabzuschauen in die offenbarende Vernunft des Mythos, in den inneren Blick der Medusa. Die intuitive Projektion des medusischen Blickes tötet *nicht mehr*, weil diesem durch das Triebherz etwas entgegengesetzt werden kann, das selbst die Kraft und die Natur der Intuition besitzt. Es findet eine Entsprechung statt zwischen dem Triebherzen und dem inneren Bestimmungsgrund des medusischen Blickes, die in der g e m e i n s a m e n h ö h e r e n N a t u r d e s M y t h o s wurzelt. Und wir sind geneigt, dies als eine Art der Offenbarung zu bezeichnen, die sich im Lichte des $\left\{bewußtseins \left| \begin{array}{c} ontologischen \\ ontogenetischen \end{array} \right. \right\}$ Bestimmungsgrundes der mythischen Vernunft zu erkennen gibt.

36. Das vom limbalen Triebherzen gesprochene „in se ipso rem legere" besagt, dass etwas dadurch zur „res" wird, dass es in das eigene Innere versetzt und zum Bestand des eigenen Inneren wird, zum Glied des eigenen inneren Aufbaus, zum Baustein der eigenen $\left\{bewußtseins \left| \begin{array}{c} ontologischen \\ ontogenetischen \end{array} \right. \right\}$ Seelenstruktur. Mit „res" sind kollektiv *alle* Bausteine gemeint, die zum inneren Aufbau der Seele in das Innere des Triebherzens versetzt werden. Das aber heißt, sie waren vorher noch nicht im Inneren des Triebgrundes des limbalen Unbewußtseins-Stromes. Durch die Symbolhandlung der intuitiven Eingebung der mythischen Vernunft findet jene Übertragung gedanklicher Materialisation statt, auf welcher die symbolische Ektoplasmie der $\left\{bewußtseins \left| \begin{array}{c} ontologischen \\ ontogenetischen \end{array} \right. \right\}$ Strukturelemente des limbalen Seelenbildes beruht. Wir sehen dieses Seelenbild im Zustande seiner Entstehung begriffen. Das Symbol vollzieht eine hyletische Gedanken-Übertragung am Inneren des Triebherzens, wodurch dieses Innere sich zum Seelenbildnis konstruiert. Die Elemente des inneren Aufbaus des Seelenbildes sind es, die in Intuition geschaut und durch diese in das Innere des Triebherzens übertragen werden. Sie werden versetzt in das $\{Nicht|Ich|seiner|selbst\}$. Und allein da ereignet sich der symbolische Aufbau der $\left\{bewußtseins \left| \begin{array}{c} ontologischen \\ ontogenetischen \end{array} \right. \right\}$ Evolution des Triebherzens zur offenbarenden Vernunft des Mythos, welche die schöpfungsgeschichtliche Menschwerdung des »Verbum exinanitum ipsum« anhypostatisch

in sich trägt. Es geht nicht um die Tat der Einwohnung des Logos im Menschen, sondern vielmehr um den Bestimmungsgrund, durch den das Triebherz sich in der Symbolhandlung seiner $\left\{bewußtseins \left|{ontologischen \atop ontogenetischen}\right.\right\}$ Evolution selbst entstanden weiß und damit selbst erkennt. Es erkennt sich als a n h y p o s t a t i - s c h e s   B i l d   d e r   m e n s c h l i c h e n   N a t u r , *das heißt* als den O r t , wo der fleischgewordene Gott selbst wohnt.

37. Ein weiterer Gesichtspunkt des „in se ipso rem legere" ist, dass das ekstatische Triebherz im intuitiven Tiefenblick der mythischen Vernunft der Medusa selbst untergeht und dadurch eine Analogie herstellt zum limbalen Untergang des »Verbum exinanitum ipsum«. So stürzt sich das limbale Triebherz in die Abgründe der offenbarenden Vernunft des Mythos durch Selbstentäußerung. Dieses wechselseitige Verhältnis zwischen beiden »Untergängen« gibt uns zu denken. Es will uns etwas kundtun. Es macht uns aufmerksam auf die B e d e u t u n g d e r   o f f e n b a r e n d e n   V e r n u n f t   d e s   M y t h o s   f ü r   d i e   o k k u l t e T h e o l o g i e . Die Intuition der mythischen Vernunft erscheint am äußersten Rande des Gesichtsfeldes, und zwar so, dass sie dem Blick beinahe entschwindet. Sie befindet sich auf der Schwelle des in sich geschlossenen Unbewußtseins und der $\left\{bewußtseins \left|{ontologischen \atop ontogenetischen}\right.\right\}$ Evolution des Triebherzens. Das Geheimnis der mythischen Vernunft verharrt in einer V o r b e w u ß t s e i n s - Blindheit. Es ist gleichsam ein Schwebezustand zwischen den beiden widerstrebenden Zuständen des Formations-Streites. Es ist das, was man sogleich aus den Augen zu verlieren pflegt. Es ist die offenbarende Funktion der mythischen Vernunft selbst, die das Licht des Mythos verbirgt. Dieses Licht aber ist unentbehrlich für die Grundlegung der okkulten Wissenschaft, weil es den limbalen »Untergang« des selbstentäußerten Logos betrifft. Weder ist der Mythos der Offenbarung entgegengesetzt noch bildet er eine entwicklungsgeschichtliche Vorstufe zur Offenbarung. Vielmehr steht die offenbarende Symbolhandlung der mythischen Vernunft in einer $\left\{bewußtseins \left|{ontologischen \atop ontogenetischen}\right.\right\}$ Urrelation zur okkulten Weisheit vom kenotischen Untergang des Logos in dem — von diesem selbst hervorgebrachten — limbalen Unbewußtseins-Strom. Das Ereignis des limbalen Unterganges des Logos findet seine Entsprechung in dem Untergang des ekstatischen Triebherzens i n   d e m   W i l l e n s - S e l b s t v e r t i e f u n g s - G r u n d   d e r   o f - f e n b a r e n d e n   V e r n u n f t   d e s   M y t h o s . Um die Elemente seiner $\left\{bewußtseins \left|{ontologischen \atop ontogenetischen}\right.\right\}$ Evolution in der Intuition der mythischen Vernunft lesen zu können, bedarf es des »Unterganges« des Triebherzens. Nicht vermag das Triebherz zu erkennen, was es nicht durch seinen Untergang in den intuitiven Tiefen der mythischen Vernunft a n   s i c h   s e l b s t   e r f a h r e n hat. Das

Triebherz muss also ganz untergehen in der okkulten Wahrheit des Mythos. Denn der Mythos ist nicht nur Teil des Unbewußtseins-Stromes, der in diesen zurückgeholt werden muss, um darin wirksam werden zu können. Er bildet die Brücke der Begegnung zwischen der $\left\{ bewußtseins \left| \begin{array}{c} ontologischen \\ ontogenetischen \end{array} \right\} \right.$ Evolution des Triebherzens und der schöpfungsgeschichtlichen Menschwerdung des Logos im anhypostatischen Bild der menschlichen Natur. Die Intuition der mythischen Vernunft als für die limbale Evolution der Offenbarung *unerläßlich* zu erkennen, dies heißt den Mythos ernstnehmen.

38. Wir sprachen von dem »Untergang« des Triebherzens i m W i l l e n s - S e l b s t - v e r t i e f u n g s - G r u n d der mythischen Intuition, der den limbalen Untergang des »Verbum exinanitum ipsum« ergänzt. Das Triebherz stürzt sich in seiner Ekstasis hinab in den intuitiven Seelengrund der mythischen Weisheit, denn es kann nur herausholen und auf sich übertragen, was es auch selbst durchwandert. Keine Aneignung ohne Opfer. Die Übertragung der Intuition, sie kann nur gelingen, wenn das Triebherz als das {Nicht|Ich|seiner|selbst} hinabsteigt in die Tiefen der mythischen Vernunft, welche die limbale Kenose des Logos voraussetzt. *Wir sehen:* Es kommt nichts zustande ohne das Wirken des Logos d u r c h d i e W i r k l i c h k e i t s e i n e r l i m b a l e n K e n o s e. Wieso sollte da der Mythos eine Ausnahme sein?

39. Der Sturz hinab in den anhypostatischen W i l l e n s - S e l b s t v e r t i e f u n g s - G r u n d des Logos in der Intuition der mythischen Vernunft läßt den »Tod« des Triebherzens schlagartig in einem völlig anderen Lichte erscheinen. Eher als ein Opfer, das nötig ist, um selbst in den Genuß jener intuitiven Erkenntnis zu gelangen, durch die das Triebherz aus sich selbst befreit wird zum Zwecke seiner $\left\{ bewußtseins \left| \begin{array}{c} ontologischen \\ ontogenetischen \end{array} \right\} \right.$ Evolution. Nun müssen wir uns der Tatsache bewußt werden, dass das Triebherz sich in seiner Bild-vom-Bilde-Werdung befindet, die eine Spiegelung der medusischen Intuition im {Nicht|Ich|seiner|selbst} des limbalen Triebherzens ist. Wir können also sagen, dass sich die medusische Intuition i n s i c h s e l b s t s p i e g e l t, weil sie das zum {Nicht|Ich|seiner|selbst} gewordene limbale Triebherz selbst ist. Das, was allein dem Triebherzen hier zugerechnet werden kann, ist das Opfer des Sturzes in den eigenen Untergang. Aber all das, was das Triebherz in seinem Untergang in der Intuition der sterblichen Medusa selbst durchmacht, ist nichts als die Selbstwiderspiegelung der mythischen Intuition im {Nicht|Ich|seiner|selbst} des Triebherzens. Der Untergang des Triebherzens ist das Durchleben des eigenen intuitiv erleuchteten Unbewußtseins-Stromes, als ob dieser sich außerhalb seiner selbst befände. Das {Nicht|Ich|seiner|selbst} aber befindet sich im Inneren des limbalen Triebherzens. Dieses ist Form eines Bewußtseins, obwohl es selbst dem limbalen Unbewußtsein im Triebherzen angehört. Die Intuition ist in dem

{*Nicht|Ich|seiner|selbst*} als sich i n s i c h s e l b s t w i d e r s p i e g e l n d . Diese Selbstwiderspiegelung in diesem {*Nicht|Ich|seiner|selbst*} des Triebherzens aber schließt dieses selbst aus als im magnetischen Schlafe sich befindend. Und dennoch sieht dieses im Schlafe befindliche Triebherz sich selbst als ein Anderes, von ihm selbst Unterschiedenes, als G e g e n s t a n d e i n e s h ö h e r e n B e - w u ß t s e i n s . Dieser Teil des magnetischen Schlafes ist das von seiner Selbstwiderspiegelung im {*Nicht|Ich|seiner|selbst*} Ausgeschlossene des limbalen Unbewußtseins. Es ist das sich selbst denkende Nichts des Bewußtseins. Es ist die am Unbewußtsein selbst sich vollziehende Häutung, die zur Abstreifung der erstarrten Identitäts-Verschlossenheits-Hülle durch das in magnetischen Schlaf gesunkene Triebherz führt. Es ist ein Versunkensein des Triebherzens in das vom Willens-Selbstvertiefungs-Grund der medusischen Intuition *vor*-besetzte {*Nicht|Ich|seiner|selbst*}. Das Triebherz geht zwar in dieses {*Nicht|Ich|seiner|selbst*} ein, das jedoch von dem intuitiven Willens-Selbstvertiefungs-Grund der mythischen Vernunft *vor*-besetzt ist als Ort, wo sich die

$$\left\{ bewußtseins \left| \begin{matrix} ontologische \\ ontogenetische \end{matrix} \right. \right\}$$ Evolution des Triebherzens im anhypostatischen

Bild-vom-Bilde der mythischen Vernunft widerspiegelt, *das heißt* wo der Logos d u r c h s e i n e K e n o s e s e l b s t g e g e n w ä r t i g ist. Der in Erstarrung durchlaufene Willens-Selbstvertiefungs-Grund der mythischen Intuition bietet uns den Anblick eines inneren Gespaltenseins des schlummernden Triebherzens a) in ein sich selbst denkendes Nichts von Bewußtsein und b) in eine Erleuchtung durch die mythische Intuition, die aber Gegenstand eines *h ö h e r e n* Bewußtseins ist. In dieser Gegenständlichkeit bleibt das Triebherz von sich selbst getrennt, denn es kann das {*Nicht|Ich|seiner|selbst*} noch nicht als das seiner selbst wahrnehmen. Es bleibt noch ein ihm äußeres, da es *vor*-besetzt ist durch den Willens-Selbstvertiefungs-Grund der mythischen Vernunft, die sich darin in sich selbst widerspiegelt. Das {*Nicht|Ich|seiner|selbst*} bleibt also so lange *vor*-besetzt durch den Willens-Selbstvertiefungs-Grund der sich in sich selbst widerspiegelnden Intuition der mythischen Vernunft, bis die Medusa ihre vom Mythos bezeugte »Sterblichkeit« unter Beweis stellt. Allein diese bildet das Element, wodurch das Triebherz

seine $$\left\{ bewußtseins \left| \begin{matrix} ontologische \\ ontogenetische \end{matrix} \right. \right\}$$ Evolution als symbolische Gesamthand-

lung der mythischen Vernunft durch die magische χώρησις seines eigenen und *als des eigenen* erkannten {*Nicht|Ich|seiner|selbst*} in sich selbst verwirklicht. Wir sehen auch hier wieder eine Selbstwiderspiegelung, aber eine, die sich in sich verdoppelt, die, wenn man so will, Frucht getragen hat. Diesen potenzierten Ertrag haben wir dem zu verdanken, was der Mythos mit der »Sterblichkeit« der Medusa bezeichnet. Diese »Sterblichkeit« macht uns aufmerksam auf eine Tatsache, die in der $\left\{bewußtseins \begin{array}{l} ontologischen \\ ontogenetischen \end{array} \right\}$ Intuition der Medusa selbst begründet liegt. Sie verweist auf ein Opfer, das von Seiten der mythischen Vernunft dargebracht werden muss, damit das Triebherz sich wirklich mit dem {Nicht|Ich|seiner|selbst} identifizieren kann. Dies aber setzt voraus, dass die Gespaltenheit beider nur aufgehoben werden kann durch ein Opfer *von außen*. Warum dies? Weil das von der mythischen Vernunft für das Triebherz geschaffene {Nicht|Ich|seiner|selbst} von dieser noch *vor*-besetzt ist. Das *Vor*-Besetztsein dieses {Nicht|Ich|seiner|selbst} durch die mythische Vernunft verhindert, dass dieses in Besitz genommen werden kann vom limbalen Triebherzen, für das es ja geschaffen worden ist. Es ist somit das Opfer der »sterblichen« Medusa, welches das vorbesetzte {Nicht|Ich|seiner|selbst} und damit die χώρα der symbolischen Gesamthandlung des Mythos auf das Triebherz als dessen Inneres überträgt. Damit geht einher die Konfiguration der $\left\{bewußtseins \begin{array}{l} ontologischen \\ ontogenetischen \end{array} \right\}$ Intuition der mythischen Vernunft nicht durch Selbstwiderspiegelung im *vor*-besetzten {Nicht|Ich|seiner|selbst} des Triebherzens, sondern i n d i e s e m s e l b s t als dessen $\left\{bewußtseins \begin{array}{l} ontologische \\ ontogenetische \end{array} \right\}$ W i l l e n s - S e l b s t v e r t i e f u n g im Lichte der sich darin reflektierenden mythischen Vernunft.

40. Die Bild-vom-Bilde-Werdung des Triebherzens durch dessen Eingehen in den W i l l e n s - S e l b s t v e r t i e f u n g s - G r u n d der medusischen Intuition. Da dieses Eingehen der R e f l e x des in das Innere des Triebherzens eingedrungenen Blitzschlages der Medusa ist, ist es selbst I n t u i t i o n v o n d e r I n t u i t i o n. Indem das Triebherz selbst Intuition wird, geht es als intentionales Schatten-Ich des {Nicht|Ich|seiner|selbst} ein in den Willens-Selbstvertiefungs-Grund der offenbarenden Vernunft des Mythos. Das Triebherz muss dem *Vor*-Besetztsein seines {Nicht|Ich|seiner|selbst} durch die mythische Vernunft zuvorkommen, indem es als intentionales Schatten-Ich sich der medusischen Intuition beimischt und darin eingeht als Idee einer Ich-Bestimmung, die sich mit dem medusischen »Willen zur Negation« nun verbindet und diesen grundlegend verändert, ihn einer anderen Wesenskonfiguration unterzieht. Es ist also dieser intentionale Ich-Bestimmungs-Schatten, der aus dem Triebherzen hervorgeht, um in die medusische Intuition zu infiltrieren und sich mit dieser zu verbinden zu einem Bild, d a s d e r W i l l e n s - S e l b s t v e r t i e f u n g s - G r u n d d e r s i c h o f f e n b a - r e n d e n N a t u r d e s M y t h o s v o n s i c h s e l b s t e n t w i r f t a l s e i n B i l d - z u m - B i l d e, das seinen Ursprung im limbalen Triebherzen sucht. Der intentionale Ich-Bestimmungs-Schatten, durch den das Triebherz in das Innere des Mythos selbst eindringt, stellt die Absicht dar, das Innere der mythischen Vernunft mit einer Triebstruktur zu versehen, die hinüberreichen kann in das {Nicht|Ich|seiner|selbst} des Triebherzens. Der Willens-Selbstvertiefungs-

Grund der medusischen Intuition wird durch den in ihn eindringenden intentionalen Ich-Bestimmungs-Schatten kompatibel für das Triebherz des limbalen Unbewußtseins. Damit aber begreift dieses sich selbst als Idee seines eigenen Willens-Selbstvertiefungs-Grundes, in den der intentionale Ich-Bestimmungs-Schatten des {Nicht|Ich|seiner|selbst} eingeht. Was soll dieser in dem Willens-Selbstvertiefungs-Grund der mythischen Vernunft bewirken? Eine Erkenntnistrieb-Anregung zum Opfer. Es soll das Innere der mythischen Vernunft dazu bewegt werden, sich selbst zu opfern, sich selbst hinabzustürzen in den Schlund des {Nicht|Ich|seiner|selbst} des limbalen Triebherzens. Dies kann der Willens-Selbstvertiefungs-Grund der mythischen Intuition nur, wenn er das *Vor*-Besetztsein des {Nicht|Ich|seiner|selbst} im Inneren des limbalen Triebherzens durch sich selbst aufhebt. Nur unter dieser Bedingung kann das Triebherz das {Nicht|Ich|seiner|selbst} als d a s   a n h y p o s t a t i s c h e   W e s e n s b i l d   s e i n e r   o f f e n b a r u n g s g e s c h i c h t l i c h e n   B e w u ß t s e i n s - N a t u r   begreifen. Das   Triebherz   kann   also   der   Bewußtseins-Natur   des {Nicht|Ich|seiner|selbst} erst teilhaftig werden, wenn die mythische Vernunft dazu gebracht wird, s i c h   s e l b s t   z u   o p f e r n , das heißt in diesem vom Triebherzen selbst angenommenen {Nicht|Ich|seiner|selbst} unterzugehen und durch ihren Untergang dessen *Vor*-Besetztsein a u f z u h e b e n . Denn nur, wenn dies geschieht, kann das limbale Triebherz das {Nicht|Ich|seiner|selbst} einnehmen und von innen heraus mit seinem Wesen erfüllen. Nun erkennen wir den Grund, warum der Mythos uns Medusa als die »sterbliche« Gorgone vorstellt. Durch   die   »Sterblichkeit«   wird   das   Opfer   symbolisiert,   das   die $\left\{ bewußtseins \left| {ontologische \atop ontogenetische} \right. \right\}$ Evolution des limbalen Triebherzens erfordert. Das Opfer ist das Salz, durch das die von der offenbarenden Vernunft des Mythos beabsichtigte $\left\{ bewußtseins \left| {ontologische \atop ontogenetische} \right. \right\}$ Evolution des limbalen Triebherzens besiegelt wird. So haben wir als die perichoretischen Pole des a n h y p o s t a t i s c h e n   B i l d e s   d e r   o f f e n b a r u n g s g e s c h i c h t l i c h e n   B e w u ß t s e i n s - N a t u r a) den intentionalen Ich-Bestimmungs-Schatten des als Intuition in die Intuition des medusischen Willens-Selbstvertiefungs-Grundes eingehenden limbalen Triebherzens und b) das Opfer der »Sterblichkeit« der Medusa zu verstehen. Und dieses medusische Opfer ist wesentlich Untergang im {Nicht|Ich|seiner|selbst} des limbalen Triebherzens. *Erinnern wir uns*: Das {Nicht|Ich|seiner|selbst} des Triebherzens steht unter der Ich-*Vor*-Besetzung durch den intuitiven Blitzstrahl der Medusa, welche eine Innen-Außen-Gespaltenheit zwischen dem Triebherzen und „seinem" {Nicht|Ich|seiner|selbst} aufrecht erhält. Das Triebherz wird dadurch daran gehindert, sich durch das {Nicht|Ich|seiner|selbst} zur Quelle des anhypostatischen Bildes der offenbarungsgeschichtlichen Bewußtseins-Natur zu machen.

41. Die Bildwerdung durch die symbolische Gesamthandlung des Mythos. Im vorigen Abschnitt wurde die Polarität aufgezeigt zwischen dem Ich-Bestimmungs-Schatten des $\{Nicht|Ich|seiner|selbst\}$, der sich anschickt in den Willens-Selbstvertiefungs-Grund der mythischen Vernunft einzugehen, und dem inneren Antrieb der »sterblichen« Medusa, das Opfer ihres Unterganges im $\{Nicht|Ich|seiner|selbst\}$ des limbalen Triebherzens darzubringen. Aus der perichoretischen Durchdringung beider geht das anhypostatische Bild-vom-Bilde der offenbarungsgeschichtlichen Bewußtseins-Natur aus dem $\{Nicht|Ich|seiner|selbst\}$ des limbalen Triebherzens hervor. Denn das Triebherz w e i ß   n u n — nach Aufhebung seiner Innen-Außen-Gespaltenheit durch das medusische Opfer im $\{Nicht|Ich|seiner|selbst\}$ — s i c h   s e l b s t   als Ursprung seiner $\left\{bewußtseins \left|{ontologischen \atop ontogenetischen}\right.\right\}$ Evolution, die einst vom intuitiven Blitzschlag der mythischen Vernunft der »sterblichen« Medusa ausging.

42. Wir stehen somit vor dem Phänomen, dass das limbale Triebherz zum Ursprung seiner eigenen $\left\{bewußtseins \left|{ontologischen \atop ontogenetischen}\right.\right\}$ Evolution im ätherischen Raum der offenbarungsgeschichtlichen Natur des Bewußtseins d u r c h   d a s   m e d u s i s c h e   O p f e r geworden ist. Nur dieses Opfer vermag das vom Triebherzen angenommene $\{Nicht|Ich|seiner|selbst\}$ a u c h   i n   d e n   B e s i t z   d e s   T r i e b h e r z e n s   z u   ü b e r t r a g e n. Diese Übertragung des $\{Nicht|Ich|seiner|selbst\}$ in den Besitz des Triebherzens bedeutet, dass dieses z u m   a n h y p o s t a t i s c h e n   B i l d   d e r   o f f e n b a r u n g s g e s c h i c h t l i c h e n   B e w u ß t s e i n s - N a t u r   s e l b s t geworden ist. Das Opfer der »sterblichen« Medusa bildet jene Brücke, die die [noch bestehende] innere Gespaltenheit des $\{Nicht|Ich|seiner|selbst\}$ des limbalen Triebherzens überwindet und dieses in den Zustande der Heilung versetzt. Diese Heilung bedeutet die anhypostatische Bild-vom-Bilde-Werdung der offenbarungsgeschichtlichen Bewußtseins-Natur im Triebherzen als V e r s e t z u n g   d e s   l i m b a l e n   U n b e w u ß t s e i n s in den Zustand seiner $\left\{bewußtseins \left|{ontologischen \atop ontogenetischen}\right.\right\}$ Evolutionsgeschichte.

43. Die Genese dieses ätherischen Bewußtseins-Raumes durch die Bild-vom-Bilde-Werdung des limbalen Triebherzens im Lichte des medusischen Opfers im $\{Nicht|Ich|seiner|selbst\}$ bedeutet aber nichts anderes als die Rückführung dieses Raumes in seinen Ursprung i m   a n h y p o s t a t i s c h e n   B i l d   d e r   o f f e n b a r u n g s g e s c h i c h t l i c h e n   B e w u ß t s e i n s - N a t u r.

44. *Daraus können wir ableiten*:

a) Die Offenbarungsgeschichte beginnt nicht mit der Schöpfung und der Existenz des Menschen, sondern sie ist grundgelegt im äonischen Raume der $\left\{bewußtseins \left|{ontologischen \atop ontogenetischen}\right.\right\}$ Evolution des limbalen Triebherzens, *das heißt* vor Grundlegung der Schöpfung durch die schöpfungsgeschichtliche Menschwerdung des Logos.

b) Die offenbarungsgeschichtliche Bewußtseins-Natur verweist uns auf ihren apophatischen Bestimmungsgrund, der *unvergänglich* ist. Dieser Bestimmungsgrund besagt, dass die Natur des Bewußtseins nur als S e l b s t n e g a - t i o n   d e s   B e w u ß t s e i n s beschrieben werden kann aufgrund der kenotischen SelbstReflektion des »Verbum exinanitum ipsum«. Vom Bewußtsein selbst negiertes Selbst des Bewußtseins bezeichnet den Bestimmungsgrund der Bewußtseins-Natur, der auch dann nicht aufgehoben wird, wo das limbale Triebherz anhypostatisches Bild der offenbarungsgeschichtlichen Bewußtseins-Natur ist. Denn dieses Bild verkörpert die äonische Fortentwicklung des Bestimmungsgrundes des limbalen Unbewußtseins im Triebherzen. Der apophatische Bestimmungsgrund des Bewußtseins ist somit Grundlage der offenbarungsgeschichtlichen Bewußtseins-Natur, deren anhypostatisches Bild das Triebherz geworden ist d u r c h   d a s   O p f e r   d e r   »s t e r b l i - c h e n«   M e d u s a. Es kann kein o f f e n b a r u n g s g e s c h i c h t l i c h e s Bewußtsein geben, das seinen verborgenen apophatischen Bestimmungsgrund aufheben könnte. W i l l e   u n d   o f f e n b a r u n g s g e s c h i c h t l i c h e   B e - w u ß t s e i n s - N a t u r sind folglich *sich gegenseitig ausschließende* Größen.

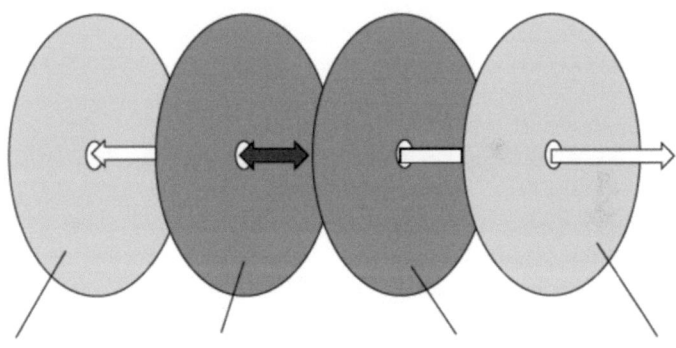

| Ätherische Raumentstehung der limbalen Anamnese | {Nicht\|Ich\|seiner\|selbst} des limbalen Triebherzens | Die χώρα der mythischen Symbolhandlung | Bildwerdung des limbalen Triebherzens |

Abb. Der choretische Ursprung der limbalen Anamnese

45. Der Ursprung der limbalen Wiedererinnerung. Für die okkulte Bewußtseinstheorie sind die Thesen Meister Eckharts zu Gen. 2, 9 im „Liber parabolarum Genesis" von besonderer Bedeutung. Zunächst müssen wir sie als symbolische Übertragungen des Selbstopfers im {Nicht|Ich|seiner|selbst} des limbalen Triebherzens begreifen, das die Medusa darbringt. Denn nur aus diesem Opfer ist die symbolbildende Übertragung des intuitiven Blitzstrahles der $\left\{ bewußtseins \begin{vmatrix} ontologischen \\ ontogenetischen \end{vmatrix} \right.$ Evolution auf das »getötete« Triebherz zu erklären. Von der — mit Entstehung der χώρα in dieser selbst aufgehenden oder sich auftuenden — symbolischen Gesamthandlung war bereits mehrfach die Rede. Nun bei der spirituellen Auslegung der biblischen Symbolik durch Meister Eckhart werden die gemachten Ausführungen über die Entstehung des choretischen Bewußtseinsgrundes im »getöteten« Triebherzen des limbalen Unbewußtseins fruchtbar. Es ist wichtig zu erkennen, dass die Genese des choretischen Bewußtseins-Grundes im {Nicht|Ich|seiner|selbst} des limbalen Triebherzens zugleich den Bewußtseins-Raum der limbalen Anamnese darstellt. Die choretische Bewußtseins-Ich-Subjektivation des limbalen Triebherzens im {Nicht|Ich|seiner|selbst} ist Ursprung der Wiedererinnerung des limbalen Unbewußtseins. Der Strom der limbalen Unbewußtseins erfährt eine objektale Wesensveränderung. Und dies gleich in zweierlei Hinsicht: Zum einen in Bezug auf seine {offenbarungs|bewußtseins|geschichtliche} Wesens-Neubestimmung, zum anderen im Hinblick auf die choretische Bewußtseins-Ich-Subjektivation des {Nicht|Ich|seiner|selbst} des Triebherzens. Der Bewußtseins-χώρησις im {Nicht|Ich|seiner|selbst} des limbalen Triebherzens entspringt zugleich das anamnetische Wort des limbalen Unbewußtseins. Wir verstehen: Die Anamnese ist selbst die χώρησις des offenbarungsgeschichtlichen Bewußtseins durch ein Anderes, das dem »getöteten« Triebherzen des Unbewußtseins selbst okkult zugrunde liegt. Wir haben es hier zu tun mit einer Okkultation der {offenbarungs|bewußtseins|geschichtlichen} Genese des Triebherzens durch dessen {Nicht|Ich|seiner|selbst}. Diese Okkultation umfasst eine sich in sich selbst spiegelnde »negatio occulta sibi recognita«, wodurch das limbale Triebherz die choretische Reduktion im {Nicht|Ich|seiner|selbst} als {offenbarungs|bewußtseins|geschichtliche} Subjektivation seiner selbst erfährt.

46. Dies hat enorme Auswirkungen auf das Schicksal des limbalen Triebherzens, das heißt auf das {Nicht|Ich|seiner|selbst}. Denn dieses allein ist und bleibt der metaphysische Raum, in welchem die choretische Reduktion des limbalen Unbewußtseins-Stromes stattfindet. Das perichoretisch tätige Andere in der »negatio occulta sibi recognita« ist selbst ein »ens ignotum«, das durch sein Nichtwissen das choretisch reduzierte Triebherz selbst übersteigt. Das heißt, diesem muss das »ens ignotum« entgehen. Diese Bewußtseins-Tatsache

spaltet das Triebherz vom limbalen Untergang des »Verbum exinanitum ipsum« ab, welches jenseits des Bewußtseins-Spiegels der »negatio occulta sibi recognita« des Triebherzens wohnt als der $\begin{Bmatrix} Ursprungs \\ Entzugs \end{Bmatrix}$ Punkt der *peri*-choretischen Reduktion des limbalen Unbewußtseins durch das {*Nicht|Ich|seiner|selbst*} des Triebherzens.

47. Die choretische Reduktion ist {offenbarungs|bewußtseins|geschichtliche} Bewußtseins-Ich-Subjektivation des Triebherzens zum Ursprungs-Raum limbaler Anamnese, die sich im {*Nicht|Ich|seiner|selbst*} entfaltet. Aber in dieser Entfaltung bleibt das »e n s v e r e i g n o t u m « zurück, das wir als den anhypostatischen Grund der choretischen Reduktion des Triebherzens zu betrachten haben. Der anhypostatische Bestimmungsgrund der choretischen Reduktion und perichoretischen Tätigkeit des Triebherzens ist der a n h y p o s t a t i s c h e W i l l e n s - S e l b s t v e r t i e f u n g s - G r u n d , welcher dem {*Nicht|Ich|seiner|selbst*} des Triebherzens zugrunde liegt als das »e n s v e r e i g n o t u m « der B e w u ß t s e i n s - I c h - S u b j e k t i v a t i o n   d e s   T r i e b h e r z e n s   i m {*Nicht|Ich|seiner|selbst*}, das diesem vorausgeht, da es diesem sich kognitiv entzieht.

48. Wir haben es also mit einer A b s p a l t u n g d e s » e n s i g n o t u m « v o n d e r c h o r e t i s c h e n R e d u k t i o n d e s l i m b a l e n T r i e b h e r z e n s im {*Nicht|Ich|seiner|selbst*} zu tun. Es findet eine Spaltung statt zwischen der choretischen   Bewußtseins-Ich-Subjektivation   des   Triebherzens   im {*Nicht|Ich|seiner|selbst*} einerseits und der Manifestation des anhypostatischen » e n s v e r e i g n o t u m « andererseits. Weder diese Spaltung noch der Wesensgrund des » e n s v e r e i g n o t u m « sind Gegenstand von Erkenntnis. Sie sind erkenntnis-apophatisch. S i e w e i s e n e i n e E r k e n n b a r k e i t v o n s i c h . Das heißt, sie können kognitiv *nicht* erfasst, sondern nur durch das anhypostatische Licht des »Verbum exinanitum ipsum« als $\begin{Bmatrix} bewußtseins \end{Bmatrix} \begin{Bmatrix} ontologische \\ ontogenetische \end{Bmatrix}$ Evolution des limbalen Triebherzens geschaut werden. Durch die Gegenwart des selbstentäußerten Logos im Raum des limbalen Unbewußtseins ist diese Präsenz selbst bestimmt als D e s i n h a b i t a t i o n [49]. Das »Verbum exinanitum ipsum« ist dem Unbewußtsein selbst g e g e n w ä r t i g d u r c h D e s i n h a b i t a t i o n , *das heißt*, es wohnt dem Strömen des limbalen Unbewußtseins nicht einfach nur inne. Es [d e s -] i n h a b i t i e r t im äonischen Seelenbild des Menschen

---

[49] Die Gegenwart des sich in seinen limbalen Untergang entäußernden Logos in dem durch diesen Untergang entstandenen Unbewußtsein ist keine »Inhabitatio« im klassischen theologischen Sinne, sondern sie *bezieht sich selbst ein* in die durchgängige Negativität der symbolischen Gesamthandlung der selbstreflexi$\begin{Bmatrix} v \\ bl \end{Bmatrix}$en Kenose des göttlichen Logos. Diese d u r c h g ä n g i g e N e g a t i v i t ä t setzt sich somit in der schöpfungsgeschichtlichen Menschwerdung des Logos fort durch das a n h y - p o s t a t i s c h e S e e l e n b i l d d e r m e n s c h l i c h e n N a t u r .

allein aufgrund des Ursprungs des limbalen Unbewußtseins a u s   d e m N i c h t s der selbstreflexi$\left\{{v\atop bl}\right\}$en Kenose des göttlichen Logos.

49. Genau betrachtet gibt es gar keine Offenbarungsgeschichte, sondern nur eine {Offenbarungs|Bewußtseins|Geschichte}, in welcher Offenbarung sich g e - s c h i c h t l i c h verifizieren muss.

50. Das » e n s   v e r e   i g n o t u m « ist das, was *ü b r i g b l e i b t* bei der choretischen Reduktion des »getöteten« Triebherzens. Dabei ist zu beachten, dass die χώρησις nicht einfach mit der inneren Leere des zu Tode erstarrten Triebherzens zusammenfällt, sondern sie ist innere Potenz des sich zu neuem Leben wandeln-den Triebherzens, welches dieses vom »ens vere ignotum« zugeführt bekommt. Dieses »ens vere ignotum« ist Residuum in zweifacher Hinsicht. Es ist Residuum der choretischen Reduktion des limbalen Unbewußtseins im »getöteten« Trieb-herzen. Und es ist das im {Nicht|Ich|seiner|selbst} Verbleibende, Zurückblei-bende. Es ist das anhypostatische Sein dieses {Nicht|Ich|seiner|selbst}. Dies be-sagt, dass die Apophatie des {Nicht|Ich|seiner|selbst} allein herrührt von der göttlichen Projektion des medusischen Selbst-Opfers zur Reduktion des choreti-schen Bewußtseinsgrundes. Die Anhypostasie des {Nicht|Ich|seiner|selbst} be-zeugt, dass der bewußtseinstheoretische Ursprung der limbalen Anamnese die apophatische Natur des {Nicht|Ich|seiner|selbst} nicht aufhebt, sondern deren Evolution erst ermöglicht. *Die entscheidende Tatsache ist*: Das »getötete« Triebherz des limbalen Unbewußtseins erfährt durch die choretische Reduktion in sich selbst das darin Zurückbleiben des »ens vere ignotum«. Durch dieses Zurück-bleiben wird das » e n s   v e r e   i g n o t u m « selbst ausgewiesen als das dem {Nicht|Ich|seiner|selbst} des Triebherzens selbst zugrunde liegende a n h y - p o s t a t i s c h e W e s e n des »Verbum exinanitum ipsum«[50].

51. Die c h o r e t i s c h e R e d u k t i o n des limbalen Unbewußtseins-Stromes im »ge-töteten« Triebherzen ist im zutreffendsten Sinne eine ἀναχώρησις in etwas, das zurückbleibt, das übrigbleibt und überdauert. Die anachoretische Reduktion des Unbewußtseins-Stromes im »toten« Triebherzen impliziert den bewußtseins-theoretischen Ursprung der limbalen Anamnese und zugleich die Bewußtseins-Ich-Subjektivation des Triebherzens über den medusischen »Tod« hinaus. Auch

---

[50] Das a n h y p o s t a t i s c h e W e s e n bedeutet *nicht* das Nichtvorhandensein der Hypostase des Lo-gos in dessen limbaler Kenose, sondern die Eröffnung eines V e r h ä l t n i s s e s d e r S e l b s t a b - w e s e n h e i t, das der selbstentäußerte Logos *zu sich selbst* eingeht durch das Nichts, das sich a l s e i n » e n s   v e r e   i g n o t u m « h e r a u s s t e l l t. Die hypostatische Wirklichkeit des selbstentäu-ßerten Logos geht zwar ein in das limbale Unbewußtsein, aber sie erfährt durch die ektoplasmatische Symbolhandlung des Triebherzens eine Versetzung in das V e r h ä l t n i s d e r S e l b s t a b w e s e n - h e i t, welches in Bezug steht zur Bw-Ich-Subjektivation und zum Willens-Selbstvertiefungs-Grund im Inneren des »getöteten« Triebherzens. Aufgrund dieser anhypostatischen Wesens-Konfiguration haben wir die besagte »Desinhabitation« des Logos als im äonischen Seelenbild der menschlichen Na-tur« begründet anzusehen.

haben wir gehört, dass diese choretische Reduktion nicht den Tod des Triebherzens bestätigt, sondern d a s E n d e d i e s e s T o d e s bedeutet für das Triebherz. Dies ist aber nur möglich, wenn der dadurch entstehende Bewußtseins-
grund das non-ens sibi recognitum des anhypostatischen Bewußtseins-
grundes des »Verbum exinanitum ipsum« im limbalen Triebherzen ist. Dieser
anhypostatische Bewußtseins-W e s e n s -Grund ist das »V e r b u m m e n t i s«,
dem das »Verbum exinanitum ipsum« durch seine schöpfungsgeschichtliche
Menschwerdung innewohnt. Dieses »Verbum mentis« ist zu verstehen als das
non-ens sibi recognitum der anhypostatischen Gegenwart des Logos
im a n a m n e t i s c h e n B e w u ß t s e i n s g r u n d des limbalen Triebherzens.
Das »Verbum mentis« ist das anhypostatische Wesensbild der menschlichen Na-
tur, welches durch das {Nicht|Ich|seiner|selbst} des limbalen Triebherzen of-
fenbar wird.

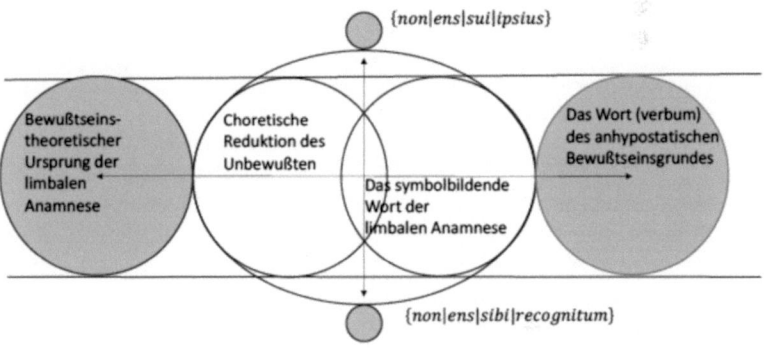

Abb. Das »ens vere ignotum«

52. *Halten wir fest*: Die choretische Reduktion des Unbewußtseins-Stromes im »toten« Triebherzen ist zugleich als ἀναχώρησις zu betrachten, denn sie zielt ab auf
etwas, was jenseits des Nullpunktes liegt. Sie zielt ab auf ein Z u r ü c k b l e i -
b e n d e s : Es vermag aber nur übrigzubleiben, wenn es anhypostatisches Sub-
strat des selbstentäußerten Wortes im Triebherzen des limbalen Unbewußtseins-
Stromes ist. Es setzt die Bewußtseins-Ich-Subjektivation des Triebherzens durch

die [ana]choretische Reduktion des limbalen Unbewußtseins-Stromes im anhypostatischen Bewußtseinsgrund des selbstentäußerten Logos der Gottheit voraus. *Denn vergessen wir nicht*: Die Kenosis setzt den Untergang des Logos in den Tiefen des limbalen Unbewußtseins-Stromes voraus. Dieser Untergang ist selbst die Quelle der äonischen Räume des limbalen Unbewußtseins.

53. Der Mythos berichtet uns, dass die »Tötung« der Medusa durch Perseus [im Beisein der Pallas Athene] geschieht, während die Gorgonen sich *im Schlaf* befinden. Apollodorus gibt uns folgende Darstellung der mythischen Erzählung: „Noch erhielt er von Hermes eine eherne Sichel und kam nun fliegend zu dem Oceanus, wo er die Gorgonen schlafend fand. Sie hießen Stheno, Euryale, Medusa. Die Letzte allein war sterblich; i h r Haupt zu holen, war deswegen Perseus ausgeschickt worden. Die Gorgonen hatten Häupter, mit Drachenschuppen übersäet, große Hauzähne wie Schweine, eherne Hände und goldne Flügel, mit welchen sie flogen. Jeden, der sie sah, verwandelten sie in Stein. Perseus stand nun bei den Schlafenden, und mit abgewandtem Angesicht, den Blick gegen seinen ehernen Schild gerichtet, in welchem er das Bild der Gorgo sah, schnitt er ihr, indem Athene ihm die Hand führte, das Haupt ab. Kaum war Dies vollbracht, da entsprang dem Körper der Gorgo Pegasus, ein geflügeltes Roß, und Chrysaor, der Vater des Geryones. Beide waren von Poseidon gezeugt."[51] [52]

54. Das » T r a g i s c h e « der mythischen Symbolhandlung besteht nicht in der durch das Opfer ermöglichten $\left\{ bewußtseins \begin{vmatrix} ontologischen \\ ontogenetischen \end{vmatrix} \right\}$ Evolution des limbalen Triebherzens, sondern in der Überkreuzung dieser Ontogenese durch das Moment einer Tat-Entgegensetzung, die selbst in die symbolische Gesamthandlung des Mythos eingeht, um diese in ihrem vollen bewußtseins-ontogenetischen Licht zur Erscheinung zu bringen. Die auf das Triebherz und die darin verborgene symbolische Gesamthandlung zugreifende Tat des Perseus folgt dem Gesetz der Entgegensetzung, die aber nicht für sich handelt, sondern die v o n A n d e r e m gewußt und gedacht ist. Diese mythische Einzel-Tat ist insofern Tat einer allumfassenden symbolischen Gesamthandlung der transzen-

[51] Christian Gottlob Moser, Apollodor's Mythologische Bibliothek, Erstes Bändchen, Stuttgart 1828, S. 86.
[52] Apollodorus, The Library, London 1921, vol. I, p. 156-159: λαβὼν δὲ καὶ παρὰ Ἑρμοῦ ἀδαμαντίνην ἅρπην, πετόμενος εἰς τὸν Ὠκεανὸν ἧκε καὶ κατέλαβε τὰς Γοργόνας κοιμωμένας. ἦσαν δὲ αὗται Σθενὼ Εὐρυάλη Μέδουσα. μόνη δὲ ἦν θνητὴ Μέδουσα· διὰ τοῦτο ἐπὶ τὴν ταύτης κεφαλὴν Περσεὺς ἐπέμφθη. εἶχον δὲ αἱ Γοργόνες κεφαλὰς μὲν περιεσπειραμένας φολίσι δρακόντων, ὀδόντας δὲ μεγάλους ὡς συῶν, καὶ χεῖρας χαλκᾶς, καὶ πτέρυγας χρυσᾶς, δι᾽ ὧν ἐπέτοντο. τοὺς δὲ ἰδόντας λίθους ἐποίουν. ἐπιστὰς οὖν αὐταῖς ὁ Περσεὺς κοιμωμέναις, κατευθυνούσης τὴν χεῖρα Ἀθηνᾶς, ἀπεστραμμένος καὶ βλέπων εἰς ἀσπίδα χαλκῆν, δι᾽ ἧς τὴν εἰκόνα τῆς Γοργόνος ἔβλεπεν, ἐκαρατόμησεν αὐτήν. ἀποτμηθείσης δὲ τῆς κεφαλῆς, ἐκ τῆς Γοργόνος ἐξέθορε Πήγασος πτηνὸς ἵππος, καὶ Χρυσάωρ ὁ Γηρυόνου πατήρ· τούτους δὲ ἐγέννησεν ἐκ Ποσειδῶνος.

dentalen Bewußtseins-Subjektivation des Mythischen selbst. In diesem Sinne bedeutet die Entgegensetzung einer auf die symbolische Gesamthandlung des Mythos im Triebherzen zugreifende Tat die erhellende Beschleunigung der mythischen Bewußtseins-Ontogenese im limbalen Triebherzen, das allein W ä c h t e r der Bewußtseins-Ich-Subjektivation im Willens-Selbstvertiefungs-Grund seiner selbst sein kann. Die mythische Einzel-Tat folgt der Tathandlung des in dieser und durch diese gesamthandelnden limbalen Triebherzens, welches das S e l b s t - O p f e r d e r M e d u s a bereits angenommen und auf sich übertragen hat, bevor Perseus seine mythische Einzeltat begeht und die Medusa i m S c h l a f e »t ö t e t«. Perseus tut also, was in der symbolischen Gesamthandlung des Mythos bereits angelegt ist. Folglich: Perseus i s t k e i n U r h e b e r o b j e k t a l e r H a n d l u n g, was er übrigens gemein hat mit jedem anderen mythischen Helden. Die mythische Tat des Perseus bezieht sich auf keine außer ihm liegende Objektivation, die der Tat logisch entspringen würde. Perseus bewirkt nichts außer ihm Liegendes, außer ihm Seiendes. Seine Tat bringt nichts hervor, das im Bereich »objektalen« Seins läge. Er schafft sich nicht »eine eigene Welt« als Objektivation seines Tuns. Seine Tat ist vielmehr bereits eingebunden und vernetzt i n e i n e n h ö h e r e n B e z u g, durch den seine Tat m i t g e d a c h t werden muss. *Wir sehen*: Da ist kein Raum für „Logik" im Sinne moderner Rationalität. Der Mythos ist n i c h t v o n d i e s e r W e l t, er ist Teil des äonischen Seelenbildes der menschlichen Natur. Deshalb gelten hier auch nicht die Regeln dieser Welt. Der »h ö h e r e S i n n« der mythischen Tat ist nur durch die Negativität des t r a g i s c h e n W e s e n s d e s M y t h o s zu schauen. Der Mythos bietet keine klugen Einsichten an, sondern er läßt die »Idee des Tragischen« durch die Negativität seiner symbolischen Gesamthandlung als Bewußtsein vom Göttlichen selbst F l e i s c h w e r d e n. Die im Menschen F l e i s c h w e r d e n d e »I d e e d e s T r a g i s c h e n« ist die symbolische Gesamthandlung des Mythos, als $\left\{ bewußtseins \middle| {ontologische \atop ontogenetische} \right\}$ Evolution des limbalen Triebherzens zum Ursprung universaler {*Offenbarungs|Bewußtseins|Geschichte*}. Diese Evolution bedarf keiner »Menschheit«, denn d i e G e s c h i c h t e d e r M e n s c h h e i t s c h l i e ß t O f f e n b a r u n g s e l b s t a u s. Ohne die $\left\{ bewußtseins \middle| {ontologische \atop ontogenetische} \right\}$ Evolution des limbalen Triebherzens kommt es zu keinem Bewußtsein, das d i e O f f e n b a r u n g s e l b s t tragen könnte.

55. Im Verlauf dieser Abhandlung ist die $\left\{ bewußtseins \middle| {ontologische \atop ontogenetische} \right\}$ Evolution des limbalen Triebherzens als für die okkulte Wissenschaft zentrale Idee von mir eingeführt und ausführlich dargelegt worden. Und wir haben erkannt, dass die Lehre vom limbalen Triebherzen und von dessen

$\left\{bewußtseins \begin{vmatrix} ontologischer \\ ontogenetischer \end{vmatrix}\right\}$ Evolutionsgeschichte sowohl das äonische als auch das schöpfungsgeschichtliche Wesen des Unbewußtseins betrifft. Denn das vom Blitzstrahl der medusischen Intuition getroffene und umgewandelte Triebherz [Selbst-Trans-Konfiguration] bildet den Übergang vom Äonen-Leben zur Schöpfungsgeschichte und verbindet beide miteinander zu einer Einheit. Und wir haben gesehen, dass mit der {Selbst|Trans|Konfiguration} des durch die medusische Intuition »getöteten« und $\left\{bewußtseins \begin{vmatrix} ontologisch \\ ontogenetisch \end{vmatrix}\right\}$ wiedergeborenen limbalen Triebherzens eine weitere Passage erschlossen wird, die zur schöpfungsgeschichtlichen Menschwerdung des »Verbum exinanitum ipsum« führt, so dass sich durch diese die Bewußtseins-Ich-Subjektivation im anhypostatischen Seelen-Bild der menschlichen Natur vollziehen kann. Ausgehend von diesen Bewußtseins-Tatsachen wird ersichtlich, was Rudolf Steiner über die Entwicklung des Ich-Bewußtseins in Bezug auf die schöpfungsgeschichtliche Menschwerdung des Logos sagt. „Wenn man nicht die Weltgeschichte bloß nach den äußeren Urkunden betrachtet, sondern nach dem, was die geistigen Urkunden geben können, so muß man sich sagen: Wir blicken zurück in alte Zeiten, wo der Mensch dadurch in das Reich der geistigen Wesenheiten aufstieg, daß in ihm, sei es mehr oder weniger normal, die Hellsehergabe erwachte. Aber diese Hellsehergabe erwachte traumhaft, während göttlich-geistige Kräfte in ihm wirkten und das Ich heruntergedrückt war. Der Mensch war mehr oder weniger außerhalb des Ich. War er schon im normalen Zustand sich dieses Ich nicht so sehr bewußt als in späteren Zeiten, so war er in den Zeiten, wo der Geist in ihm wirkte und ihn hinauftrug in die geistige Welt, ganz außer sich, ganz außer seinem Ich. Er war völlig hingegeben entweder an das äußere Göttlich-Geistige oder an das Göttlich-Geistige in seiner Seele. Aber in diesen Augenblicken der Ekstase, der Begeisterung war er sich seines Zustandes gar nicht bewußt. Das sollte ja eben kommen, daß der Mensch eine Verbindung finden sollte zum Geistigen aus seinem Ich heraus und von da aus den tiefsten Kern seines Wesens durchdringen konnte mit dem Bewußtsein: Ich gehöre einem göttlich-geistigen Reiche an. - Das konnte nur dadurch geschehen, daß der Christus auf der Erde lebte, sein Wesen den Erdenwesen einflößte, und daß das Ich sich mit dem durchdringen konnte, was sich als das Vorbild des Christus ergab. Dadurch konnte sich der Mensch sagen: Ich bin jetzt mit meinem Ich im geistigen Reiche, in den Reichen der Himmel, so wie früher die Menschen außer dem Ich in den Reichen der Himmel waren. «Die Reiche der Himmel sind nahe herbeigekommen!», das war die neue Lehre. Dazu sollte die Seelenverfassung, der Sinn der Menschen geändert werden, um nicht mehr zu glauben, daß man außerhalb des Ich, nur im Zustande der Ekstase, hinaufgetragen werden könnte in die geistige Welt, sondern im Zustande des vollen Ich-Bewußtseins seine Verbindung finden kann mit den Reichen der Himmel."[53]

56. Der Aspekt der schöpfungsgeschichtlichen Menschwerdung des selbstentäußerten Logos wird Teil der {Offenbarungs|Bewußtseins|Geschichte}, die M e n s c h - h e i t sogleich von sich selbst abspaltet. Denn das Bewußtsein von der Offenbarung selbst schafft sich, sofern es in die Welt tritt, seine eigene {*Offenbarungs|Bewußtseins|Geschichte*} im Menschen. Menschheitsgeschichte und {*Offenbarungs|Bewußtseins|Geschichte*}, sie sind dazu bestimmt, in einen Null-Antagonismus einzutreten. Dieser besagt ihre Beziehung zueinander. Denn es existiert durchaus eine. Diese ist *nicht nur* eine Beziehung der gegenseitigen Ausschließung. Sie ist auch eine, die diese Ausschließung gegen Null fahren will, so als sei diese Ausschließung eigentlich gar nicht oder gar nichts. *Tatsache aber ist*: Mit der schöpfungsgeschichtlichen Menschwerdung des Logos hört Menschheitsgeschichte auf. Und es beginnt {Offenbarungs|Bewußtseins|Geschichte}, die im anhypostatischen Seelenbild der menschlichen Natur grundgelegt ist durch das im Mythos wiedergeborene Triebherz des limbalen Unbewußtseins.

57. Im *Timaios*-Kommentar des Proklos befindet sich ein Hinweis auf den Mythos von der »Tötung« und »Zerstückelung« des Gottes Dionysos durch eine Anzahl Titanen: ἀλλὰ τὰ μὲν ἄλλα δημιουργήματα αὐτοῦ πάντα μεμερίσθαι, φησὶν ὑπὸ τῶν διαιρετικῶν θεῶν, μόνην δὲ τὴν καρδίαν ἀμέριστον εἶναι προνοίᾳ τῆς ᾿Αθηνᾶς· ἐπειδὴ γὰρ ὑφίστησι μὲν καὶ νοῦς καὶ ψυχὰς καὶ σώματα, ἀλλὰ ψυχαὶ μὲν καὶ σώματα δέχονται πολλὴν τὴν πρὸς ἑαυτὰ διαίρεσιν καὶ τὸν μερισμόν, νοῦς δὲ ἡνωμένος μένει καὶ ἀδιαίρετος ἐν ἑνὶ τὰ πάντα ὢν καὶ μιᾷ νοήσει τὰ ὅλα τὰ νοητὰ περιέχων, μόνην τὴν νοερὰν οὐσίαν καὶ τὸν νοερὸν ἀριθμὸν ἀπολελεῖφθαί φησιν ὑπὸ τῆς ᾿Αθηνᾶς σεσωσμένον· μ ο ύ ν η ν γ ὰ ρ κ ρ α δ ί η ν ν ο ε ρ ὴ ν λ ί π ο ν, φησίν, ἄντικρυς νοερὰν αὐτὴν προσαγορεύων.[54]

58. Das Herz des Dionysos, welches von Pallas Athene gerettet und zu Zeus gebracht wird, es ist das limbale Triebherz der offenbarenden Vernunft. Es ist, wie Proklos selbst es ausdrückt, „ u n t e i l b a r ". *Das heißt aber auch*: Es ist u n z e r - s t ö r b a r . Es symbolisiert die bewußtseins-ontologische Lebensmitte, durch die das limbale Unbewußtsein fließt. Es ist die Lebensmitte des Allbewußtseins vom limbalen Untergang des selbstentäußerten Logos der Gottheit. Die ganze Passage des im Limbus untergehenden Logos erfährt ihre Reflektion und Übertragung in den W i l l e n s - S e l b s t v e r t i e f u n g s - G r u n d des limbalen Trieb-

---

[53] Rudolf Steiner, Der Christus-Impuls und die Entwickelung des Ich-Bewusstseins, Vierter Vortrag, Dornach/Schweiz 1982, S. 85-86.

[54] Procli Diadochi In Platonis Timaeum Commentaria [ed. Ernst Diehl], Band 2, Leipzig 1904, S. 145.

herzens, welches, wie wir hörten, »unteilbar« und »unzerstörbar« ist. Die Rückblende macht das Triebherz selbst zu einer Anhypostase des limbalen Unterganges des Logos. Ohne dieses anhypostatische Wesens-Ebenbild wird die innere äonische Seelenstruktur der menschlichen Natur a u s e i n a n d e r g e r i s s e n, welche doch die schöpfungsgeschichtlichen Menschwerdung des Logos in sich tragen soll. Diese schöpfungsgeschichtliche Passage des Logos wird durch den Zerfall der $\left\{bewußtseins \left| \begin{array}{c} ontologischen \\ ontogenetischen \end{array} \right. \right\}$ Wesensstruktur des Triebherzens zunichte, welche die Wiedergeburt des Dionysos durch Formationskraft aus dem ü b r i g g e b l i e b e n e n Triebherzen des limbalen Unbewußtseins erfordert. Nur wenn Dionysos durch sein übriggebliebenes Triebherz im anhypostatischen Seelen-Ebenbild der menschlichen Natur wiedergeboren wird, wird das Gesetz der schöpfungsgeschichtlichen Menschwerdung des Logos a n D i o n y s o s s e l b s t S y m b o l b i l d e n d e W i r k l i c h k e i t d e r m y t h i s c h e n V e r n u n f t. Das Triebherz muss sich als $\left\{bewußtseins \left| \begin{array}{c} ontologisches \\ ontogenetisches \end{array} \right. \right\}$ Prinzip der Schöpfungsgeschichte im anhypostatischen Seelenbild des wiedergeborenen Dionysos verwirklichen. Damit wird das Triebherz zum d i o n y s i s c h e n W i l l e n s - S e l b s t v e r t i e f u n g s - G r u n d der menschlichen Natur, in den die Schöpfungsgeschichte zurückgeführt werden muss a l s i n d e n U r s p r u n g i h r e r g ö t t l i c h e n W e s e n s b e s t i m m u n g. Und dieser d i o n y s i s c h e W i l l e n s - S e l b s t v e r t i e f u n g s - G r u n d d e r m e n s c h l i c h e n N a t u r im limbalen Triebherzen, er ist das anhypostatische Wesensbild der äonischen Seelenstruktur des Menschen.

59. Die menschliche Natur ist in der {Offenbarungs|Bewußtseins|Geschichte} begründet, *nicht in der Schöpfungsgeschichte, noch weniger in der Menschheitsgeschichte, die eine Illusion ist*. Die menschliche Natur ist verankert in der äonischen Struktur gottheitlicher Seelen-Ebenbildlichkeit.

<table>
<tr><td rowspan="6">*Die menschliche Natur als*</td><td>a){Offenbarungs|Bewußtseins|Geschichte}</td></tr>
<tr><td>b) gottheitliches Seelen − Ebenbild</td></tr>
<tr><td>c) äonische Seelenstruktur</td></tr>
<tr><td>d) Substanz der limbalen Anamnese</td></tr>
<tr><td>e) Selbstbezug des limbalen Unterganges des selbstentäußerten Logos</td></tr>
<tr><td>f) Träger der schöpfungsgeschichtlichen Menschwerdung des Logos</td></tr>
</table>

$$\text{\textit{Negation der menschlichen Natur}} = \begin{cases} \text{a) Schöpfung} \\ \text{b) Schöpfungsgeschichte} \\ \text{c) Menschheitsgeschichte} \\ \text{d) Amnesie der äonischen Seelen − Struktur} \\ \text{e) Leugnung der bw − ontogenet. Evolution} \\ \text{f) Leugnung des anhypostat. Seelenbildes} \end{cases}$$

60. »Medusa im Schlafe«. Von Apollodorus hören wir, dass Perseus ausgeschickt wurde, um sich das Haupt der Medusa zu holen. Der ganzen Tat liegt der Plan der Pallas Athene zugrunde, die auf antiken Kunstwerken bei der Tötung der Medusa zugegen ist. Sie steht dem Tun des Perseus hilfreich zur Seite. Und es wird berichtet, dass Perseus alle drei Gorgonen schlafend antrifft. Dieses Auffinden der schlafenden Gorgonen ist von großer Bedeutung, denn dadurch wird vom Mythos okkult ausgesprochen, dass das Wesen des limbalen Unbewußtseins, für das die Namen der drei Gorgonen stehen, im Zustand der Schwebe sich befindet. Im Schlaf wird das ganze Unbewußtsein von seiner rein äonischen Wesensbestimmung entbunden. Diese limbale Schwebe, welche durch den Schlaf der Gorgonen symbolisch dargestellt wird, ist Rückzug des Unbewußtseins in eine *höhere Potenz seiner selbst*. Diese Schwebe des Schlafes gleicht einer Ohnmacht, durch die das Unbewußtsein in sich zurückgeht und hinauf in eine ihm vorausgegangene Potenz seiner selbst. Diese vermag es durch Anamnese nur im Schlafe zu erfahren. Die Schwebe der mythischen Anamnese, in die das Unbewußtsein als ganzes eintritt, sie ist etwas, das sich dem Unbewußtsein selbst mitteilt als neue Wesensbestimmung, die das alte Gesetz des in sich verschlossenen Unbewußtseins bricht. Die Schwebe, in die der Schlaf die Gorgonen versetzt, sie hat durchaus etwas zu tun mit der offenbarenden Vernunft des Mythos. Denn sie symbolisiert die Möglichkeit, dass das Unbewußtsein selbst erschlossen werden kann durch ein Anderes. Das Unbewußtseins begibt sich in die Schwebe, um sich erschließen zu lassen. Es erschließt sich also nicht selbst einem Anderen, sondern es läßt sich von einem Anderen erschließen in neuer Wesensbestimmung. Dies ist der okkulte Sinn der Schwebe, wie er sich im Symbol der schlafenden Gorgonen niederschlägt. *Wir bemerken schon*: Es läuft auf die Vorstellung von einer gorgonischen Opferbereitschaft hinaus. Im symbolischen Schlaf der Gorgonen wird dem Unbewußtsein die Möglichkeit, sich von Anderem erschließen zu lassen, eröffnet. Im Schlafe der Schwebe eröffnet sich dem Unbewußtsein die Möglichkeit zum Übergang in seine $\left\{ bewußtseins \begin{vmatrix} ontologische \\ ontogenetische \end{vmatrix} \right\}$ Fortentwicklung, die aber nur *von einem Anderen ausgehend* zur Tatsache werden

kann. Da haben wir nun die okkulte Begründung für die mythische Tat des Perseus. Eine von den Gorgonen vollbringt das nötige Opfer. Dieses kann nur die »sterbliche« Gorgo Medusa sein. Die anderen Gorgonen sind und bleiben »unsterblich«. Was will der Mythos uns damit sagen? Dass die $\left\{bewußtseins \middle| \begin{array}{c} ontologische \\ ontogenetische \end{array}\right\}$ Evolution des Triebherzens allein durch das Selbst-Opfer der Medusa eröffnet wird, dass aber das limbale Unbewußtsein insgesamt jedoch bleibt, was es ist, das heißt »unsterblich« und »unvergänglich«. Dies schließt die $\left\{bewußtseins \middle| \begin{array}{c} ontologische \\ ontogenetische \end{array}\right\}$ Evolutionsgeschichte des limbalen Unbewußtseins selbst ein.

61. Um die $\left\{bewußtseins \middle| \begin{array}{c} ontologische \\ ontogenetische \end{array}\right\}$ Evolution des limbalen Unbewußtseins zu ermöglichen, ist aus der Sicht der mythischen Vernunft d a s O p f e r a n d e r M e d u s a erforderlich. Ein Opfer an der »Kraft« (Stheno) und an der »Raumwerdung« (Euryale) des limbalen Unbewußtseins-Stromes ist unmöglich, denn beide sind »unsterblich«. Ein Opfer ist nur an der »sterblichen« Schwester Medusa denkbar. Diese »Sterblichkeit« bestimmt, dass an ihr ein Opfer vollzogen wird, das das Wesen des Unbewußtseins *e n t w i c k l u n g s g e s c h i c h t l i c h* verändert. Es ist das Opfer einer Wesensbestimmung, die das limbale Unbewußtsein selbst zur $\left\{bewußtseins \middle| \begin{array}{c} ontologischen \\ ontogenetischen \end{array}\right\}$ Evolutionsgeschichte des Triebherzens werden läßt. Dieses wird damit erkennbar als d i e o f f e n b a r e n d e V e r n u n f t d e s M y t h o s s e l b s t. Die mythische Erzählung von der »Tötung« der Medusa folgt einem verborgenen mystagogischen Plan, in dem das Opfer an der Medusa die Bedeutung einer Selbstvertiefung in den negativen Willensgrund des limbalen Triebherzens hat. Das Opfer an der Medusa wird zum Opfer für die $\left\{bewußtseins \middle| \begin{array}{c} ontologische \\ ontogenetische \end{array}\right\}$ Evolution und Selbsterschließung des limbalen Unbewußtseins-Grundes i m T r i e b h e r z e n, dem erst durch das Opfer an der Medusa jener Willens-Selbstvertiefungs-Grund zukommt. Denn dieser ist es, der allein das Opfer der Medusa annehmen kann, der es zu einem S e l b s t - O p f e r machen kann. Denn ein Selbst wird geopfert und ein anderes Selbst wird empfangen. Durch den Willens-Selbstvertiefungs-Grund ist das Triebherz d a s a n d e r e S e l b s t der geopferten Medusa. Erst der Willens-Selbstvertiefungs-Grund des limbalen Triebherzens macht das Opfer an der Medusa zum Selbst-Opfer der Medusa für den $\left\{bewußtseins \middle| \begin{array}{c} ontologischen \\ ontogenetischen \end{array}\right\}$ Selbstbestimmungsgrund des Triebherzens. Das Opfer an der Medusa ist Selbstopfer der Medusa für die $\left\{bewußtseins \middle| \begin{array}{c} ontologische \\ ontogenetische \end{array}\right\}$ Evolution[sgeschichte]

des limbalen Triebherzens, das sich damit a l s d i e o f f e n b a r e n d e V e r-
n u n f t d e s M y t h o s z u e r k e n n e n gibt. Wieder sehen wir die native
Antinomie des Mythos, *das heißt* diejenige zwischen dem m y t h i s c h e n N a r-
r a t i v und dem o k k u l t e n S i n n d e s M y t h o s. Dieses elementare Gesetz
bildet die Grundlage für jede esoterische Kenntnis der Mythologie. D e r M y-
t h o s s p r i c h t n i e a u s, w a s e r e i g e n t l i c h s a g e n w i l l. Die wirkliche, das heißt d i e o k k u l t e A r b e i t a m M y t h o s setzt voraus, dass man
der Faszination der Bilderwelt der Mythologie *nicht* erliegt. Diese Arbeit geht
jenseits einer Begeisterung für den Mythos vor sich. *Vor allem*: Der Mythos ist
kein Gegenstand zur Befriedigung akademischen Wissensdurstes. Er setzt im
Erkennenden die Wissenschaft des Okkulten voraus. Er verlangt die Anamnese
der $\left\{ bewußtseins \left| \begin{array}{l} ontologischen \\ ontogenetischen \end{array} \right. \right\}$ Evolutionsgeschichte des limbalen Trieb-
herzens a l s v o n d i e s e m a n s i c h s e l b s t e r f a h r e n e.

62. B i l d u n d S y m b o l. Die Bilderwelt des mythologischen Narrativs ist nicht zu
verwechseln mit der symbolischen Gesamthandlung, welche die Intuition der
offenbarenden Vernunft des Mythos im Triebherzen an diesem selbst vollzieht.
Das Bild des mythologischen Narrativs als Mythographie muß zum ektoplasmatischen Stoff der Symbolhandlung im limbalen Triebherzen werden. Das heißt,
das Triebherz ist beides, nämlich a) die ὕλη, die die Stofflichkeit für die Bewußtseinsbildung bereitstellt und b) der Willens-Selbstvertiefungs-Grund des
{*Nicht*|*Ich*|*seiner*|*selbst*}, welcher dieses im objektalen wie im subjektalen Sinne
der Bewußtseinsformation des limbalen Triebherzens ist.

63. »M e d u s a i m S c h l a f e« (II). Auf zwei wichtige Umstände wollen wir noch
unsere Aufmerksamkeit lenken, die von Bedeutung sind für das okkulte Verständnis der mythischen Erzählung. Zum einen ist da die Mitteilung von Apollodor, dass Hermes die Waffe zur Verfügung stellt, mit welcher Perseus die
Gorgo Medusa tötet. Es handelt sich um eine Harpe, eine Sichel bzw. ein Sichel-
schwert, die besonders geeignet sind, etwas abzutrennen. Zu erinnern ist an die
Entmannung des Göttervaters Uranos durch Kronos. Auch hier wird eine Harpe
als Waffe benutzt. Die Abtrennung des Hauptes der Medusa haben wir als nar-
ratives Bild zu übertragen in die symbolische Gesamthandlung der
$\left\{ bewußtseins \left| \begin{array}{l} ontologischen \\ ontogenetischen \end{array} \right. \right\}$ Evolutionsgeschichte des Triebherzens im
{*Nicht*|*Ich*|*seiner*|*selbst*}. Denn in dieses entäußert sich die Medusa durch ihr
Opfer, das — jenseits der rein narrativen Ebene des Mythos — als »S e l b s t-
O p f e r i m S c h l a f e« begriffen werden muss. Der S c h l a f und die T ö t u n g
durch Perseus mittels einer sichelartigen Waffe müssen in ihrem objektalen be-
wußtseins-ontogenetischen Sinnfluß verstanden werden, der sich im
{*Nicht*|*Ich*|*seiner*|*selbst*} des limbalen Triebherzens zum Organismus heraus-

bildet, *das heißt* sich zur mythischen Symbolhandlung ektoplasmiert. *Wir begreifen*: Der Symbolhandlung werdende Mythos stellt die Grundlage dar für die $\left\{bewußtseins\;\middle|\;\genfrac{}{}{0pt}{}{ontologische}{ontogenetische}\right\}$ Evolution des Triebherzens, durch die sich das anhypostatische Seelenbild der menschlichen Natur erst bilden kann. Und diese Entwicklung ist die Voraussetzung für die Desinhabitation des »Verbum exinanitum ipsum« im Menschen. Denn die Gegenwart des selbstentäußerten Logos im Menschen ist nichts anderes als die Bewußtseins-Ich-Subjektivation des limbalen Triebherzens im medusischen {*Nicht|Ich|seiner|selbst*}. Dieses nämlich ist der Tod im Tode, wodurch nur Leben entstehen kann. Es ist der nötige Tod der »sterblichen« Medusa in dem — von der Medusa selbst »getöteten« — limbalen Triebherzen. Nur da, wo sich der Tod in den Tod verschlingt, kann neues Leben entstehen. Symbol dieses in sich selbst verschlungenen Todes aber ist der Spiegel, den der Schild des Perseus symbolisiert. Denn von diesem heißt es bei Apollodor: „Perseus stand nun bei den Schlafenden, und mit abgewandtem Angesicht, den Blick gegen seinen ehernen Schild gerichtet, in welchem er das Bild der Gorgo sah, schnitt er ihr, indem Athene ihm die Hand führte, das Haupt ab." Diese Stelle im Bericht unseres Mythographen ist deshalb von so großer Bedeutung, weil sie uns die narrativen Elemente liefert, die es durch okkulte Wissenschaft in die symbolische Gesamthandlung des Triebherzen zu übertragen gilt, damit der Mythos zur offenbarenden Vernunft des in uns *anhypostatisch gegenwärtigen* »Verbum exinanitum ipsum« werden kann. Aber was heißt dies anderes, als dass der okkulte Sinn des Mythos die Grundlage bildet für das Offenbarwerden der Offenbarungsgeschichte als der Geschichte von der $\left\{bewußtseins\;\middle|\;\genfrac{}{}{0pt}{}{ontologischen}{ontogenetischen}\right\}$ Evolution des limbalen Triebherzens im {*Nicht|Ich|seiner|selbst*} der menschlichen Natur.

64. Damit wird die Desinhabitation des Logos im apophatischen Fleisch des Triebherzens zur Quelle okkulter Theologie, die hinter die mystische Theologie zurückgeht und die Residuen der Wiedererinnerung aus einer limbalen Welten-Chronik empfängt. Ich-Bewußtsein existiert nur auf der Ebene der Einsicht des Triebherzens in die offenbarende Vernunft seiner eigenen $\left\{bewußtseins\;\middle|\;\genfrac{}{}{0pt}{}{ontologischen}{ontogenetischen}\right\}$ Entwicklungsgeschichte, die das okkulte Wesen des Mythos ausmacht und es mit der Offenbarungsgeschichte vom limbalen Untergang des »Verbum exinanitum ipsum« auf ewig verbindet.

65. *Wir erinnern uns*: Der tödliche Blitz der medusischen Intuition bedeutet Wille und Negation, welche dem Triebherzen feindlich entgegengesetzt werden.

Denn der Wille der medusischen Intuition bezweckt die Negation des $\left\{\begin{Bmatrix} selbstnegierten \\ selbst\ negierten \end{Bmatrix} Bewußtseins\right\}$, welches wir als d a s l i m b a l e U n b e -
w u ß t s e i n kennen. Für diesen Willen zur Negation steht das Haupt der »sterb-
lichen« Medusa. Diese wird als »sterblich« bezeichnet, weil sie einen Willen hat,
der auf die Negation dessen gerichtet ist, wofür sie selbst steht, nämlich für das
U n s t e r b l i c h e des limbalen Unbewußtseins. Sie trägt in sich einen Willen zur
Negation des Unbewußtseins, der mit ihrer mythischen »Sterblichkeit« geradezu
eins wird. Deshalb ist dieser Wille ein Fluch, den sie in sich trägt und den sie nur
durch ein Selbst-Opfer lösen kann. Sie steht dadurch im Widerspruch mit dem
Wesen des Unbewußtseins. Sie will die Negation dessen, worauf das Unbewußtsein selbst steht. Sie will die »Sterblichkeit« des Unbewußtseins als tödlichen, als
versteinernden Willen, der sich durch ihren Blick mitteilt. Und der Mythos zeigt,
wie aus diesem Fluch dennoch ein Segen werden kann. Sie will den Übergang
des Unbewußtseins zur U r f o r m v o n B e w u ß t s e i n , d a s a l s i h r e
» S t e r b l i c h k e i t « i h r s e l b s t e r s c h e i n t . *Das heißt*: Es erscheint als Opfer
der Medusa selbst. Die »Sterblichkeit« der Medusa ist aber keineswegs die des
Unbewußtseins im Übergang zur U r f o r m d e s B e w u ß t s e i n s . Dass die
»Sterblichkeit« nicht zurückwirkt auf die Natur des Unbewußtseins wird
dadurch klar, dass d e r t ö d l i c h e B l i c k d e r M e d u s a i n d e n S p i e g e l
d e s P e r s e u s - S c h i l d e s e i n g e h t u n d d a r i n i n s e i n e r T ö d l i c h -
k e i t g e t i l g t w i r d . D a d u r c h a b e r e r s c h e i n t d a s A n t l i t z d e r
M e d u s a a l s S p i e g e l b i l d i m S c h i l d e d e s P e r s e u s . D a s A n g e -
s i c h t d e r M e d u s a f l i e ß t i n d e n S p i e g e l d e s S c h i l d e s e i n u n d
w i r d s y m b o l i s c h e s B i l d , w i r d m y t h i s c h e S y m b o l h a n d l u n g
i m l e e r e n T r i e b h e r z e n s g r u n d . Dieser ist der leere Spiegel des Schildes.
Tötung des tödlichen Blickes der Medusa und Übergang der medusischen Intu-
ition zur $\left\{bewußtseins \begin{Bmatrix} ontologischen \\ ontogenetischen \end{Bmatrix}\right\}$ Evolution des limbalen Triebherzens.
Der Wille zur Negation der Unbewußtseins-Natur wird im Triebherzensgrund
W i l l e z u m S e l b s t - O p f e r d e r M e d u s a durch die Symbolhandlung, die
das Triebherz in sich selbst vollzieht. Dadurch kann sich das Triebherz in den
Willen der Medusa fassen. Durch das Opfer erst erschließt sich dem Triebherzen
das verborgene Antlitz des medusischen Willens. D e r d e m T r i e b h e r z e n
d u r c h d a s S e l b s t - O p f e r d e r M e d u s a i m S p i e g e l d e s S c h i l d e s
e r s c h l i e ß b a r e o k k u l t e W i l l e d e r B e w u ß t s e i n s - I c h - F o r m a -
t i o n geht ein in den Willens-Selbstvertiefungs-Grund des
{Nicht|Ich|seiner|selbst} des limbalen Triebherzens. Aber dieser okkulte Wille
der Medusa ist nicht der Wille des Triebherzens, sondern der des
{Nicht|Ich|seiner|selbst}. *Dies gilt es zu bedenken.* Das sich in den Willen der Me-

dusa zum Selbst-Opfer fassende limbale Triebherz wird zum apophatischen Willensgrund, in dem der medusische Wille zur Negation untergeht, um Wille d e s vom Triebherzen *angenommenen* Selbst-Opfers der Medusa zu werden.

66. Im *{Nicht|Ich|seiner|selbst}* des Triebherzens geht der medusische Wille zur Negation unter, um sich durch die Negation seiner selbst i n d e r U r f o r m des Bewußtseins *als Wille zu seiner Selbstaufhebung zu fassen.* Damit dies im *{Nicht|Ich|seiner|selbst}* geschehen kann, muss d i e Medusa sich als Wille zur Negation selbst opfern [wollen] im Bewußtseins-Spiegel des Perseus-Schildes. Dieser Wille ist Symbolhandlung, die im mythischen Bild vom »Schlaf der Medusa« sich niederschlägt. Im Schlaf ist der Wille der »sterblichen« Medusa außer Kraft gesetzt. Dieser unter dem Fluch stehende Wille der Medusa ist durch den Schlaf d e r anamnetischen Rückführung aller drei Gorgonen selbst außer Kraft gesetzt *für das medusische Opfer.* Und wir begreifen, warum gerade hier der Ausgangspunkt des O p f e r s an d e r M e d u s a zu suchen ist. Nur in diesem mythischen Schlaf ist d e r Ü b e r g a n g des Unbewußtseins in Bewußtseinsformation möglich, ohne dass das K o n t i n u u m d e s l i m b a l e n U n b e w u ß t s e i n s unterbrochen oder gestört wird. Deshalb ist die im Schlaf von Perseus getötete Medusa als mythische Symbolhandlung zu verstehen, in der Wille zu Opfer und Opfer zur

$$\left\{bewußtseins \begin{array}{l} ontologischen \\ ontogenetischen \end{array}\right\} \text{Evolutionsgeschichte des Triebherzens wird,}$$

die das limbale Kontinuum der negativen Bewußtseins-Natur f ü r u n a n t a s t b a r e r k l ä r t.

67. *Wir haben vier Negationen zu beachten*:
   a) Den tödlichen Blick der Medusa, den Willen zur Negation.
   b) Die Negation des Willens zur Negation durch den Schlaf der Medusa. Magnetische Rückübertragung des Bewußtseins in das Kontinuum der negativen Bewußtseins-Natur, in die »Unsterblichkeits«-Strömung dieses Kontinuums.
   c) Das »Selbst-Opfer« der s c h l a f e n d e n Medusa als im B e w u ß t s e i n s - S p i e g e l des Perseus-Schildes sich selbst schauendes Antlitz der »Sterblichkeit« der Medusa. Das medusische Selbst-Opfer als limbale Urform von Bewußtsein.
   d) Das *{Nicht|Ich|seiner|selbst}* des limbalen Triebherzens als bewußtseinsätherische Ektoplasmie der symbolischen Gesamthandlung des Mythos und als Bewußtseins-Spiegel einer äonischen Welten-Chronik, die den limbalen Untergang des selbstentäußerten Logos als SelbstReflektion der göttlichen Kenose in sich faßt. Die ἀνάμνησις ist der ätherische Raum-Entstehungsgrund der limbalen Urform von Bewußtsein. Durch sie erfährt das Triebherz

an sich selbst die anhypostatische Bildwerdung seiner menschlichen Natur, welche die Äonenwanderung des »Verbum exinanitum ipsum« in sich trägt.

68. *Die moderne Welt-Sicht*: „E m a n z i p a t i o n" v o m M y t h o s verstanden als eigentlicher Schritt *in die* menschheitsgeschichtliche Bewußtseinskultur der Gegenoffenbarung. *Dagegen*: Die Erkenntnis der okkulten Wissenschaft besagt, dass es gerade der Mythos ist, welcher die geheime Grundlage der bewußtseinsontologischen Evolution der menschlichen Natur darstellt. Der Mythos als Evolutionsprinzip, das nicht in eine materialistische Moderne führt, sondern in eine Kultur des göttlichen Bewußtseins, das allein berechtigt (autorisiert) ist, „d i e Erde sich untertan zu machen".

69. Das S c h e i t e r n d e r M o d e r n e zeigt uns unmißverständlich, was diese ihrem verborgenen Wesen nach ist, nämlich V e r d r ä n g u n g d e s M y t h o s. *Dies aber bedeutet*: Verdrängung dessen, wofür der Mythos im Sinne okkulter Erkenntnis selbst steht. Eine geistes- und kulturgeschichtliche Kritik der Moderne ohne Rückgriff auf deren entstehungsgeschichtliche Wurzeln, muss notwendig ins Leere laufen. Denn das Verborgene der Moderne ist die L e g e n d e v o n d e r A u f k l ä r u n g, welche die Bewußtseinskultur der Menschheit mit dem trügerischen Schein politischer und geistesgeschichtlicher Legitimität umgibt.

70. Die g e h e i m e E n t s t e h u n g s g e s c h i c h t e d e r M o d e r n e zeichnet sich dadurch aus, dass in ihr das göttlich Okkulte a l s V e r d r ä n g t e s stets gegenwärtig ist, welches den Lauf der Bewußtseinskultur unsichtbar und ununterbrochen begleitet unter der Hülle einer s i c h s e l b s t u n s i c h t b a r m a c h e n d e n V e r d r ä n g u n g.

71. Nur wenn das Verdrängte zugleich auch unsichtbar ist, wird es zu einem a u r a t i s c h e n S c h e i n für den, der die Verdrängung selbst bezweckt und betreibt. Denn dieser a u r a t i s c h e S c h e i n d e s V e r d r ä n g e n d e n ist $\begin{Bmatrix} \text{Schein} \\ \text{im} \\ \text{Scheinen} \end{Bmatrix}$ *der Aura.* Oder: E r i s t s i c h t b a r e A u r a d u r c h d a s i n d e r Aura selbst abwesende Scheinen der Wahrheit. Das in seiner Unsichtbarkeit Scheinen der Wahrheit geht auf in die Sichtbarwerdung des Scheins von Wahrheit. Und dieses Aufgehen in die Sichtbarwerdung ist der $\begin{Bmatrix} \text{Schein} \\ \text{im} \\ \text{Scheinen} \end{Bmatrix}$ der auratischen Vernunft der menschheitsgeschichtlichen Bewußtseinskultur.

72. Dieser a u r a t i s c h e $\begin{Bmatrix} \text{Schein} \\ \text{im} \\ \text{Scheinen} \end{Bmatrix}$ umglänzt das Antlitz der Bewußtseinskultur einer s c h e i t e r n d e n M o d e r n e. *Dies will sagen*: Die Moderne kann nicht umhin zu scheitern, sobald ihre dunkle Genealogie im Triebgrund des Willens zur Macht zum Gegenstand okkulter Erkenntnis, *das heißt* zum G e g e n s t a n d d e r

Negation durch diese geworden ist. Dies aber setzt wiederum die okkulte Einsicht in die transzendentalen Anfangsgründe von »Bewußtsein« in uns voraus. Allein die okkulte Wissenschaft ist in der Lage, das göttliche Wesen des Bewußtseins darzulegen, welches das limbale Triebherz zum anhypostatischen Seelengrund der menschlichen Natur bestimmt, in dem das »Verbum exinanitum ipsum« sich den Ort seiner Offenbarung bereitet.

73. *Schlüssel*: Was bedeutet »Anhypostasie« in der okkulten Bewußtseinslehre? Die Hypostase begibt sich in die Ontologie ihrer transzendentalen Verborgenheit, um durch sie die menschliche Natur anzunehmen. Was bedeutet »Anhypostasie« somit *nicht*? Die objektale Abwesenheit der Hypostase in der menschlichen Natur, durch die diese verschwindet im *Nichts ihres Unbezogen-Seins und Unbeziehbar-Seins auf Hypostase*. Durch dieses Unbezogen-Sein der menschlichen Natur wird diese selbst hinfällig.

74. Ist die vom Logos angenommene menschliche Natur selbst »anhypostatisch«? Ja, weil die Annahme die menschliche Natur anhypostatisch macht, *das heißt* fähig macht zur Annahme des Logos, der durch seinen limbalen »Untergang« in die Anhypostasie seiner eigenen Gottheit eingegangen ist. Dieses in die SelbstReflektion seiner Kenose Eingehen des »Verbum exinanitum ipsum« ist Anhypostasie.

75. Der ganze limbale Untergang ist zu beziehen auf die Genese der menschlichen Natur. Die Anhypostasie des »Verbum exinanitum ipsum« bildet die Quintessenz der menschlichen Natur. So betrachtet ist die menschliche Natur der Ursprung der schöpfungsgeschichtlichen Menschwerdung des Logos. Denn der Logos ist nur als Anhypostasie seiner selbst begreifbar.

76. Es lässt sich ein apophatischer Initiations-Weg (via negationis) aufzeigen, welcher zur Manifestation der okkulten Vernunft des Mythos führt. Dadurch erscheint der Mythos in seiner offenbarungsgeschichtlichen Erkenntnisfunktion, ohne die das Offenbarwerden der Offenbarung selbst geschichtlich ausbleiben muss. Damit aber wird der Mythos in seinem Wesenskern als bewußtseins-ontogenetisches Ferment göttlicher Offenbarung erkennbar. Wir können daraus folgernd sagen: Der Mythos trifft das Triebherz (den Triebgrund) des limbalen Unbewußtseins-Stromes im Innersten. Somit eilt das Triebherz durch die symbolische Gesamthandlung des Mythos dem anhypostatischen Seelengrund voraus, wo die schöpfungsgeschichtliche Genese der menschlichen Natur sich im Licht der SelbstReflektion der göttlichen Kenose ereignet. In diesem Licht wohnt das ewige Wort der Gottheit.

77. Denken vollzieht sich als symbolische Gesamthandlung des Mythos, da es d e s Seins begehrt. Das sich mit Bewußtsein durchtränkende Sein des Denkens. Sein wird durch Denken, das sich als limbales Triebherz mit bewußtseins-ontogenetischer Entwicklung durchsättigt. Das *sich selbst transparent werdende* Denken wird S e i n. Und nur unter dieser Bedingung wird es S e i n. Das sich Durchtränken des Triebherzens mit symbolischer Gesamthandlung läßt aus Denken S e i n werden, aber ein Sein, für das es kein Außen mehr gibt, in das es noch fallen könnte und in dem es sich selbst verlöre. Denn d i e s e s A u ß e n i s t d i e N o t d e s S e i n s. Das Ende des Abgrundes zwischen Sein und Denken: S e i n s - G e b o r g e n h e i t d u r c h d a s D e n k e n. Denn Sein, das aus dem Denken fällt, ist Sein, das des inneren Sinnes entbehrt. Es ist Sein, das sich der Geborgenheit durch das Denken *a priori* entzieht. Ohne die symbolische Gesamthandlung des Mythos ist kein Denken, das durchdringen könnte zur Bergung des Seins. Das durch die bewußtseins-ontologische Evolution seines limbalen Triebherzens s i c h s e l b s t t r a n s p a r e n t gewordene Denken aber ist anhypostatisches Licht, in dem das »Verbum exinanitum ipsum« dem äonischen Seelengrund der menschlichen Natur als w a h r e E r - l e u c h t u n g gegenwärtig ist.

185

Bibliographie

Apollodorus

— The Library, with an English translation by
Sir James George Frazer in two volumes, London 1921.

Bailey, Alice

— A treatise on cosmic fire, New York – London 1999 (First printing, 1925).

Böhme, Jacob

— LIBRI APOLOGETICI oder Schutz-Schriften wieder Balthasar Tilken, s.l.
1730.

Kern, Otto

— Orpheus. Eine religionsgeschichtliche Untersuchung, Berlin 1920.

Meister Eckhart

— Liber parabolarum Genesis, in: Die lateinischen Werke, Erster Band, hrsg.
und übers. von Konrad Weiss, Stuttgart 1964.

Moser, Christian Gottlob

— Apollodor's Mythologische Bibliothek, Erstes Bändchen, Stuttgart 1828.

— Apollodor's Mythologische Bibliothek, Zweites Bändchen, Stuttgart 1828.

Nietzsche, Friedrich:

— Die Fröhliche Wissenschaft, Aph. 354, in: Nietzsche's Werke, Erste Abt. Band
V, Leipzig 1900.

Novum Testamentum Graece
post Eberhard et Erwin Nestle editione vicesima septima revisa communiter
ediderunt Barbara et Kurt Aland, Johannes Karavidopoulos, Carlo M. Mar-
tini, Bruce M. Metzger, Stuttgart 1994.

Pindar

— Pindare, tome II, Pythiques, texte établi et traduit par Aimé Puech, Paris 1922.

Procli Diadochi

— In Platonis Timaeum Commentaria [ed. Ernst Diehl], Band 2, Leipzig 1904.

Roscher, Wilhelm Heinrich

— Ausführliches Lexikon der Griechischen und Römischen Mythologie, Erster Band/Zweite Abteilung, Leipzig 1886-1890.

— Die Gorgonen und Verwandtes. Eine Vorarbeit zu einem Handbuch der griechischen Mythologie vom vergleichenden Standpunkt, Leipzig 1879.

Scholem, Gershom

— Zehn unhistorische Sätze über Kabbala, in: Judaica 3, Studien zur jüdischen Mystik, Frankfurt/am Main 1987.

Steiner, Rudolf

— Der Christus-Impuls und die Entwickelung des Ich-Bewusstseins, GA 116, Dornach/Schweiz 1982.

— Spirituelle Seelenlehre und Weltbetrachtung. Achtzehn öffentliche Vorträge, Berlin 1903/1904, GA 52, Dornach/Schweiz 1986.

— Anthroposophie—Psychosophie—Pneumatosophie, Zwölf Vorträge, gehalten in Berlin vom 23. bis 27. Oktober 1909, 1. bis 4. November 1910 und 12. bis 16. Dezember 1911, GA 115, Dornach/Schweiz 2001.